罗马人的故事

最后一搏

[日] 盐野七生◎著　麋玲◎译

ローマ人の物語

中信出版社 · CHINACITICPRESS · 北京 ·

银币故事

在我写作过程中，实在无法想象其笑脸的，就是这位戴克里先皇帝了。当然，本身我们在雕像或银币上看到的人物，一般都是一副严肃的神态。可是在写作这些皇帝事迹的时候，通常还是可以想象得到他们的笑脸的。比如，恺撒大帝会哈哈大笑，奥古斯都则是微笑中带一点无可奈何的样子，而个性阴沉的提比略，想必会是一脸的冷笑吧。

遇事时连当事者的表情都可以想象得到的话，意味着可以近距离地审视他们。但是这位戴克里先皇帝，给人的感觉很模糊，好像站在很远的地方遥望他。

但是，无论对个人，还是对国家，我都不喜欢以后世的眼光进行评判。我只想在本书里将戴克里先为重振日趋衰落的罗马帝国而作出的所有努力，一一道来。即使这样，我还是会在写作时忍不住感叹：站在他的立场，能做到这一步真是不容易。

盐野七生

2009年初夏于罗马

铜币故事

在写作罗马通史的过程中，我有两点深切的感受：第一，一个人的幸与不幸与他生活的时代息息相关。资质、才能、努力程度，在时代面前都不值得一提。因此，我不想将这本书当成总结成功经验或者失败教训的读物来写。在我看来，无论成功还是失败，都不是可以简单概括的。第二，无论何种改革，只要不体现当事人的意志，都只能以失败收场。

戴克里先也好，君士坦丁也罢，为了重振江河日下的罗马帝国，都尽了最大的努力。但是，无论是增强军事力量还是承认基督教，都与传统“罗马式的政策”相背离。也许这种转变，反而正好说明帝国已经穷途末路。

盐野七生

2009 年初夏于罗马

金币故事

君士坦丁大帝承认基督教之后，罗马帝国货币的图案上，皇帝的头像越来越多地倾向于采用斜向上的构图设计。据货币专家表示，这是为了表达皇帝仰望神灵的含义。

的确，以前的罗马帝国皇帝，视线总是采用平视设计，取注视众人的寓意，而非仰视神灵。

一边是注视人的领袖，一边是仰望神的统治者，两者的区别显而易见。一些史学家甚至认为，罗马帝国史到君士坦丁就该画上句号了。

不过，我倒认为，与其获知死亡即将来临就趁早离开病房，倒不如守护她到最后，目送她走向死亡更显敬意。所以《罗马人的故事》不是在第十三卷收尾，而是一直写到了第十五卷。但无论如何，看着自己的心头至爱走向灭亡，终归还是哀伤不已。

盐野七生

2009年初夏于罗马

目录 Contents

推荐序1 为什么是罗马?

这是一部煌煌15册的巨著，作者盐野七生写了15年，我曾整整读了一年。读后，逢人就推荐。我读的是台湾出版的繁体横排本，当时感到奇怪：为什么这样的书，在大陆却看不到？没想到，现在就有了简体中文版。大概是因为此前我在各个场合不遗余力地推荐，中信出版社希望我能为之写篇序言。

过去我也读过罗马史，比如《罗马帝国衰亡史》，但这类史书，更多的是从政治、军事的角度来理解罗马帝国。盐野七生不同，她以现代史观的方法论来解读罗马，其间涉及国家与民族、君主与公民、宗教与人性、权力与秩序、科学与技术、领导与公关等方方面面，视野极广，见人所未见。正如她自己所说："别的研究者是写自己知道的，而我则是写我想知道的。"

我是从事房地产行业的，所以对书中所讲罗马帝国的城市与建筑极为关心。在第十册《条条大路通罗马》中，作者专门讲了罗马的道路建设：与其说"条条大路通罗马"，倒不如说"条条大路起罗马"。罗马是这个庞大帝国的心脏，而这些四通八达的国家公路，有如血管脉络，把政令和资源高效率地传输到帝国的每个角落。

盐野七生说，东方帝国在修建长城的时候，罗马人正在修建罗马大路。接着，她就告诉读者，2000年过去了，罗马修的大路现在还在使用。这时，你会很自然地想：中国的长城，现在除了收门票之外，还有没有用？我们现在能看到的长城，主要是明朝修建的，而且从工程的角度讲，也有很多质量问题。同样是国家主导的巨型工程，哪一个对国家和人民更有用？

当然，这些都是我的联想。为什么罗马修的路现在还能用？作者展示了一张罗马大路的剖面图，告诉我们这条路是怎么修的，为什么能连续使用上千年。这样的图示还有很多。作者很愿意从科学与技术的角度解释，罗马帝国有其与众不同的力量，而建筑在其中占有相当重要的地位，因为建筑给市民和士兵带来极大的安全感。

在作者的描述之下，罗马帝国宛如一个强大的跨国企业，《罗马法》就好比这个企业的内部规章。这个企业有自己的核心价值、企业文化、思维惯性、话语系统、人力资源储备，甚至还有自己的保安系统。制度、人才、资源配置等等，都是罗马得以长盛不衰的原因。这也是为什么这部书会被国外一些研究者拿来当做领导者论、组织论、国家论的现成教材。

盐野七生贯穿始终地自我设问，并希望回答：为什么只有罗马人能成就如此大业？为什么只有罗马人能够建立并长期维持一个巨大的文明圈？一望而知，作者认为罗马帝国经久不衰的根本原因，与它所秉持的价值取向和施政目标有关。

作者认为：罗马的力量，来自保障国民安全的基础设施和贵族行为理应高尚的传统。国民最需要的是安全系统，其次是尊贵和快乐的生活。罗马皇帝努力满足了国民的需要。一切政令、公共设施、对外战争，都是为了满足国民的安全感和享受需要。

其次，罗马人智力不如希腊人，体力不如高卢人，经商的本事不如迦太基人，却能一一打败这些部族，而且在战后还能与这些部族有秩序地和睦共处。为什么？你会发现，罗马帝国的强大，归根结底是因为它的宽容开放，它的兼收并蓄。

罗马帝国是多神教的国家，罗马人把被帝国征服的民族的神，全部当做自己的神来供奉。这样的神有 30 万个。罗马甚至赋予被征服者公民权，历届罗马皇帝里有很多被征服者。试想，这在东方帝国，可能吗?

这些分析让我非常受启发。对于国家来说，自由与宽容，这才是罗马帝国的立国之本，对于跨国企业来说，宽容开放、兼收并蓄应当是它的核心价值观念。正是这些基本的价值取向和目标，赋予罗马帝国强大的力量，并成为西方文明的一个重要源头。这也是我向朋友们力荐这本书的原因。

作为一个先睹为快的中国读者，我只能谈一点浅见，算是对作者盐野七生的感谢。如果这篇小文又能够对读者有小小的帮助，会令我更加高兴。

是为序。

王石　万科集团董事长

2011 年 8 月 8 日

推荐序 2　向往古罗马文明的精神特质

多年前，在朋友处看到台湾出版的一本书，《我的朋友马基雅弗利》，借来后一口气看完。文笔的清美，布局的平实，让我印象深刻，特别是作者起笔的角度真是别开生面：

◇马基雅弗利看到了什么？由此展开了佛罗伦萨当时的历史背景和事件。

◇马基雅弗利做了什么？由此展示了马基雅弗利一生的经历和事变。

◇马基雅弗利想到了什么？由此发掘了马基雅弗利的成就和遗憾。

这是一本历史，也是一本游记，还是一本政论，更是一本优美的散文集。日本女作家盐野七生就这样让我铭记在心。她年轻时就爱上了意大利，一住就是大半生，写了很多书，获了很多文学奖，在日本有几百万的铁杆粉丝，近年来在英语世界也声名大振，大陆读者久闻大名，翘首以待。

感谢当年资深书友衣锡群兄专门从香港带回两大袋书，这便是台湾版的《罗马人的故事》全集 15 本。我如饥似渴地读完。掩卷长思，深深敬佩。一位日本女人这样如痴如狂地写古罗马，发掘2000年前的往事，娓娓道来。她的细腻描写让你身临其境，她的逻辑铺陈促你遐思当下因缘。我读过许多不同作者的罗马史，只有盐野七生女士真正带我走进历史。

我去过意大利四次，也自驾游过西西里岛两次。曾带着盐野手绘的地图在佛罗伦萨四处寻觅马基雅弗利的故居。意大利作为政治国家的历史很短，不足200年，作为文化国家的历史却波澜壮阔地上溯到3000年前。在维罗纳的一个酒店里，看到一幅将意大利历史描绘为一棵盘根错节的古树，展示了几十个诸侯公国，几百个影响欧罗巴文明的政治、艺术、哲学、科学、军事等名流的来龙去脉。一瞬间，我体验到了卑微和崇拜，也叹服盐野女士把握历史的勇气与能力。

意大利有两个历史的骄傲：一个是古罗马的鼎盛，是当时世界上幅员辽阔的强盛帝国；一个是文艺复兴的辉煌，它直接启发并推动了全球现代文明的兴起，而这个复兴就是以回归古罗马为道德旗帜。此后一代代的意大利人梦寐以求地希望光荣历史得以重演，统一意大利的民族英雄马志尼如此期许自己，不到40岁便一举颠覆了民主政府的墨索里尼也这样激励自己。此外，法国的拿破仑和德国的俾斯麦都以古罗马的恺撒大帝自居。“条条大路通罗马”，地球上各个角落的部落都这样厘清自己的文明坐标。

古罗马成为意大利人的永远图腾，也成为欧罗巴大陆高度默契的文明血脉。继承希腊文明的古罗马的法典、礼仪、艺术、建筑等构成了当下西方世界主流价值的表达，也潜移默化地影响中华文明的演进。百年以来，中国知识界始终在希腊文明中捕捉思辨的知音，在印度文明中寻求失落的安慰，但却是在罗马文明中锲而不舍地吸收普世价值体系。我饶有兴趣地注意到，日本作家盐野女士不断用东方的思维来探寻古罗马的蛛丝马迹，体现了类似的精神焦虑。

阅读盐野笔下的罗马史与罗马人，时空穿越2000年，体验着人类文明中顽强生长并趋同的精神动力。尽管语言、宗教、习俗、体质和自然环境有千差万别，但内在的思辨、伦理、行为、愿景和组织制度可以彼此熟悉和理解的。现代人往往以仍然蓬勃发展的中华文明与曾经衰落的罗马文明进行比照，发掘出许多文明之谜和文化冲突的理念。不过，从更高的时空立场上看，罗马文明仍然在一波波地前行，荡涤着不同社会形态的隔阂。同样，中华文明也是从另一个角度进化成长，与前者共同汇成当下全球文明的主流。“青山遮不住，毕竟东流去。”

我读盐野的罗马人故事，看到了主导当时文明的精神特质，也是传承至今的进化基因，更是鞭策中华文明的动力。我也希望读者能与我一起用心体验至少这样几点：

◇自信与宽容：罗马人的生活态度和对异教对外族的接纳与吸收。

◇竞争与开放：罗马人的生存立场和对制度对风险的尝试与面对。

◇人性与权利：罗马人的生命价值和对快乐对自由的追求与捍卫。

去年在东京本来有机会见到盐野女士。索尼集团的前董事长出井伸之先生与她是好朋友，愿意安排见面。得知她正在赶下一系列关于十字军故事的书稿，我惶恐无知会浪费她的时间，借口推脱了。我有机会写上几句，真是非常荣幸的事情。期待我能将这部中文版亲手呈给盐野七生女士。

王巍　中国金融博物馆理事长

2011年8月6日

给中国读者的序

对于以超级大国为发展目标的当代中国，在欧洲历史上可作为借鉴的，唯有古罗马帝国了。

生活在当代中国的读者，如果读了我写的《罗马人的故事》，对书中的内容不知会作何感想呢？若细细品味读者的感受，必将看到中国未来的发展趋势。这也是作者我最关心的事情。

盐野七生

2011年夏于罗马

致读者

如果把公元前 8 世纪到公元 5 世纪这段时期的史实称为罗马史的话，整个罗马历史按照时间进程可以分为以下几个阶段：

王政时期 → 共和时期 → 前期 · 中期帝政时期（元首制）→ 后期帝政时期（绝对君主制）→ 帝国末期

本书要讲的故事，史学上命名为“后期帝政时期”，也就是罗马帝国由元首制向君主制过渡时期发生的事情。

为什么此时罗马帝国会过渡到君主制?

事情到底是如何发生的?

它和元首制有什么区别?

这种转变最终会带来怎样的结果？

面对这些必然会产生的疑问，我无法简洁、快速地给出答案，也不想这么做。因为我认为，只有将史实一一叙述开来，才能得出问题的答案。

在罗马帝国，任何事都具有大规模、多样化的特点。繁荣期、鼎盛期是如此，进入不可抑制的衰退期以后，也唯有这一点依然没有改变。

盐野七生

2004 年夏于罗马

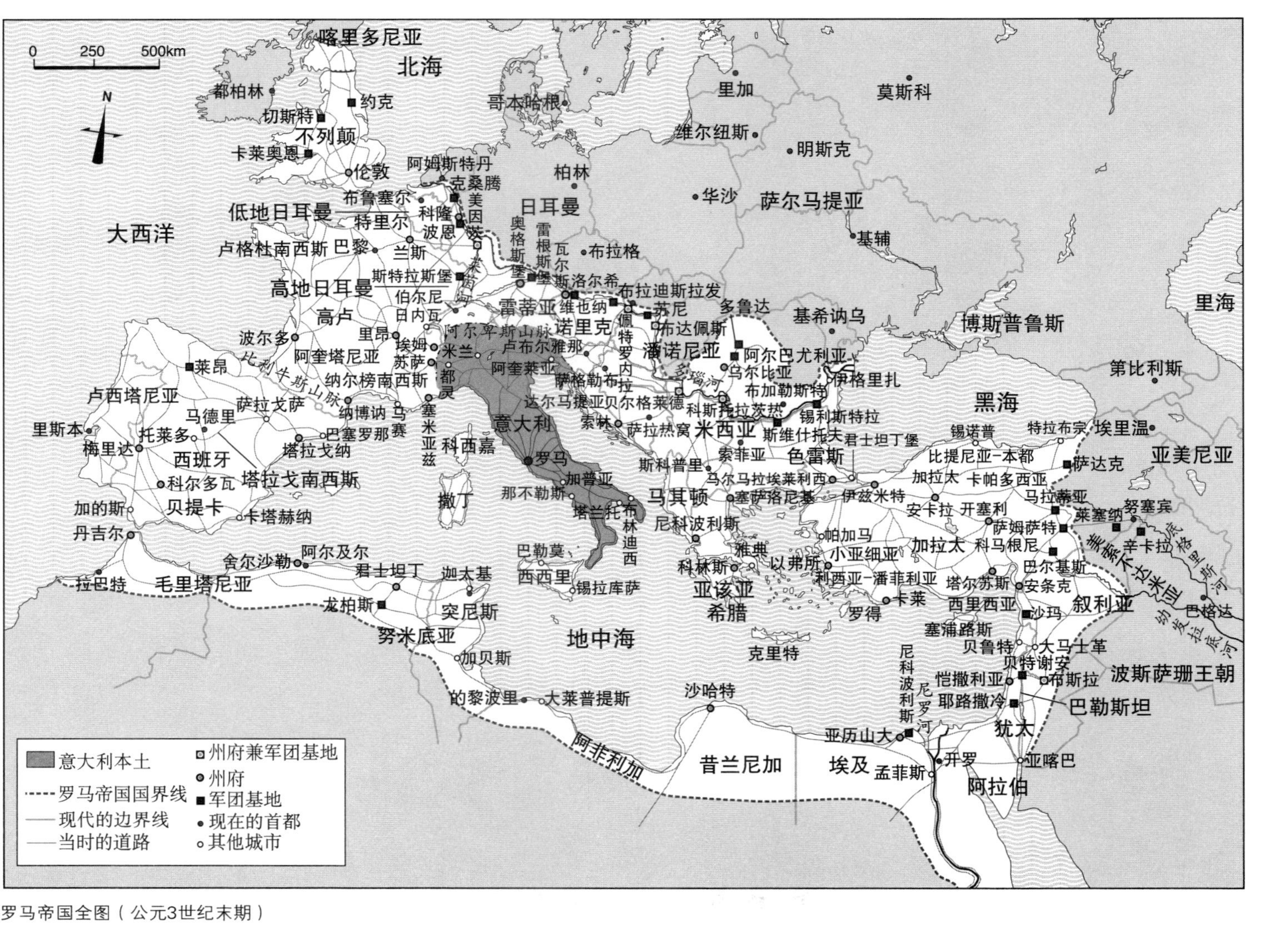

罗马帝国全图（公元3世纪末期）

第一章

戴克里先时代

（公元 284—305 年）

NON UNO DIE ROMA AEDIFICATA EST

走出迷雾

我们都十分了解公元284年登基称帝后、按罗马风格改名为“戴克里先”的这个人，但是在他登基之前，即他被称为“狄奥克莱斯”时，有关他的事情，史料记载很少。但有一点可以确定，他是暴躁的努梅里安皇帝的警卫队长。除此之外，只知道他于公元245年前后出生于亚得里亚海的东海岸，现在克罗地亚（Croatia）境内的斯普利特附近，生身父母姓名不详。有说他是农场被释放奴隶的儿子，出身卑微。在罗马时代，17岁意味着成年。到了这个年纪，如果立志参军，那就意味着今后20年会以士兵的身份在罗马军队度过。

但是，在这一段时间里，我们找不到他凭战功而扬名的一丝痕迹。从士兵升到百人队队长，即指挥百来人的中队长，平均需要五六年的时间，就算扣除这个时间段，还有15年的时间。这15年正是罗马帝国刚刚摆脱公元260年时任皇帝被波斯俘虏的空前危机之后。这一时期的皇帝奥勒良、普罗布斯、卡鲁斯都是军人出身，奉行的是积极作战的方针。换句话说，这正是一个人人都可以在战场上扬名立万的最佳时期。但是，在这段时间内，没有人听说过“狄奥克莱斯”这个名字，而且，这个时期正是他20岁出头40岁不到的年纪，是建功立业的最佳年龄段。

由此看来，我也似乎有些倾向于认同一部分研究人员的看法，即戴克里先的军事才能并不突出。但是，我们也不能排除这种可能，即这个时期他虽然隶属军队，却不是一线上阵的士兵，而是以军团里某类小官的身份在累积经历。军队是一个凡事均需自行处理的地方，这一点在罗马军队里表现得尤为突出，已成为一项传统。军队里不但有军医、建筑工，还有厨师、裁缝。当年，为了使手下士兵退伍后的生活有着落，尤里乌斯·恺撒是第一个在意大利本土以外的地方建设多个殖民城市的武将。一座殖民城市正好迁入一个军团。由于军团已经具有了居民共同体的特征，所以迁入后，能够马上发挥城市的功能。到了帝国时期，这项传统也没有改变。比如，北非城市提姆加德就是一座著名的殖民城市。它由当时的图拉真皇帝下令建设，目的是为了让手下的第三奥古斯都军团士兵在退役后有安顿之地。这座城市由士兵自己在服役期间建设完成。

由此可见，待在罗马帝国的军队里，不只是要拿刀拿枪上战场，也有其他很多忙不完的事情。从戴克里先登基以后一系列的举措来看，他在军队担任官员时，能力应该还是很强的。后来他能登基做皇帝也是源于军团士兵的拥护。士兵的目光通常都会放在带领大家冲锋陷阵的司令员或者指挥官身上。可是，在皇帝暴毙这样的紧急情况下，士兵推举的却是后方的官员。可见，平时戴克里先的工作成绩应该是非常突出，因而在士兵中享有很高的威望吧。而且，士兵选择的，不是适合过渡时期的稳重年长者，而是戴克里先。要知道，当时的戴克里先还非常年轻。

而且，这位军队官员，不是所谓的小公务员那一类型的人。很多人讨厌别人干涉自己负责的事情，戴克里先却不一样。“知人善用”是皇帝戴克里先的基本国策。如果冷静而透彻地评估帝国当时的现状和他自身的资质，我们会很自然地认同他的这一做法。但是，并不是谁都能做到这一点。

公元 284 年戴克里先登上帝位时，这位罗马皇帝要处理的迫在眉睫的问题很多。其中，戴克里先最为重视的，是以下两件事：

第一是安全保障；第二是帝国内部的结构改革。

具体来说，第一项的首要问题是如何处理与东方大国波斯的关系。关于这个问题，前皇帝卡鲁斯时，曾经跨过幼发拉底河攻入波斯境内。但因为卡鲁斯后来遭雷击死亡，使战争无法再继续进行，罗马大军只好向西撤军，在没有与波斯签订休战条约的情况下结束了战争。因此，战争随时有死灰复燃的可能。不过，由于卡鲁斯率领的罗马大军在他去世前已经给波斯军造成了重大打击，波斯王应该无法轻易举行反攻。根据目前的状态，戴克里先判断这个问题可以暂缓处理。

不过，有一个问题却是当务之急，就是如何对付居住在罗马帝国北方防线莱茵河、多瑙河对面的蛮族。当罗马军队主力集中在东面与波斯作战时，北欧各部族蠢蠢欲动，认为再次大举进攻罗马的时机到了。远征东方的罗马军，是由皇帝卡鲁斯率领的。既然是皇帝亲征，那罗马精锐肯定随行。蛮族判断当下帝国西面防守最为薄弱，是入侵的大好时机。于是，他们马上付诸实践，开始进攻。

此外，在帝国边境防线上，需要严密坚守的已经不仅仅是北方防线。在帝国南部北非一带，面对不时出现的沙漠游民的袭击，也有必要进行认真对待。南方的危机和北方蛮族的袭击一样危险。虽然这个时期还没有演变成外敌进攻后占领该地并长期盘踞于此的程度，对方仅仅是采取掠夺人口、家畜和财产，然后带回领地这样一种模式，即盗匪似的抢劫模式。但如果任由这种情况持续，边境将无人敢继续居住。恐慌的居民为了逃避危险纷纷涌入城市，这样一来，地方人口越来越稀少，城市人口越来越密集，如此将带来帝国内城市和农村人口分布失衡的后果。原先人口适度分散的平衡被打破，必然带来生产力低下、失业者增多的恶果。要阻止这一切，唯一的办法就是保障边境安全，即大力做好防卫工作，维护地方和平。公元 3 世纪初，帝国北方防线，即莱茵河、多瑙河沿岸，开始出现农村人口流失严重而城市人口过度集中的现象，随后这种现象逐渐蔓延，到 3 世纪末已扩散至帝国南部的北非沿线一带。

当时，在辽阔的北方，犹如源源不断涌现的云雾一样的蛮族，不断向气候温暖、土地肥沃的罗马境内入侵。对此，罗马帝国总计投入了 16 个军团的力量进行防卫。与此相对，南方的北非防线长度与北方防线不相上下，却只配备了 1 个军团的防卫力量。这个军团以现在阿尔及利亚境内的龙柏斯为基地，被称为第三奥古斯都军团。从名称来推测，这个军团应该是由开国皇帝奥古斯都创建的。北非防线蜿蜒绵长，以现在的摩洛哥为起点，经过阿尔及利亚、突尼斯，最后至利比亚。如此绵长的防线，在过去 300 年的时间里，仅仅依靠 6000 人的主力军团兵在守卫。他们能够完成守卫任务，最主要的原因在于沙漠游民的数量比北方森林蛮族要少得多，另一个原因要归功于地区的防卫布局。整个地区以主力军团驻扎基地为轴心，周围辅以退役士兵以集团形式移居组建的殖民城市，再加上原住民的城镇，它们之间通过大道连成网状。大家在各险要处设置战略据点，据点上建设城池和碉堡进行防卫。如此由点及面，构成整个地区的防卫体系。这个体系在当时发挥了重要的防卫功能。但是，300年后的3世纪末期，这个功能逐渐失效了。

3世纪末的罗马帝国，受到越过莱茵河、多瑙河入侵的北方蛮族的强烈威胁，已经没有余力来增强防卫力量抵抗实力较弱的北非沙漠游民。话虽如此，形势也不允许帝国对此弃之不理。在罗马时代，北非一带绿草如茵，是以农业为中心的大型产业区。其中，埃及是小麦的主要产地，埃及以西的北非各类商品更是丰富，从小麦、橄榄油、水果到手工艺品，应有尽有。因此，当地居民的生活水平较高，连接意大利半岛和北非的航线上，商船更是常年络绎不绝。换句话说，罗马帝国的根据地——意大利半岛是一大消费区，那么北非则是一大生产地。双方的关系比意大利与西班牙的关系还要密切。现在北非一带也开始受到威胁。对罗马帝国而言，事情已经不是派遣增援部队赶走盗匪就可以了结那么简单的了。

而且，对3世纪末的罗马帝国而言，即使击退外敌也无法恢复到“罗马统治下的和平”时期的状态了。换句话说，帝国内部也开始出现“敌人”。帝国内的敌人，并不是指行省叛变反抗罗马中央政府，而是指罗马境内盗匪横行，让政府苦于应对。特别是在高卢行省，盗匪不仅组成了大规模的集团到处作乱，甚至就连多佛尔海峡的警备军舰也被他们夺下，使得暴力范围波及不列颠行省。

这种流氓集团的实力之所以能够如此强大，有一种有趣的说法是，因为盗贼的“素质”提高了。原先的盗贼主要是威胁农民、拦路抢劫的流氓，如今却是罗马正规军队中退役原因不一的士兵和蛮族中激进分子的联合。简单地说，这些人不久前还是隔着防线对峙的敌人，现在却轻易地为了财物而互相勾结，组成暴力集团到处横行霸道。这伙人原本就熟悉武器使用和攻击技巧，而且他们的首领，就是不久前还在担任多佛尔海峡警备任务的罗马军队

责任范围，马克西米安则要负责高卢、不列颠、西班牙以及北非一带。将天下一分为二进行治理，是因为戴克里先认为，靠自己一个人的力量无法解决当前面临的所有问题，故而作出这样的决定。戴克里先清楚地知道，自己没有奥勒良皇帝那样卓越的军事才能，可以在短短五年时间里就将分成三块的帝国重新统一起来。这个时期，他的这一判断之准确，令人赞赏。顺带说一下，奥勒良皇帝一马平川、纵横四海的时候，戴克里先的年龄在25—30岁之间，正是人生当中学习的黄金期。虽然当时的戴克里先还是无名小卒，但已经具有了相当敏锐的观察力。

象征“两帝共治制”的纪念币

即使有洞察自我极限的能力，并能够以此为依据制定出相应的方针策略，但是在时机成熟的情况下能毫不犹豫地付诸实践，还是需要果敢和魄力的。戴克里先正是这样一位极具魄力的男子汉。

戴克里先任命马克西米安为“恺撒”，委托他全权处理帝国西边的问题，即使保留一段时间作为观察期，看看这位“左右手”能否作出成就，也一定不会遭人异议，马克西米安本人也不会有任何怨言，毕竟他受托整顿恢复帝国西边秩序才半年不到的时间。虽然这期间，马克西米安的军事行动朝着好的方向发展，但是要取得值得大书特书的成果，半年的时间还是太短了。换句话说，被封为“恺撒”后的马克西米安，还在建功立业的表现阶段。尽管如此，戴克里先又做出了进一步的行动。现在看来，应该说是迈出了决定性的一步。公元286年4月1日，他升任马克西米安为“恺撒·奥古斯都”，即皇帝。要知道，此时戴克里先自己登基称帝还不满两年。马克西米安升任皇帝并不是士兵推举的结果，而是皇帝戴克里先个人的决定。至此，41岁和36岁的两位皇帝同时治理帝国东方和西方的统治体系形成。当然，戴克里先并没有将帝国分裂为东、西两块的意思。

同样，虽然两人都被称为“奥古斯都”（皇帝），但戴克里先的称谓前加上了“约维乌斯”（Iovius），意为最高神朱庇特，而马克西米安称谓前加上的是“赫拉克勒斯”（Hercules），是半人半神，希腊神话中英雄的名字。当前，在自己的名字上添加神灵或者半神的名字并不表示大众就要把这个人当成神灵来崇拜。

对戴克里先来说，要维持帝国统一的局面，就不能给民众造成两位皇帝并列执政的印象。古代人一听到这些名称马上就能理解，冠上神灵与半神的名字只是为了显示两人地位上的差别。当时的罗马人也喜欢给自己的别墅冠上神灵的名字。可是即使这套别墅被称为“维纳斯”，并不表示这就是爱与美的女神维纳斯的住处。提比略皇帝虽然将卡普里岛上的别墅命名为“朱庇特”，但他是历代罗马皇帝中唯一死后拒绝被神化的人。不过，罗马人这种多神教传统以及神灵的亲民化风格，的确会刺激到信奉一神教的基督教徒的神经。因为即使是为别墅命名，也不会有基督教徒取宙斯、耶稣基督或者马利亚之类的名字。

言归正传，一直以来，赫拉克勒斯给人的印象就是一位气势雄壮的大力士，得了这个称号的马克西米安也备受鼓舞，表现异常突出，成绩斐然。原本他只是一位在战场上冲锋陷阵、表现不俗的武将，加上出身又只是处于社会底层的农家，可是现在一跃成了万人之上的两位皇帝之一。志得意满的马克西米安没有花费多少时间，就完成了恢复帝国西方秩序所需的军力重整工作。看来，与“次任皇帝”相比，“现任皇帝”这一称号促动力更强，效果更明显。之后，马克西米安挥师进入莱茵河流域。

从现代角度来看，莱茵河发源于阿尔卑斯山脉，之后穿越瑞士、法国、德国、荷兰，最后注入北海。自尤里乌斯·恺撒征服高卢、定莱茵河为国界后，350 年来这里一直是罗马帝国最重要的防线之一。在 2000 年后的今天，沿这条大河而建的重要城市，大都起源于罗马时代的军团驻地。现在的斯特拉斯堡、美因茨、波恩、科隆，在当时都是罗马军团的驻地。

2000年后的今天，这里依然可以供人居住。原因在于：一方面，建设之初，罗马人在地势的选择上判断精准；另一方面，建设城镇时，罗马人的基础设施建设不仅规模宏大而且完善、彻底。即使在帝国末期到中世纪期间，因蛮族的多次侵略而遭到破坏，有些设施已经完全不能使用，但坚固的石壁依然能够为幸存的人们提供遮风避雨的场所。随着时间的推移，这些石壁内，无论是原先的广场、竞技场，还是水道、桥梁，都逐渐被划分为小块，成了一般民众的住家。这些居住下来的人逐渐发展，规模扩大，慢慢地也就演变成了现代的城市。不过，这种现象只有在气候宜人的欧洲才能产生，北非就没有那么幸运了。那里无人居住的城镇，包括其周边在内，因为无人整顿，最后唯一的下场就是等着沙漠化。但是，从现代考古学界来看，欧洲的城镇被深埋在现代都市之下，想要挖掘难如登天。而北非的城镇，只要挖开那些沙土就可以重见天日，倒是更适合作研究。

同样，多瑙河沿岸的维也纳、布达佩斯、贝尔格莱德，这些东欧国家的首都，也是由2000年前的罗马军团驻地发展起来的。莱茵河、多瑙河对罗马人来说，已经不单单是河流，也是守卫帝国的“城墙”。顺带说一句，在罗马人的语言拉丁语中，莱茵河（Rhein）叫做莱姆斯河（Rhemus），多瑙河（Donau）则叫做多努布河（Danubu）或多努维乌斯河（Danuvius）。

我在《罗马人的故事12·迷途帝国》中已经谈论过陷入“3世纪危机”中的罗马帝国。虽然莱茵河防线对罗马帝国来说非常重要，但当时这条防线已经残破不堪。这种残破不堪的情况，并非仅仅体现在4个军团守卫的莱茵河防线一处，就连投入了10到12个军团的多瑙河防线，也是不堪一击。老实说，3世纪末的罗马帝国，安全保障上岌岌可危，情况的严重性，已经到了不是投入一员猛将就可以从根本上解决的程度。

但是，既然承担了解决问题的责任，那么当务之急是要消除眼前的恐慌，然后再慢慢从根本上解决问题。东边的一号皇帝戴克里先，西边的二号皇帝马克西米安，在公元 286 年至 293 年的 7 年时间里，便忙于处理这些危机。

首先，我们来看马克西米安负责的帝国西方，他本来就是一位在战场上极其活跃的人物，在战线推移过程中也自始至终保持着积极的作战方针。

他打败了渡过莱茵河向西入侵的法兰克人，并乘胜追击，渡过莱茵河向东进攻，将北方蛮族一个主要部落的根据地化为灰烬。

如此在确保大后方稳定的前提下，他再掉头专心对付横行高卢地区的盗匪集团。盗匪集团的成员复杂：有被罗马军队开除或直接逃离的士兵，有脱离原属部落的蛮族，有因社会动荡而无法进行耕种因而舍弃耕地的农民，有因帝国经济恶化导致公费、私费资助的公共娱乐活动减少从而失业的角斗士，甚至还有因农村人口大量涌向城市而丧失谋生手段的城市居民。这就是 3 世纪末盗匪集团的成员结构。也因此，他们的组织更为严密，袭击方法也更加巧妙。此外，政府长期忙于对付蛮族和波斯等强敌的入侵，无暇顾及国内治安状况，也是盗匪集团猖獗的原因之一。

“罗马统治下的和平”固然代表着由罗马帝国确立起来的和平，但“罗马统治下的和平”体制之所以能得到那些被帝国征服的行省民众的支持，是因为政府不但能抵御外敌的入侵，也能成功维持国内的治安。

当年哈德良皇帝在位期间，大半时间都用于巡视帝国全境，尤其是边境地带，他也因此而享有盛名。而哈德良皇帝在巡视期间，并不带军团随行。既然是皇帝，肯定至少要带个警卫队，但人数绝对不会多到让受访地区疲于接待的程度。显而易见，到包括哈德良在内的五贤帝时代，“罗马统治下的和平”还发挥着良好的作用。

原因在于，当时的罗马统治者长期将治安和防卫摆在同等重要的位置。现在即使治安败坏，有钱有势的人还是有办法自保。因为他们有财力去组织私人警卫或者雇用保镖，但普通民众就没有办法了。因此，如果放任这种状态不管，首先就会导致从事生产的人减少。即使生产出东西也会被夺走，还有谁愿意劳动呢？其次，旅途安全不能保障的话，就会导致人员、物资交流不畅。长期以来，最终带来经济活力下降、失业者增多的恶果。正因如此，维护治安和保障国家安全，都是“公家”的职责所在。哈德良皇帝在世的公元 2 世纪，和戴克里先统治的公元 3 世纪末期，两者差别在于以前击退盗匪根本不需要皇帝出马，而现在则很有必要。所以，当马克西米安皇帝将蛮族赶到莱茵河对岸后，就立刻回头积极准备对付盗匪。这在当时的罗马人看来，也没有什么好奇怪的。

当时的盗匪集团不仅人员素质有所提升，而且数量庞大。该如何消灭他们，这似乎比将蛮族赶到莱茵河对面还要耗费时间。高卢土地广袤，按现代国别来说，包括法国、比利时、瑞士的西半部、德国西部的四分之一以及荷兰的南部，另外，高卢北部、莱茵河最终流入的北海沿岸，也亟须派兵讨伐。因为这一带近年出现了一个名叫撒克逊的部落。无论出现哪个部落，对罗马帝国来说都必须要出兵严防，以阻止蛮族和盗匪相勾结。

好不容易处理完高卢剿匪工作的马克西米安，又开始将战线移向北非。虽然有几个盗匪团伙渡过多佛尔海峡逃到了不列颠，不过对罗马帝国统治者来说，恢复北非的秩序要远比恢复不列颠的秩序重要得多。因为北非距离帝国中心的距离要比不列颠近。

北非虽然是罗马帝国的南方边境，却没有一位皇帝率领军团来过这个地区。

当地人只是听说有一位哈德良皇帝来这里巡视过。北非出身的塞维鲁皇帝衣锦还乡的模样，长期以来一直是人们津津乐道的话题。还有一位与北非渊源甚深的皇帝戈尔迪安一世，只可惜这位皇帝仅仅在位半个月。虽说北非是帝国的重要地带，但自从打败迦太基之后，450 年来，这里的民众一次也没有见过率领军团行军的皇帝。也就是说，常年只需要一个军团就可以守卫的北非，现在也必须要皇帝亲自率军支援。时代真的是不一样了。

不过，由皇帝亲自带兵介入事态，的确取得了不一般的效果。将沙漠游民驱赶到沙漠另一端的战斗，所花时间上要比扫清高卢境内盗匪短得多。如此一来，负责罗马帝国西边事务的马克西米安皇帝，将初期任务暂时完成了。

与此同时，负责帝国东方事务的皇帝戴克里先也是一样，忙得不可开交。不，也许应该说他比小他 5 岁的同事更忙，因为他还要往来于气候、地势都截然不同的各个地区巡视。在东方事务中，首要任务是要击退突破多瑙河防线入侵至境内的蛮族。在各项史料中都找不到戴克里先亲自指挥作战的记录。由此可见，他应该是在后方坐镇、将实际指挥的权力交给了属下的将领。话说回来，御驾亲征，哪怕只是在战场的一角，这一消息也会给战斗中的士兵以莫大的鼓舞。多瑙河发源于阿尔卑斯山脉，横贯中欧、东欧，最后注入黑海。就防线来说，的确蜿蜒绵长。将越境南下、大举入侵的蛮族赶回多瑙河北边，花了戴克里先两年的时间。

解决这一问题之后，戴克里先又马不停蹄地向东部挺进。当然，除了留下必要的守备军外，其余兵力全部带走。在他的规划中，除了使用战争打击敌人，还包括依赖军事力量向敌人施压谋求谈判的策略。不管采用哪种手段，最终目的是要逼迫波斯国王交出幼发拉底河和底格里斯河之间的区域（被称为“美索不达米亚”的广袤地区）的北部。他的目的倒不是为了扩张罗马的领土，而是要进一步强化与莱茵河防线、多瑙河防线并称罗马三大防线的幼发拉底河防线。

这一计划算是成功了一半。虽然没能让波斯国王把美索不达米亚北部地区让给罗马，但是迫使他默认了罗马帝国对这一地区的统治权。此外，罗马成功扶持亲罗马派的提里达特斯三世登上了亚美尼亚王国的王位。

亚美尼亚王国的立场是偏向东边的波斯还是西边的罗马，是东边的统治者还是帕提亚王国时，对罗马帝国来说，就是一个极其重要的外交问题。如果有了亚美尼亚的协助，罗马除了能从西侧的幼发拉底河监视之外，还能从美索不达米亚北部更深处的山岳地带监视整个美索不达米亚地区。而且，如此一来，罗马军队在必要的情况下，可以随时挥军南下，进入曾经的帕提亚王国，现在的波斯王国首都所在地——美索不达米亚地区。从战略角度来说，意义极其重大。顺带说一下，曾经的亚美尼亚王国，大约相当于 2000 年后今天的土耳其东部地区。现在的美国政府也是极力拉拢土耳其，力促他们加入 NATO（北大西洋公约组织），原因就在于以伊斯坦布尔为中心的土耳其西部，控制着连接黑海和地中海的博斯普鲁斯海峡，有着重要的战略地位。不过这还不是唯一的原因。在苏联解体前，这个地区的战略意义更为重要，现在则相对减弱了许多。不过，土耳其东部还衔接着伊拉克。

到公元 288 年，戴克里先成功地强化了这一地区的防卫。首都元老院也在这一年通过表决，决定颁赠意为“波斯征服者”的“Persicus Maximus”称号给戴克里先。虽然这场军事外交没有经过任何战争就取得成功，但是元老院之中还是有人能正确理解其重要意义的。但是，戴克里先即使在这种情况下，还是没有返回首都。登基 4 年来，戴克里先一次也没有来过罗马。这一年，戴克里先率军从叙利亚的安条克向西返回，前往多瑙河和莱茵河上游的雷蒂安地区。他的目的是要屯兵莱茵河上游，确保正在高卢和盗匪作战的马克西米安的后方安全。

公元 290 年，高卢剿匪结束以后，戴克里先和他的军队再次移师东进。这次的东方之行，是为了消灭罗马帝国叙利亚行省内开始出现的萨拉森人强盗。当帝国灭亡后，中世纪的主角正是撒克逊、法兰克、伦巴底、萨拉森等部族，如今这些部族的名字已经开始出现在人们的视野中了。

对萨拉森人的战斗很快就结束了，第二年，即公元 291 年，戴克里先已身在埃及。他的目的既不是观光，也不是考察旅游，而是要率领罗马的正规军击退从尼罗河上游袭来的土著。埃及，作为罗马帝国的粮仓，有一个军团的常驻兵力。但是现在，就连在埃及地区，仅凭常驻兵力也已经无法对抗以前被视为“零星威胁”的敌人了。

在埃及的任务也在很短的时间内完成了。第二年，即公元 292 年，戴克里先又返回到多瑙河防线。这次的目的是要击退跨河南下的北方蛮族之一萨尔马提亚人。

以上记载就是从公元 286 年开始到 292 年结束的 7 年时间里两位皇帝的

转战经历。在这 7 年的时间里，两位皇帝只见过一次面。当时正值公元 289 年到 290 年间的冬天，两人在罗马时代被称为梅迪奥拉努姆（Mediolanum）的米兰一起度过了屈指可数的几天时间。当时，正值马克西米安准备转战北非、戴克里先准备前往叙利亚对付萨拉森人之前，正是“山雨欲来风满楼”的非常时期。

总而言之，在这 7 年时间里，如果从戴克里先登基那年算起，该是 8 年时间里，帝国面临的重大问题算是暂时都解决了。这足以证明，帝国东、西方由两位皇帝共同管理的“两帝共治制”，在实际应用中能够发挥功效，起到良好的作用。但是这时，47 岁的戴克里先又在构思一个更加缜密的政治制度了。

“四帝共治制”

公元 293 年 5 月 1 日，戴克里先在他的根据地，小亚细亚西部的尼科米底亚，马克西米安在其驻地意大利北部的米兰，同时发表声明，开始了历史上叫做“四帝共治制”（tetrarchia），即四个人分担统治的体系。

即在两位“奥古斯都”之下，再各自任命一位“恺撒”。

帝国西方的“奥古斯都”马克西米安任命的“恺撒”是君士坦提乌斯·克洛鲁斯。这两个人之间没有年龄差距。

帝国东方的“奥古斯都”戴克里先任命的“恺撒”是伽列里乌斯。这个人出生在公元 260 年前后，和戴克里先有 15 岁的年龄差。

不过，得到“恺撒”称号的君士坦提乌斯和伽列里乌斯，似乎都是由戴克里先一人挑选决定的。因为这两个人的作用，并不仅仅是作为皇帝次任者选出来安定政局那么简单。

首先，这四个人都来自罗马军队，是身经百战的“武将”。其次，这四个人均出身于多瑙河到亚得里亚海之间，即现在的巴尔干地区，在当时这个地区因良将辈出而闻名于世。他们还有一个共同点，即都是农民的儿子。

总的来说，这四个人既是容易沟通的老乡，又有能力，特别是在战场上，都是响当当的武将，而且他们的出身，与个人主义、消极情绪浓厚的经济利益既得阶层无缘。从年龄上来看，四个人都处于体力、精力旺盛的壮年期，再加上丰富的经验，从各方面看都比较理想。相信这也正是戴克里先选人的基准吧。

在这之前，我们可以把“奥古斯都”理解为“皇帝”，“恺撒”理解为“次任皇帝”，但是实施“四帝共治制”之后，称之为“正帝”、“副帝”更符合当时的实际情况。当然，这只是我们的理解，在当时的记录资料上，依然还是和以前一样，记为“奥古斯都”（Augustus）和“恺撒”（Caesar）。戴克里先保留了旧的称号，但实质内容已经变了。“恺撒”不再是等待继位的皇储，而是和“奥古斯都”一样，具备了相同的职责。这一内情，可以从四个人的年龄上看出端倪。“四帝共治制”的实施开始于公元 293 年，现将四个人的年龄罗列如下。由于资料记录不详，所以这里所列数字后面得加上“左右”两个字。

帝国东方　“正帝”戴克里先，48 岁。

　　　　　“副帝”伽列里乌斯，33 岁。

帝国西方　“正帝”马克西米安，43 岁。

　　　　　“副帝”君士坦提乌斯·克洛鲁斯，43 岁。

这时，不仅“正帝”，东、西方两位“副帝”也有明确的防卫区域划分。按照地图显示，帝国由西向东划分如下：

“副帝”君士坦提乌斯所辖区域，包括不列颠、高卢、西班牙，以及隔着古代被称为“赫拉克勒斯之柱”的直布罗陀海峡相对的非洲西北部。首都设在莱茵河支流摩泽尔河上游的特里尔。这个地方现在位于德国和比利时的国界线附近。

“正帝”马克西米安所辖区域，以现在德国南部多瑙河上游一带为起点，跨过阿尔卑斯山脉到达意大利本土，又经过科西嘉、撒丁、西西里群岛，以现

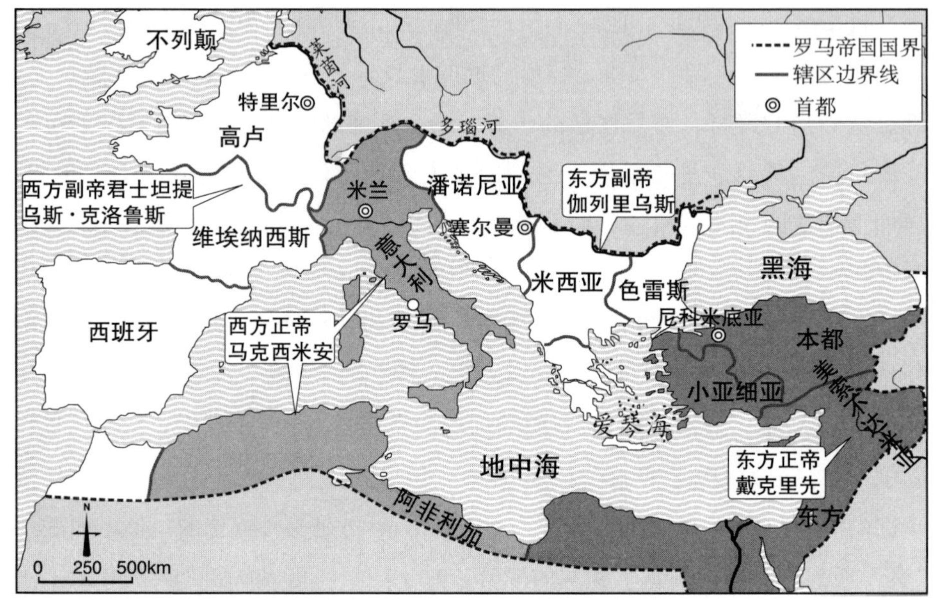

"四帝共治制"时代的罗马帝国略图

在的阿尔及利亚、突尼斯、利比亚的北非地区为终点。首都定在米兰。据说选择米兰是因为从这里出发，无论是跨越阿尔卑斯山脉北上，还是前往帝国的首都罗马，交通都极为便利。

有趣的是，在古代人眼中，地中海不是交通的障碍，而是连接目的地的道路。在2000年后的今天，还抱有同样想法的，只有出身北非、将生命依托给小船和橡皮艇的难民了。

再把话题转到帝国东方，"副帝"伽列里乌斯所辖区域，包括多瑙河防线以南全境。这个地区当时又细分为潘诺尼亚、米西亚、色雷斯三地。整个地区以多瑙河为北界，以亚得里亚海、爱奥尼亚海、爱琴海为南界，囊括了希腊在内的整个巴尔干地区。从地图上看，这个区域是四个人当中最小的，却担负着多瑙河防线这一号称"罗马帝国安全保障指数测量器"的最重要防线的维护重任。戴克里先将四个人当中最年轻的伽列里乌斯安排在这里，正是出于这一用意。

首都是塞尔曼，距离多瑙河 20 公里不到，意味着总司令可以随时前往前线。

虽然实行了“四帝共治制”，但是“大奥古斯都”（senior Augustus）戴克里先的优势地位并没有变。“四帝共治制”并不是把帝国分裂成四块，而只是分配给四个人去承担整个帝国的防卫任务。而且，四位皇帝之间的地位并不平等，等级划分得很清楚。“大奥古斯都”戴克里先居最高位，其下为“小奥古斯都”（iunior Augustus），接下来才是两名“副帝”，呈金字塔形。由于在军事上，两位副帝被赋予了与正帝同等的权力，所以如果等级不划分清楚，帝国马上就会真的分裂成四块了。

四个人当中居首位的正帝戴克里先所辖范围，是以“奥利恩斯”（Oriëns）为总称的东方地区。以小亚细亚为起点，跨过叙利亚、巴勒斯坦，一直到埃及的整个区域。这片区域最强大的敌人当属波斯。在罗马历史上，东方防线的边防长官通常都把官邸设在叙利亚的大城市安条克，但戴克里先并没有把这里设为首都，而是把都城设在了小亚细亚西北部的尼科米底亚。因为尼科米底亚作为海港城市，即可以由此向西渡海，向多瑙河防线输送援军，又可以借由海路通往东方的叙利亚、南方的埃及，交通极为便利。

四位皇帝都将自己的大本营设在接近帝国防线的位置，或者容易驰援防线的地方。由此可见，“四帝共治制”设立的最大目的是出于帝国防卫安全的考虑。亦即，明确划分四个人的责任区域，使四个人可以同时肩负罗马帝国的国防重任。

因此，四个人当中的戴克里先的地位，和“两帝共治制”时又有了区别。他不再是“约维乌斯”，而是“大奥古斯都”，当然，这并不是说，他在四个人当中年龄最大，而是说，在帝国军事方面，四个人共同分担，但在统治处理帝国事务方面，仍然由戴克里先一个人说了算。这也是“四帝共治制”的构成实质。

在戴克里先的思想里，他应该是坚信，帝国防卫只能采用“四帝共治制”，才能达到长治久安，“两帝共治制”只能应付一时的蛮族入侵，维持短暂的和平。这一点，从罗马的国防安全体制演变可以明显地看出来。

其实，帝国和皇帝统治的国家并不能画等号。“帝国”一词源于拉丁语“imperium”，这个词是由含有“支配”、“统治”、“命令”等含义的动词“imperare”派生出来的。一个国家，共和制也好，王政也好，不管政体如何，只要是把其他国家或民族纳入自己支配下的霸权国家，它就成了“帝国”。因此，当古代的罗马人在公元前2世纪打败大国迦太基，并趁势收下地中海周边，将地中海称为“我们的海”、“内海”时，虽然当时罗马还是共和时期，罗马人已经开始自称“帝国”，并留下了书面记录。因为他们已经将以地中海为中心的周边国家和民族纳入自己的霸权统治之下。

从公元前2世纪开始，到戴克里先实施“四帝共治制”的公元4世纪初，罗马的防卫体系的演变，大体上按下图所示：

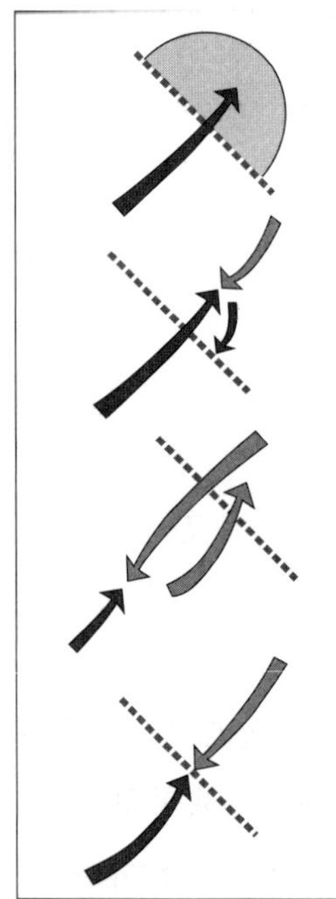

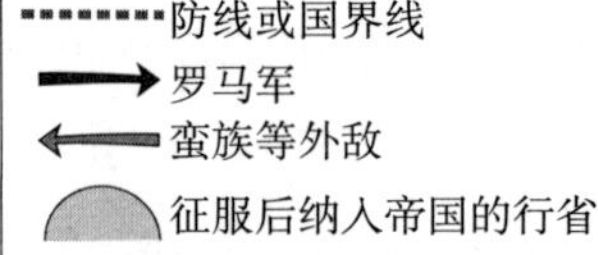

罗马帝国防卫体系的演变

为什么戴克里先如此看重帝国的防卫工作呢？因为他虽然出身于社会底层，但做了皇帝以后，想法也就和历代罗马皇帝一样了。那就是，身为帝国之首，一国之君，最大的责任就是要保证帝国内所有子民的人身安全，如果连这一点都做不到，那么还谈什么国家，做什么皇帝呢？乍看之下，这个想法太过理所当然，甚至没有说明的必要。但是，当一个国家深陷危机之中，要想摆脱，就必须立足于最根本的问题来制订方针、政策。这种立足根本的做法，在处理问题时，不容易偏离方向，有助于优先解决眼前的当务之急。不过，做任何事情都要讲一个度，如果过分专注眼前的事情，就容易忽略长远的目标。“四帝共治制”就是戴克里先针对眼前最重要、最根本的问题构建的政治体系。

在解决这一最重要问题上，“四帝共治制”的确起到了不可磨灭的重要作用。“四帝共治制”的特点是，四位皇帝都将据点设在靠近防线的地方压制敌人，这一战略效果有目共睹。公元 3 世纪，蛮族大举入侵，攻入帝国腹地，使当时的罗马人陷入绝望之中，这样悲惨的情景，现在已经消失得无影无踪了。

虽然防卫形势没有恢复到公元 1、2 世纪那样，可以越过防线攻入对方阵地的程度，但是至少 3 世纪那种任由蛮族跨过莱茵河、多瑙河大举入侵，攻入帝国腹地烧杀劫掠后，才反击成功的境况已经成为过去。有相当一部分历史学家认为，戴克里先的出现，以及之后他推行的“四帝共治制”，使罗马帝国进入了伟大的复兴时期。

如果单就国防来说，的确如此。不是敌人消失不见了，而是局势逆转了。罗马帝国从被敌人压制的一方，变成了压制敌人的一方。这一点可以从蛮族再也不能侵入帝国内地清晰地反映出来。这也意味着国内恢复了安全、和平的状态。戴克里先登基后一个人治国的时间为一年多，然后他推行的“二帝共治制”维持了 7 年时间，再加上“四帝共治制”存在的 12 年，一共是 20 年的时间。在这 20 年里，百姓不用担心蛮族或者盗匪侵入自己家中，也不用担心自家的院子沦为罗马军队驱逐敌人的战场。可以想象，当时的罗马人是多么放

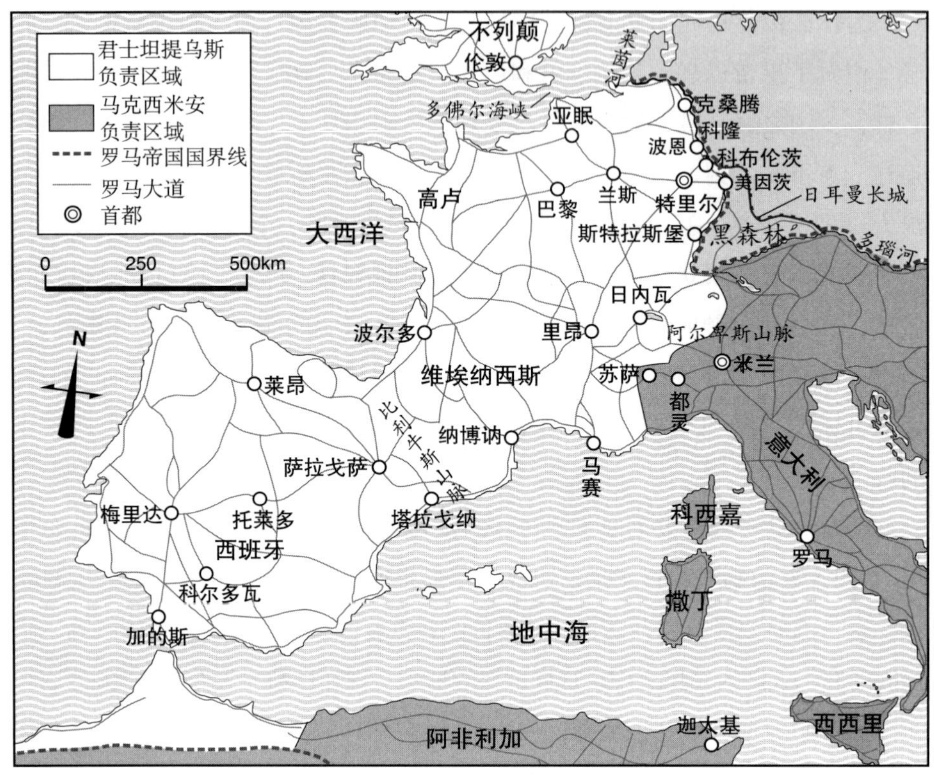

罗马帝国西部

心。和平，对人类来说，是最宝贵的东西。但是，如果无所作为，它很快就会溜走。

从罗马时代称为“特雷维鲁姆”（Treverorum）的特里尔，沿着摩泽拉（Mosella）河即现在的摩泽尔河顺流而下约 100 公里，即可到达莱茵河防线。摩泽尔河入莱茵河，两河合流之处叫做科布伦茨，这个名字也是从罗马时代的名称，意为“合流处”的“科富伦特”（Confluentes）一词转变而来。另外，城中的罗马大道，使这里和莱茵河防线上的各主要基地之间的往来变得极其便利。

由此北上，可以到达罗马时代的“波恩纳”（Bonna），即现在的波恩。向东，可以到达罗马时代被称为“摩根提亚肯”（Mogontiacum）的美因茨。东南方，与罗马时代被称为“阿根图拉特”（Argentorate）的斯特拉斯堡相连接，顺着罗马大道向西行，通过兰斯、亚眠，就可以到达多佛尔海峡。无论是兰斯还是亚眠，都是罗马大道的交会点，因此，在罗马时代，是比巴黎还重要的城市。虽然以现代人的眼光来看，这只是横贯德国、比利时、法国的一条路线。时代不同，地理感觉也会变化。也就是说，这只是个“习惯”问题。想必在罗马人的脑海中，很自然地放着一幅罗马帝国的全境图。即使在现代有汽车可开的年代，也会觉得这么长的一段距离，往来很费事。但副帝君士坦提乌斯经常往返于这条路上。而且，他甚至还要渡过多佛尔海峡到达不列颠，在那里征讨蛮族和盗匪。可以想象，对君士坦提乌斯来说，在担任副帝的这12年，恐怕就是不断奔波于东、北、西三方的日子吧。但也正因为如此，高卢和西班牙才能享受和平。

实行“四帝共治制”之后的12年里，有副帝君士坦提乌斯横刀立马，纵横沙场，身为西方正帝的马克西米安，相对过得比较安稳、平和。

罗马时代的梅迪奥拉努姆，即现在的米兰，这里既不是罗马军团基地，也不是退役兵的殖民城市，却被西方正帝选为根据地，这本身就体现了罗马帝国后期军事状况的变化。因为这里有罗马大道通过，容易派兵穿越阿尔卑斯山脉，前往莱茵河上游或者多瑙河上游地区。假如守护犹如腹部要害般重要地带的日耳曼长城没有弃守，还能发挥作用；亦或，3世纪后半期没有经历过蛮族侵入意大利本土的惨痛经历，米兰也不会成为身兼总司令的皇帝的根据地。时代的变迁，也连带使中心地带发生了变化。

北非地区在500年后将属于伊斯兰文明圈，而意大利半岛现在属于基督教文化圈。实际上，在这两个地区染上这两大一神教色彩之前，其实有着相当密切的关系。当阿尔卑斯山脉以北的危险度下降之后，身在米兰的皇帝马克西米安的注意力很自然就会移到北非上。而且他在任期间，也的确花了很大的气力，重整责任区内的北非防卫体系。因此，北非地区民众的支持，几乎全部集中在他一个人身上。不过，对于首都罗马，尽管在其管辖范围之内，但是他从不轻易涉足。马克西米安曾让人质疑，是否因为虚荣心作祟，才跑到北非去让有钱的农场主奉承。但这一点正体现出他对年长的好友戴克里先的尊重、守礼，某种意义上可以看出他是一个忠诚、守规矩的人。如果没有戴克里先在场，他绝不会踏入帝国首都罗马一步，也因此，虽然罗马和米兰之间的距离，按现在快速列车计算，只有 5 个小时的车程，但首都罗马的居民长年过着看不见皇帝的日子。

帝国东方的副帝伽列里乌斯是四位皇帝之中最年轻的一位。但也正因如此，他被赋予了守护帝国生命线难度最大的多瑙河防线的防卫重任。在他担任副帝之后，花了两年的时间来整顿防务。光是防线长度就有西方副帝君士坦提乌斯经常往来的莱茵河、多佛尔海峡、不列颠之间距离的两倍多。而且，多瑙河防线以北居住的蛮族，无论数量还是彪悍程度都是其他防线不能比的。但是他在短短的两年时间里就修复了如此漫长、难以防御的多瑙河防线，成功阻止了蛮族的入侵。由此可见，伽列里乌斯的军事才能的确非同凡响。他甚至还在正帝马克西米安的责任区，成功阻止了多瑙河上游地区蛮族的入侵，帮助马克西米安减轻了工作负担。同样的，正帝戴克里先原本待在尼科米底亚，随时准备派兵支援马克西米安，而伽列里乌斯的行为也减轻了他的负担。从这一点可以看出，虽然戴克里先自觉军事才华不足，但在选拔优秀军事人才方面，还是很有眼光的。

话说回来，副帝表现不俗，正帝戴克里先也没有借机躲在尼科米底亚的皇宫里享乐。他不仅去了叙利亚、埃及，而且更为重要的是，他开始着手推动仅有他握有实权的帝国结构改革的工作。关于改革详情，容待后叙。也正因此，戴克里先要尽早处理好各类事情，减少不必要的担忧，因为也许不知道什么时候又会冒出更多烦心事。而事实，也正如他所预料的那样。

与波斯的关系

三年前，波斯王位交替，新换了国王。在君主专制国家，所有的权力都集中在君王一人手中。当新王继位时，即使过渡平稳，也必然会产生反对派。新任国王为了压制国内反对势力，必然要对外表现强硬。自古以来，对外作战都是调和国内矛盾的特效药。即使幼发拉底河对岸的主人从帕提亚换成了波斯，但他们展现强硬的对象依旧还是罗马。再加上这个时期的波斯，背负着 8 年前受戴克里先军事胁迫、心有不甘地默认北部美索不达米亚地区归于罗马旗下的旧恨，这一地区对波斯来说，有着重大的战略意义。罗马取得该地区因而获利，就代表波斯方面失手陷于不利的境地。古往今来有许多兵家必争之地的存在，对罗马和波斯来说，必争之地就是美索不达米亚北部地区，以及北方的亚美尼亚王国。

公元 296 年，波斯国王亲自率领大军北上美索不达米亚，攻入属于罗马帝国的美索不达米亚北部地区。而且，还趁势将亲罗马派的亚美尼亚国王拉下王位。

帝国的东方，现在称为中东地区，是正帝戴克里先直接负责防卫的区域。一旦这个地区受到敌人侵袭，率军迎战的正是他本人。但是戴克里先把手下作战的主力军迁移到了叙利亚的安条克，而把迎敌作战的指挥权交给了从多瑙河防线调来的副帝伽列里乌斯。

这一年的伽列里乌斯 36 岁。从军以来，他所熟悉的地区，除了既是出生地又是作为副帝全权负责的多瑙河南部巴尔干地区以外，就是在“两帝共治制”时期跟随戴克里先南征北战的中东地区。戴克里先将击退波斯军的重任交给伽列里乌斯，一方面是看到了他在整顿多瑙河防线这两年里取得的成绩，另一方面也是看重他在东方累积的经验。选择对波斯作战的武将，伽列里乌斯无疑是最合适的人选。

但偏偏这个时候，伽列里乌斯的年轻气盛给他惹了祸。军情固然危急，但

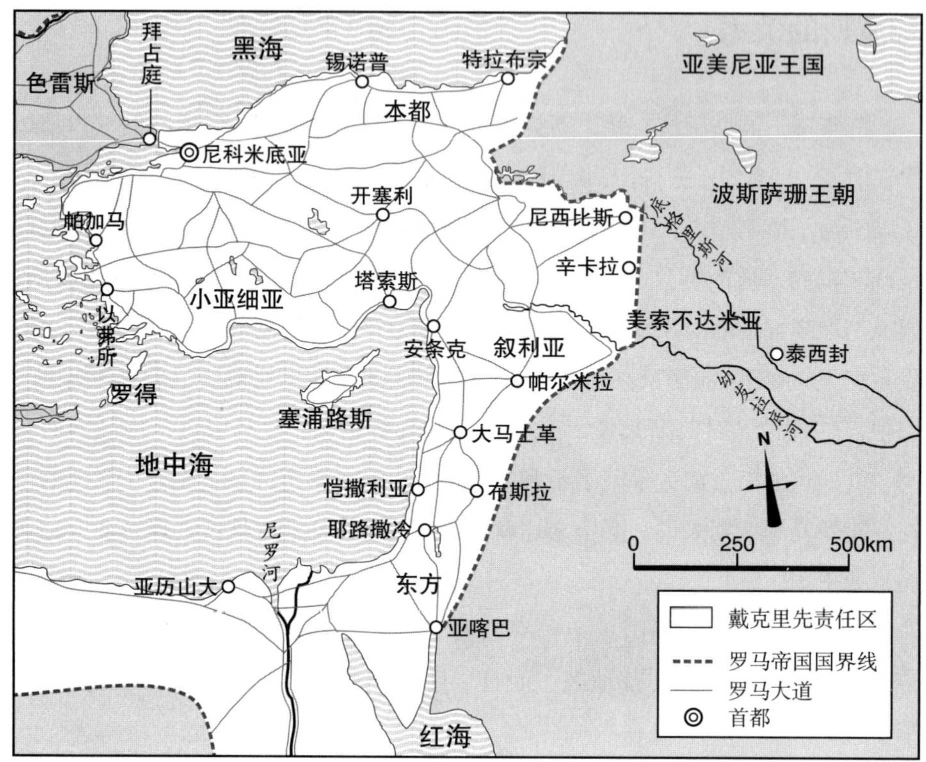

罗马帝国东方

并不代表大胆行事就是好事。当伽列里乌斯赶到安条克与等待的戴克里先会合以后，在未作任何周密部署的情况下，仅仅带着当地的驻军，就匆忙上阵杀敌去了。渡过幼发拉底河之后，行军速度也丝毫未减，直接朝着波斯军占领的北部美索不达米亚行进。而就在这里，他们遇上了波斯国王率领的军队。

副帝伽列里乌斯，倒是没有忘记罗马军队里多国军队联合作战的传统模式，他马上与刚从亚美尼亚流亡出来的国王提里达特斯进行了会合。但是，在战场的选择上，则没有动太多的脑筋。他居然选择了幼发拉底河东面的一片沙漠地带，作为与波斯国王作战的战场。这样一来，局势对于习惯在沙漠作战的波斯军来说，变得非常有利。

在第一场、第二场战役中，双方还处于胜负未分的状态。不过若要归功于罗马军队的勇敢善战，还不如说是跟随国王出征的亚美尼亚士兵，习惯在烈日炎炎的平地上作战。但是，因为这些士兵都是跟随国王匆匆出逃而来，所以人数并不多。在第三次战役中，伽列里乌斯率领的罗马军也就一败涂地了。

唯一幸运的是，战场靠近幼发拉底河。被波斯骑兵围困而与自己士兵离散的亚美尼亚国王提里达特斯，急中生智，连人带马跳进河里，拼尽全力游到对岸，再策马飞奔至安条克，才捡回一条命。伽列里乌斯的情况虽然没有这么惊险，但是败军之将的身份是逃不掉了。在安条克等候的戴克里先，对盟友亚美尼亚国王隆重欢迎，热情款待，对伽列里乌斯则十分冷淡。正帝乘车出行时，按照惯例，副帝应该在旁边骑马随行，但伽列里乌斯被要求徒步跟随。也就是说，伽列里乌斯在众目睽睽之下，彻底地接受了败军之将的惩罚。不过，51岁的正帝后来还是给了36岁的副帝一次雪耻的机会。这个雪耻的机会，定在第二年，即公元297年的春天。

这一次，伽列里乌斯格外慎重。首先，他调来了多瑙河防线上受他指挥过的3个军团，并且，还调用了战败后被收编的哥特人骑兵团。即使现在的敌人从北方蛮族换成了东方的波斯大军，但是，这2.5万人的将战斗当成日常生活的精锐部队，还是堪当一雪前耻的主力军的。

其次，伽列里乌斯对战略也重新进行了调整。上次他是选择渡过幼发拉底河后向东直行，在沙漠地带进行作战。这次他要从上游渡过幼发拉底河，然后沿着山路迂回地接近敌人。地势越复杂，对于习惯了多瑙河边复杂作战地形的士兵来说，越容易发挥战斗力。问题是，该如何诱使波斯大军前来呢？一年前大败罗马大军，波斯国王正志得意满。这时，对于罗马骑兵的挑衅行为，并没有深究其真实的意图就贸然出兵了。这样，在公元297年，罗马和波斯之间的战斗，虽然战场还是在美索不达米亚北部，但上一年是在接近幼发拉底河附近地区，而这次则相反，跑到底格里斯河附近去了。

与此同时，伽列里乌斯还增添了另一种作战方法，那就是日落后夜袭波斯军。与没有夜间作战经验的波斯军相比，罗马军队已经习惯了这种作战方法。当然，就在不久前这还是敌人针对罗马军的袭击手法，只不过现在善于夜袭的高手——哥特人骑兵团，却在罗马军队的阵营里了。

但是，利用夜间袭击敌人的策略，需要有赌徒的冒险精神才能制胜。因为一旦夜袭开始，中途就不可能再作任何改变。伽列里乌斯强悍的性格，这次起到了正面的作用。

波斯阵营先是受到哥特骑兵的奇袭，之后又遭到罗马精锐部队的攻击，早已乱成一团，根本无力组织还击。士兵只顾自保，就连国王的警卫队也只能勉强将受伤的国王带离战场，而无力顾及其他。现场一片混乱。按照东方的习惯，国王御驾亲征时都会带着妻妾和子女同行，在国王营帐和附近的华丽帐篷里，现在这些惨遭遗弃的人，也只能缩在那里惊恐地发抖。

在明亮的火把映照下，看着眼前被士兵带上来的妇女和孩子，那一瞬间，也许伽列里乌斯想起了600年前战胜波斯国王的亚历山大大帝吧。他当众宣布，以王妃为首的女眷，以及诸位王子和公主，虽然身为俘虏，但是人身安全将得到保障，并且可以得到与身份相符的待遇。随后他也确实做到了这些承诺。

当然，伽列里乌斯没有忘记一早派快马向身在安条克的戴克里先传去捷报。战争获胜以后，就该轮到正帝出面解决善后事宜了。捷报上也明确要求正帝移驾尼西比斯。尼西比斯（Nisibis）位于土耳其东部边境，邻近叙利亚国界，现代名叫努塞宾（Nusaybin）。这个地方是亚历山大大帝当年远征波斯时，由希腊人建设的城市。600多年来，虽然统治者由原来的帕提亚人换成了波斯人，但这个地方依然是东西贸易的集散地和中转站。在东方有不少拥有同样历史的希腊裔城市存在，尼西比斯就是其中之一。基于防卫上的需求，罗马人在占领美索不达米亚北部地区之后，就把这里作为军事基地，修筑要塞设施，当地居民对此也并不抵触。或许是因为他们本身就是希腊后裔，觉得与其被东方君主使唤，还不如归在罗马人旗下。既然尼西比斯有这样好的条件，安全方面也就无须顾虑，作为罗马帝国东方正帝和副帝会面的地方，自然颇为合适，而且，这里位于美索不达米亚地区北部，用来接见波斯特使，无论距离还是时间上都比较合适。

伽列里乌斯身在底格里斯河附近的战场上，从这里出发，只要南下一小段路就可以到达尼西比斯，距离很近。而戴克里先从安条克出发，要先取道向东，渡过幼发拉底河，绕过大半个美索不达米亚北部，才能到达目的地。如此一来，自然是伽列里乌斯比戴克里先先到达。而且，在戴克里先到达会面地点之前，波斯国王已经一早派特使来到了尼西比斯，想必是非常担心被俘的嫔妃、儿女。此外，对东方男人来说，女人、孩子为敌所虏而不夺回是一种耻辱。但是，很显然，波斯军队现在已濒临崩溃，短期内无法再采取任何军事行动。特使前来尼西比斯，目的在于代替波斯国王向罗马皇帝提出议和的请求。

由于戴克里先尚未到达，伽列里乌斯只能一个人接见了波斯特使。特使首先代表波斯国王，感谢罗马方面对本国王妃及其他王室成员的优待。但是，特使接下来的话，证明他也只不过是个东方君主专制国家的内廷文人：

> 罗马和波斯这两大帝国，就好像世界的两只眼睛，不管缺少了哪一方，世界都会残疾，失去其完美的面孔。

伽列里乌斯听了这段话之后立刻火冒三丈。他毕竟还年轻，才37岁，刚刚经历过一年前的大败，手下将领、士兵死伤大半。他听了这话自然也就不客气了。

> 我们还轮不到你们波斯人来教导什么是宽容的美德。你们对不幸的瓦勒良皇帝（罗马帝国第一位被波斯俘虏的皇帝。——译者注）的态度，真不知该如何评价。罗马皇帝并非在战场上战败被俘，而是被阴谋诡计欺骗

才沦为俘虏，可是你们一再地羞辱他，给予他与身份完全不符的待遇。而且这期间，波斯国王完全无视周遭各国君主劝告释放的声音，依然我行我素，直至瓦勒良皇帝不堪羞辱而逝世。最后将他的遗体弃置于民众的嘲笑声中的，又是谁？

然后，副帝伽列里乌斯又接着说：

罗马人对失败者绝对不会落井下石，这并非我们顾虑到失败者的心情，而是因为这违背了罗马人的自尊心。

等皇帝驾到以后，我会跟他商讨要有什么样的条件，才能维持两国间长久的和平。一旦条件确定下来，会马上通知你们。

波斯国王的特使只好空手而归。几天后，戴克里先也到达了尼西比斯。戴克里先和伽列里乌斯一样，不喜欢浪费时间。到了以后，很快定下了和波斯之间议和的条件。

当然，准许先前遭波斯王驱逐的亚美尼亚国王提里达特斯复位，这是必不可少的条件。其次，也是最重要的，是下面两个条件：

一、以尼西比斯及其南边的辛卡拉为前线，由此延伸至幼发拉底河为界，波斯要正式将这个范围内涵盖的美索不达米亚北部地区割让给罗马。

9 年前，戴克里先不费一兵一卒，即以军力为支撑，在谈判中迫使波斯“默认”了罗马对美索不达米亚地区北部的支配权，但并不是“割让”。“默认”的效果就如同设置一个缓冲地带，所以罗马并不能在这一带设置连绵的防卫要塞，使其“防线化”，但是“割让”的话就可以，因为这里已经成了罗马帝国正式的领土了。

二、将位于底格里斯河东面的五个地区的统治权转让给罗马。

这意味着，流入美索不达米亚地区的底格里斯河和幼发拉底河，这两大河流的整个上游地区，将全数落入罗马人手中。按现代国别来说，就是占领了约旦、叙利亚和土耳其三国。如此一来，就可以同时从西、北两个方向监视伊拉克。从防卫意义上来说，罗马帝国享有史上空前的、绝对的优势。

波斯国王别无选择，只得答应。被俘虏的王妃、公主们，也在财物、人身毫发无损的情况下安然返回波斯。

这一次，即公元297年缔结的和平条约，维持了这两个大国之间40多年的和平，一直到君士坦丁大帝统治末期才被打破。原因有两个：一是罗马帝国本身在防卫上占尽优势；二是戴克里先不是那种因为一时胜利而得意忘形的人，他一直没有忘记在所得地区加强防卫措施。

美索不达米亚北部地区，加上幼发拉底河，实际上有四道防线可守：

第一道，经过辛卡拉到幼发拉底河为第一道防线。

第二道，是经过尼西比斯，流入幼发拉底河的支流沿线。

第三道，也是幼发拉底河的一条支流，起点是叙利亚的罗马军团基地萨莫萨塔，经过埃德萨、加列，到达幼发拉底河这一条线。

第四道，也是最后一道，沿着以托罗斯山脉为源头、向东南方奔流的幼发拉底河主流。从地图上可以看到以泽乌玛为开端的诸多城市，几乎都是希腊人后裔所建，将这些城市连成一线以后就成了第四道防线。

如果敌人想攻打帝国东方的关键城市安条克，就必须攻破这四道防线。

此外，戴克里先实施的帝国东方防卫体系重整工作，还不仅仅是在美索不达米亚北部地区。

比如，现在的叙利亚和约旦，过去一直是罗马帝国的领土，这里也铺设了罗马式的防卫路网。这样的防卫路网涵盖了帝国东方所有通往波斯的大道，换句话说，朝东通往波斯的全部道路都变成了防线。都市的城墙改建得更加坚固，连接城市的大道上建设了无数的要塞、监视塔和堡垒。

不过，罗马人不能修筑连续的石墙来阻断波斯和罗马的国界。因为罗马帝国东方的居民以及波斯人，都要依靠东西方的贸易为生。堡垒和监视塔的作用

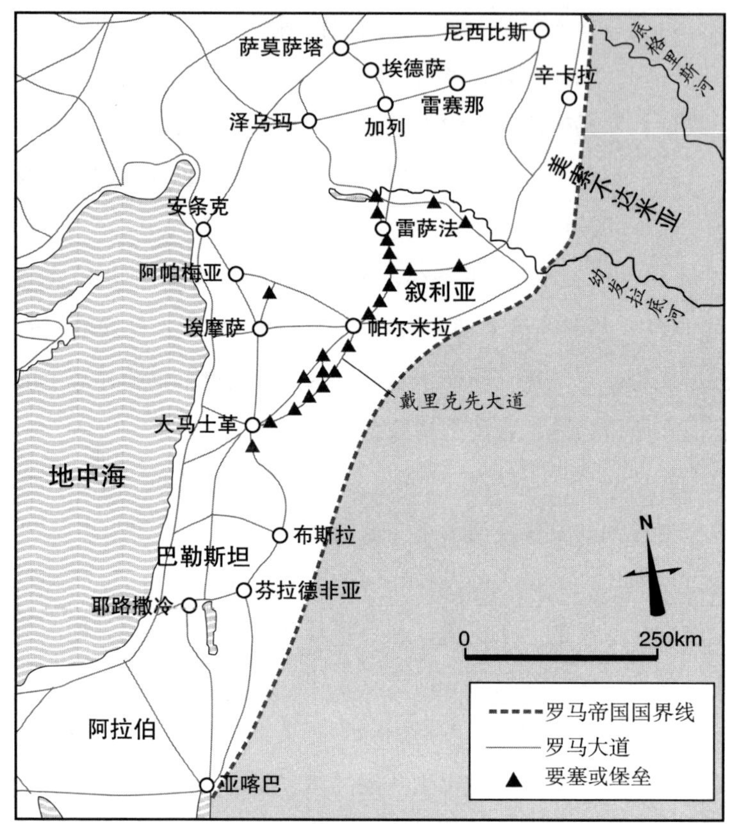

戴克里先皇帝时代的帝国东方道路网

并不是为了阻止敌人进攻，而是在允许商人往来的同时，设法尽早探知敌人来袭，通知后方的军事基地。

在这之前，拉丁语中，表示大道、道路含义的词，只有“via”一词。从大马士革开始，穿越叙利亚沙漠到达帕尔米拉，再由此向幼发拉底河延伸的道路，之前一直被称作“Via Hadrianus”（哈德良大道）。但是，从这个时期开始，称呼改成了“Strata Diocletiana”（戴克里先大道）。拉丁文“strata”，是意大利文“strada”以及英文“street”的语源。研究人员认为，这个词出自罗马帝国后期的拉丁文。我认为，当时传统的四层石板道路应该还是跟以前一样，叫做“via”。只不过同样的道路结构上，如果沿线按一定距离设置要塞、堡垒的话，就改称为“strata”，以示区别。之所以这么说，是因为从大马士革开始，到罗马军团基地所在的布斯拉，再经由罗马时代的芬拉德非亚（现在的约旦首都安曼），到达红海小镇亚喀巴这一条大道，由当时的图拉真皇帝修建而成，一直叫做“Via Trajana Nova”（新图拉真大道），而且历史上也没有留下关于其改称“strata”的记录。这条大道沿线也建有要塞，但是数量没有大马士革以北的地方多。由此推断，戴克里先主导的帝国东方防卫体系重整计划的主要地点，应该是从大马士革向北的广大地区。因为帝国东方防线幼发拉底河在这个地区向西迂回。也就是说，一旦敌人从这里越过幼发拉底河，到达帝国第一城市安条克，只有仅仅500公里的路程了。

五贤帝时代，“从黑海到红海”连绵不断、贯穿整个帝国东方的防线，在150年后的戴克里先时代，可以说还是能够维持下来的。至少，罗马人作过努力。此外，罗马人观念中的“防线”（limes），是在防线主轴外侧，每隔一定的距离，修筑一座单纯以监视外敌动向为目的的石质碉堡，碉堡之间相互以狼烟或火把传递消息。因此，在罗马帝国的东方，即现在的叙利亚和约旦境内，即使到了现代，依然可以见到这些碉堡矗立在一望无际的沙漠当中。如果乘直升机沿着防线飞，我们就可以看见一座又一座半掩在沙漠中的石壁残骸。只要见过这一景象的人，恐怕都会忍不住感叹，要维持一个帝国竟然这么困难，要付出这么大的艰辛。

正因如此，罗马帝国境内深处，再也不用担心遭受波斯大军或者北方蛮族的侵略和蹂躏。而因皇帝一再被杀导致的政局动荡现象，也成为了过去。即使写史书的人不是爱德华·吉本（英国历史学家，《罗马帝国衰亡史》的作者。——译者注），恐怕也会发出以下的感叹：

> 要拯救因无能的领袖和蛮族的侵略而陷入绝境的帝国，是一件莫大的难事。可是伊利里亚出身的农民办到了。

只不过，由人类决定并实施的任何事情，当然，即使是天神决定的事情也一样，都是既有积极的一面，同时也必然具备消极的一面，即利弊共存。到这里为止，我叙述的都是有利的地方，后面就要来说说弊端所在了。

兵力倍增

在戴克里先设立的“四帝共治制”当中，虽然有“正帝”和“副帝”之分，但实际上，在军事上由于四位皇帝各自有明确的责任区域划分，他们就共同承担了整个帝国的体系防卫工作。以前是一位皇帝，现在则变成了四位。而且，按照以前的制度，罗马军队的最高司令是皇帝，下设行省总督。其中邻近边界线的行省总督，一般会指挥2个军团负责防卫事务。2个军团的兵力，包括以拥有罗马公民权为应征条件的正规兵，即军团兵，数量为1.2万人。同时还包括行省居民可以应征的辅助兵，数量与军团兵相等，有时略少。这样，2个军团的整体兵力约为2万人。另外，在过去的时代，皇帝如果御驾亲征，一般带5个军团以上的兵力，但这仅限于紧急事态。一般军事活动中，常常只有别名为“战略军团”的2个军团进行活动。

这一军事体系使罗马帝国在公元1世纪和2世纪的200年间，成功实现了罗马主导下的“和平”。但是，到了被称为“危机世纪”的公元3世纪，这一体系已经失去作用。“四帝共治制”正是为了克服上述危机，而计划并实施的新制度。

但是，其结果是使皇帝增加到了四个人。既然是皇帝亲自领军，当然不能跟行省总督等同，只率领2个军团。此外，经历过3世纪惨状之后，新兵老兵混编的2万兵力，连击退蛮族的一个部落都很困难。虽然没有正确的史料可供参考，但四位皇帝手上应该都握有8万人左右的兵力。这里有数据为证，据研究人员表示，自实行“四帝共治制”之后，罗马帝国的总兵力，从以前的30

万人增长到了60万人，翻了一倍。军团兵与辅助兵混编的30万人兵力，依旧紧盯着帝国的边境防线。没有任何资料显示，帝国边境防卫能力是依靠新的兵力投入增强的。既然如此，那60万人兵力，扣除这30万人，剩下的就是四位皇帝的直属部队了。

西方副帝君士坦提乌斯的大本营是特里尔，正帝马克西米安的皇宫在米兰；东方副帝伽列里乌斯选择的根据地是塞尔曼，正帝戴克里先的皇宫则在尼科米底亚。这四位皇帝的根据地，显然也是由戴克里先一人决定的。四个地方都处在可作为前线基地的位置。常年驻有七八万兵力，也是合情合理的。要知道，以前的紧急状态现在已经变成了常态。罗马帝国国防力量复苏，既能阻止北方蛮族大规模的入侵，还能压制东方大国波斯，首要原因，就在于兵力的增强。

但这里会让人产生一个疑问：到底是兵力倍增保证了“四帝共治制”机能的发挥，还是四人分担帝国的防卫任务导致了兵力倍增的结果呢？从戴克里先对国家经济的关心（详见后述）来推测，我认为应该是属于后者。

分担任务时，有些事情并不是将现有的东西分割完毕就可以解决的。因为分担任务后，各自的责任归属被划分得很清楚，从人性的角度来说，成员之间必然会产生竞争。四个人都想要提高自己所辖区域的治理业绩。在这里，军事战果是最明显的业绩表现。因此，他们自然都会尽量提高旗下部队，尤其是直属兵力的质与量。从“3世纪危机”的经验来看，作战主力，很明显，已经由传统的重装步兵转为罗马军历史上长期为特殊技能兵的骑兵。

那么，优秀的骑兵要从哪里征调？这是一个还没有发明马镫的时代。由于在古代，还没有任何设备可以支撑垂在马鞍两侧的双脚，所以只有善于骑裸马的人才能成为骑兵。这样一来，骑兵成员仅限于出身于上流社会、从小习惯骑马的人，以及一出生就与马为伍的人。也因此，出产良马的地方，同时也会是产生优秀骑兵的地方。

罗马军的作战主力由步兵转变成骑兵，最大的原因，在于实际作战中，需要在机动能力上与大举入侵的蛮族骑兵团对抗。即使步兵利用全线铺设石板、相当于现代高速公路的罗马大道，在机动能力上，也要五比一才能与骑兵打个平手。对于那些热心于提高部队战斗力的指挥官来说，将前不久进攻罗马失败而投降的蛮族骑兵纳入自己旗下为己所用，自然是毫不犹豫的事。这样一来，也就意味着罗马军队的主力正逐渐蛮族化，而且未来有愈演愈烈的态势。

不过，真正的问题并不是蛮族是否成为罗马军队作战主力的问题。我们回顾罗马历史，不难发现，将战败者纳入旗下、引入异族分子为我所用的先例，一直都存在，甚至已经成为一项传统。

比如，尤里乌斯·恺撒在进行高卢战役时，不仅将战败归降的高卢骑兵纳入旗下，甚至连战败后拒不合作的日耳曼人也引入军中，以强化骑兵的战斗力。

进入帝国时期以后，“引进异族分子”成为帝国的基本国策。这已经不再像共和时期那样，全凭皇帝个人的性格决定，必须仰赖出现像恺撒这样思想开放、头脑灵活的领导人才会实行。现在成了国策以后，则不管谁做皇帝，都必须遵照执行。当然，这一点，也要归功于恺撒的继任者奥古斯都，他认为养父恺撒的行事方针有助于罗马的国家发展。

此外，奥古斯都还进一步设立了辅助兵制度。这项制度的最大特色在于，行省居民，即被罗马征服归属的人民，可以自愿选择参军，且服役满 25 年就可以获得罗马公民权。只要想想不久前这些人还被罗马人称为“蛮族”，就可以知道罗马人思想有多么开放，对环境的适应能力有多强。这种情况下取得的罗马公民权具有世袭的性质，因此辅助兵的下一代一出生就是罗马公民(Civis Romanus)，未来他们就可以堂堂正正地报名参加正规军团，并且在军团中也不会受到任何歧视，完全凭个人资历和才干来升迁。此外，行省出身、才能特别出众的人，不用等到服役满 25 年，就可以和真正的罗马公民享有同等的权利。如果在行省兵组成的军队中当上辅助兵大队队长，就可以马上获得罗马公民权，而且还有出席作战会议的资格。即使他们获得罗马公民权的理由，是因为总司令召开的作战会议上，不能出现没有罗马公民权的人物。

当然，这样开放的结果必然也会带来一些风险。在历史上，就曾经出现过行省出身且熟悉罗马军队战略、战术的辅助兵大队队长起兵叛乱，使罗马方面焦头烂额、难以镇压的例子。但综观整个罗马史，这种在现代社会可能被记者作为新闻争相报道、在罗马时代会被编年史作者留意的案例，一共也就出现了两次。300 年里，竟然只有两件案例！正是因为深信这一政策的效益，即使在经历了条顿堡森林战役之后，罗马也没有改变这一政策。条顿堡森林战役中，设计进行伏击的就是在罗马大军中当上将军的阿米尼乌斯（日耳曼名字叫赫尔曼）。这次战役，罗马方面损失了 3 个军团、3 个骑兵队以及 6 个辅助兵大队，共计 3.5 万名士兵。整个战役，罗马方面全军覆没，损失极为惨重。对整个罗马帝国来说，也是一个沉重的打击。

而且，这次事件发生在公元 9 年。从公元前 30 年开始的帝国政治，好不容易刚刚走上轨道开始前进。开国皇帝奥古斯都政治上的一项重要政策，就是在军队中引入异族分子。在推行这项政策的途中发生了这样的惨事，恐怕身兼全军最高司令的奥古斯都皇帝，也会有很多个夜晚睡不安稳。尽管如此，71 岁的奥古斯都却没有对这项政策作任何改变。如果，因为忌讳这次事变而改变罗马军队引进异族分子的策略，以后的罗马帝国也就不会走全面开放的路线，最终形成一大特色吧。因为接下来 300 年的罗马帝国，继承了大部分由开国皇帝制定的政策。

既然是以保障霸权下人民安全为第一要务的霸权国家，对罗马帝国来说，军队是国家的一大支柱。也就是说，在罗马军队里实行的事务，普及到罗马社会其他领域的可能性也很大。比如说，以军团快速移动为首要目的而铺设的军用道路，形成了罗马道路网。这一点同时也为民间、物资交流提供了极大的便利。罗马军队引入异族分子的策略，又衍生出异族移居罗马境内，或者以居住地区为单位整个编入罗马帝国的政策。

这一开放路线的首创人是尤里乌斯·恺撒。他发现居住在莱茵河东岸的日耳曼人当中，有一个叫乌比的部族对罗马没有敌意，于是将乌比人迁移到刚征服到手的莱茵河西岸。今天德国的主要城市之一科隆，就是从移居后的乌比人根据地发展而来。在这之后，科隆一直是罗马帝国莱茵河防线上的重要城市，从没有发生过居民起兵叛变罗马的事件。

将异族所居住的地区整个纳入本国版图的先例，是意大利北部地区。从卢比孔河到阿尔卑斯山脉之间的这一片地区，原先是高卢人的地盘。当时居住在卢比孔河以南的罗马人，把这带叫做“阿尔卑斯的这一边”（Cisalpina）。米兰和特里诺都是从高卢人的村落发展而来。罗马人在这些地方附近建筑大道，兴建了皮亚琴察、克雷莫纳等殖民城市。这些都属于北意大利行省，与被称为“阿尔卑斯的那一边”（Transalpina）的南意大利行省地位相同。恺撒在进行高卢战役时，作为北意大利行省总督，为了褒扬北意大利行省居民在高卢战役期间提供后方支援，战后恺撒将此地编入意大利本土中。

如果没有这项政策，曼图亚出身的维吉尔、科莫出身的卡图卢斯，也就不会在拉丁文学史上大放异彩了。除此之外，恺撒的开放政策还涉及很多领域。录用行省居民担任秘书官的职务算是家常便饭，投降的高卢较大部落的首领，不仅可以获得罗马公民权，还可以获得元老院的席位。恺撒的所为遭到布鲁图及其一派的不满，因而遭到暗杀。恺撒虽然死了，但他的思想得到了继承。在恺撒身故百年之后，元老院议员的出生地已遍布帝国的全境。俗话说，万事开头难。就像罗马大道的铺设一样，正是罗马的工程师们在一开始就选用四层结构来铺设罗马大道，所以他们敢夸下海口，这些大道即使过100年也不需要改修。

也就是说，不管是异己还是蛮族，引入机制本身没有问题。问题在于，被引入一方有无罗马化的意愿。

公元260年，罗马正处于前所未有的“3世纪危机”之中。当时的皇帝加里恩努斯试图将一再突破日耳曼长城入侵的阿勒曼尼人移居长城内侧，借此将他们纳入罗马旗下。

如果罗马还是公元2世纪的罗马，想必原本属于日耳曼民族一支的阿勒曼尼人，会很乐意成为罗马的“盾牌”，进而全力守护莱茵河、多瑙河上游的罗马帝国国防要害——日耳曼长城。因为他们确信，这是成为“罗马公民”的最佳捷径。

但是，在公元3世纪，这种现象就没有发生。阿勒曼尼人迁移到这一带以后，当罗马的军事力量增强时，他们就依附罗马。反之，当罗马势力衰落时，就和其他日耳曼人一样，再次展开侵略。

投靠罗马有利的一面在于能得到罗马军事力量的保护。一旦罗马的军事力量不足以信任，也就难怪他们要背叛罗马了。如此一来，也就意味着罗马帝国北方防线的最重要地带，在这场迁徙之后，形同弃守了。这也就难怪在官方资料上再也看不到“Limes Germanicus”（日耳曼长城）这个专有名词。可见，这件事情给帝国北方防线工作造成的伤害实在是无法估量。

同理，逐渐渗透到罗马军队内部、蛮族出身的官兵们也是同样的情况。

自从卡拉卡拉皇帝颁布敕令，使得罗马公民权变成“既得权利”之后，罗马公民权就丧失了“取得权”时代的魅力和优点。

此外，曾经被行省居民视为最高荣誉的元老院席位，不但不再是憧憬的对象，反而会成为以后职业生涯的绊脚石。这是因为加里恩努斯皇帝制定法律，规定元老院议员不得担任军队司令官。而且30年之后，戴克里先皇帝又实施了改革，将文官和武将的职业生涯完全分离。在公元2世纪之前，军团出身的人，可以在皇帝的推举下担任元老院议员，获得政治上的历练，然后再以军团长身份回到军中发展。但是，现在这些都没有了。因此，通过军务、政务交叉体验培养通才的罗马精英教育体系，就和罗马社会的其他很多事情一样，已经成为了历史。

以上这些话题，从戴克里先重整罗马军事体系这个主题来看，似乎绕远了。但是，要弄清楚罗马帝国为什么从这个时期开始被人们称为帝国“后期”的话，上述事实是无法避开的知识。研究人员中的多数，用“罗马军队的蛮族化”、“罗马帝国的蛮族化”来评价这个时期以后的罗马帝国。但是，如果我们光看这几个字，就认为理解了当时的情况的话，那就可能会看不到真正的内情。罗马军队以骑兵为战斗主力，的确蛮族化了。罗马帝国将文官和武将相分离，也的确蛮族化了。这些都是事实。但是，真正的问题并不在这里，而是蛮族不再想被罗马化。罗马帝国本身也一天比一天更不像罗马，这才是关键所在。确实以前实行同化战败者的政策，使得罗马走上了兴盛的道路。但是，同样的路线放在300年后的3世纪末期，却成为罗马帝国衰退的主要原因之一。以前战败者会喜滋滋地融入罗马，但现在不会了。世事无常，说的就是这么回事儿吧。

现在回到戴克里先重整罗马军队的话题上来。军队是一个联合作战组织，不管单兵个人战斗力有多强，光有骑兵还是无法完成所有任务。大家可以把古代的骑兵当成现代的空军来看。成功击破敌人之后的占领工作——对这个时代的罗马来说就是重新恢复被侵略的领土，还是绝对需要派遣地面部队来进行。罗马帝国灭亡之后，中世纪欧洲的战斗主力全部转变为骑兵。这是因为战争的规模，已经沦为隔着山谷对峙、根据地设在山丘上的封建领主间的相互冲突。因此，军队纯粹是以获取战斗胜利为目的。那时候，统管庞大土地的方法，主要是将属地的大小领主尽可能多地聚集在自己手下。欧洲在中世纪推动的十字军远征之所以失败，原因之一就在于他们将在欧洲熟知的战斗方法，照原样搬到了叙利亚和巴勒斯坦。就连在罗马帝国后期，骑兵抢回土地之后，还是需要步兵去维持领土。

那么，优秀的步兵从哪里抽调呢？其实，答案不言而喻，那就是历代皇帝为了维持边境防线质量而苦心经营的各军团基地。除此之外，也没有其他来源可供选择了。

“四帝共治制”下的四位皇帝，各自的责任区域中都含有重要的防线在内。君士坦提乌斯有莱茵河，马克西米安有莱茵河、多瑙河上游一带，伽列里乌斯有多瑙河，而戴克里先则是幼发拉底河。皇帝要从军团基地抽调精锐部队，自然不需要其他人的批准。

如此下来，罗马时代的史学家就已经发现的“防线战斗力老龄化和衰弱化”现象，现在也就变得更为严重。罗马军团兵的服役年龄为17到45岁。皇帝抽调的精锐，想必是以30多岁的青壮年为主，且素质也要高于平均水平。罗马军团士兵总数从30万扩增到了60万，然而这是以边境防线守卫战力的衰竭为代价换取的“增强”。

而且战斗力衰竭，因为另一个因素而更加恶化，那就是因为竞争关系而导致的各位皇帝之间的地盘意识。戴克里先委派伽列里乌斯进行波斯战役，算是一个例外。“四帝共治制”体系下的12年里，两位皇帝并肩作战的例子，除了这场波斯战役之外，就再也没有了。就像皇帝只有一个人的时代一样，从多瑙河防线抽调部队前往不列颠、北非支援作战的现象，也已经完全消失了。四位皇帝之间好像形成了一条不成文的规定，那就是不希望别人来干涉自己的地盘，相对的，自己也不会插手别人的管辖区域。

但是，以前的罗马帝国，由于各地间的兵力可以根据需要弹性抽调，所以才能以较少的兵力守卫如此绵长的防线，如此广阔的领土。罗马人不分本土、行省都铺设了纵横交错的罗马式道路网。其存在的首要原因，就是为了便于设置在各防线的军团能够根据需要快速移动。“四帝共治制”带来的结果之一，就是筑墙一般阻断了军队之间的流通。而且，既然军队之间不再可以弹性流通，那么各位皇帝也就唯有增强手头兵力一条路可走。罗马的总兵力300年来几乎没有发生什么变化，现在却在短短的10年间，增加了一倍。这种由于责任分割带来的现象，套用现代的说法，可以叫做“官僚体系化”带来的副作用。

军事力量的增强必然带来军费的增加，接下来也就会造成增税。关于这方面的内容请容许我留待后叙。在这里，想先提供给各位读者一个事例，用来理解安全保障和税收的关系，以及安全保障和土地大小的关系。

在罗马帝国，向国家租借土地耕作的农民，依法每年向国家缴纳收成的10%作为地租。但是，尤里乌斯·恺撒颁布了《农地法》以后，土地租借权实际上就被无限延长，佃农实质上已经犹如自耕农。

而到了中世纪，农民向土地所有者——领主，缴纳的地租，如果只占收成的 50% 就算是活在天堂了。大部分要缴纳收成的 70%—80% 才算完事。这是因为除了土地租种费之外，其中还包括安全保障费。因为领主们认为，既然他们要保护农民不受敌人暴力威胁，那么也就有权向农民征收相关的费用。

罗马皇帝曾经向行省居民征收占收入十分之一的行省税。按照西塞罗（罗马著名演说家和政治家。——译者注）的说法，这是一种“安全保障费”。当时的行省居民也是认可的。不管怎么说，正是由于罗马军队镇守边关，所以农民才能安心耕种。而且，“安全保障费”也仅占收入的一成。当然，之所以能够维持这么低的税率，因为罗马帝国国土辽阔，而且当时军团能够根据需要移动作战，这种弹性的调兵体制大大节约了军费开销。国土辽阔，人口众多，平均到每个人头上的负担就小。反之，国土狭小，人均负担自然也就会加重。中世纪的领主，手头能够持有的武装力量应该并不庞大。但是，如果没有武装在手，也就无法继续担任领主。换句话说，就算没有必要，也必须要花钱维持一支武装力量。虽然时代在变化，但这种现象产生的原因并没有变。即使“四帝共治制”仅仅是在军事防卫上将帝国分割，分摊了各自的责任区域，但这必然会带来国防费用的暴涨。在这里重新强调一下，分担责任，并不是将现有的事物分配完毕就可以了结的。

戴克里先这个人，一向视野开阔、遇事冷静，而且个性务实，他会看不出这些问题吗？也许他也知道会产生这些弊端，但是他认为这是帝国目前所能走的唯一一条路。不管要付出多大的代价，也一定要守住帝国的边境。因为在四位皇帝当中，只有戴克里先一个人有权处理政事。他甚至将必然会带来人员增加的分割政策定为国策。而这可以说是从开国皇帝奥古斯都以来，从没有发生过的全国性的大改革。

帝国改造

以第一代皇帝奥古斯都为首的罗马王政时期，历史上称为“元首政治”。而戴克里先之后则称为“绝对君主政治”。我们翻译时，虽然译为“元首”，其实在拉丁文中叫做“Princeps”，意思是“第一公民”，其中并不含有最高统治者的意思。罗马人常用“SPQR”这个缩略语来代表自己的国家，它是“罗马元老院及罗马公民”的意思，只有这两种人才是罗马的最高统治者。罗马是从城邦发展起来的，这种主权在民的思想，普遍存在于当时人们的观念中。自建国以来，罗马政治体制经历了王政、共和、帝制时代，然而国王、执政官、皇帝，都是受类似于近代国会的“罗马元老院”（Senatus Romanus），以及地位相当于现代国民的“罗马公民权拥有者”（Civis Romanus）这两大主权者委托治国。

确实，共和时期的执政官和帝国时期的皇帝，名义上都是受主权者委托治国，但在其他很多方面又存在着很大的差异。执政官是经由选举产生，而皇帝却是经由前一任指定。最大的差异还在于，执政官任期为一年，而皇帝却是终身制。但是我认为，这是因为领土日益扩大，罗马公民也逐渐分散发展之后，为适应时代发展需要而不得不采取的对策。在共和制末期，罗马公民权拥有者，即有投票权的人，数量已经逼近 500 万。如何让这 500 万人每年聚集在首都投一次票？如果按照旧制，在首都举行公民大会投票，根本无法反映真正的民意，顶多只能反映出首都地区 3 万多公民的意愿而已。代议制从英国发展起来，已经是一千九百年以后的事情了。直接民主制能够发挥作用，势必要受到拥有选举权的人员数量以及他们所居住的土地大小的影响。

“第一公民”为什么后来会成为“皇帝”？那是他身兼罗马全军最高司令的缘故。

因此，“皇帝”（Imperator）其实是军方的称呼。这个词起源于战斗胜利后，士兵对司令欢呼的赞词。“凯旋将军”在进入帝国时期以后，也就演变成身兼政治上最高负责人的“皇帝”了。

刻有两种皇冠的硬币（左：阳光冠，右：公民冠）

但是，无论称呼是“第一公民”，还是“凯旋将军”，亦或“奥古斯都”，在公元1、2世纪时，译词都可以统一为“皇帝”。因为在当时的罗马帝国，皇帝的性质，依旧是受元老院和罗马公民委托治理国家的人物。

要成为皇帝，最重要的，是要得到元老院的承认以及罗马公民的同意。新皇帝必须在罗马广场上向元老院发表就职演说，然后登上元老院议场附近通称“Rostrum”的演讲台，向市民作就职演说。这两个程序顺利结束以后，还要从罗马广场爬上坡道前往卡匹托尔山的神殿，向诸神参拜祈求庇佑。这样才算完成整个就职过程。这期间，新皇帝和其他元老院议员一样，穿着镶红边的白色托加，目的是为了强调自己身为“第一公民”的身份。

这里，希望读者注意，在罗马皇帝的登基仪式中，没有中世纪以后的皇帝或者国王即位时必有的加冕仪式。这一点，是最能体现罗马皇帝特质的地方。

没有加冕仪式，是因为罗马没有皇冠，也没有给皇帝加冕的对象存在。雕像或者硬币上刻着的罗马皇帝头上，一般会戴着东西。这一般是军团士兵战后赠送给拯救友军有功人员的“公民冠”，多用橡树叶编织而成。纪念战争胜利的场合，也跟奥林匹克运动会上给冠军赠送头冠一样，都是用月桂树的叶子制成的。即使制作头冠的材料由绿叶换成金、银，但代表的意思还是一样的。由于“公民冠”的制作和花冠是一样的，有时还会在脑门后面看见连接树叶用的缎带打的结。偶尔我们会看到仿光线照射的黄金皇冠，脑后也有金质的连接线，但这是极个别的例子。当皇帝名义上还是“第一公民”，即罗马帝国还在“元首政治”时代时，并没有我们现代人印象中的那种镶嵌着大量珠宝的奢华皇冠。

没有人能给皇帝戴上皇冠，为他加冕的原因，在于罗马是由“人”来决定和承认谁做皇帝，而不是“神”。罗马诸神也是帮助、鼓励人类奋斗的神，而不是高高在上命令人类做事的神。也就是说，神灵不会插手人间的人事问题。皇帝人选由人类自己选出，只要这个人自己愿意奉献力量，履行责任，那么诸神也会全力支持。

在罗马帝国，主权人是元老院和罗马公民。在神灵问题上也是如此。以侍奉神灵为工作的祭司并非专职人员，而是由公民轮值或选举产生。而神职人员的最高职位“大祭司”，自尤里乌斯·恺撒以来，一直是皇帝兼任。这样说来，也许唯一能帮皇帝戴上皇冠的人，就只有皇帝自己了。以上就是罗马皇帝登基时的背景。罗马帝国和人类史上其他帝国有诸多差异，没有加冕仪式就是其中之一。正因为如此，才会发生下面这样一个故事。

某天哈德良皇帝正前往神殿准备举行祭典，途中被一名女子拦住。这名女子为了向皇帝请愿，特意等在通往神殿的路上。但是，哈德良皇帝表示他正在赶路没有时间，便打算离去。女子朝着他的背影，喊道：“你没有资格统治国家！”这句话逼着哈德良只好回过头来倾听这位女子的陈述。

在这位哈德良皇帝离世 150 多年后，罗马帝国的皇帝形象，在戴克里先的主导下发生了新的改变。罗马依旧没有加冕仪式，但是一直被罗马人鄙视、认为是东方专制君主特色的镶着宝石的皇冠，开始出现在罗马皇帝的头上。据说，第一个戴上这种皇冠的就是戴克里先皇帝。当然，这并不是说他抛弃了历代皇帝戴的、在后脑勺打结的那种头冠。无论是用于雕像还是货币图案，大多数皇冠依旧保持着旧有的形式。因此，这个时期以后的皇冠变化，在于以往的皇冠都是用金、银打造成橡树、月桂树的叶子外型制作完成，之后的皇冠又镶嵌了很多珠宝作装饰，显得更加金碧辉煌。

戴克里先不认为自己是“第一公民”，不，或许他觉得，不当“第一公民”反而更有助于政局的稳定。

这个人在罗马军队度过青年时期时，正是军人出身的皇帝辈出的时代。其中奥勒良、普罗布斯两位皇帝更是采用积极作战的方法，将帝国从崩溃的边缘拯救出来。这两位皇帝不仅得到军人的支持，更受到一般市民的爱戴。但是，奥勒良仅仅在位 5 年，普罗布斯也只在位 6 年，两人都因为不起眼的小事遭到部下的刺杀。凭这两位皇帝的声望，他们完全无须担忧部下的阴谋，但事实是他们都丧命于亲信之手，而下手的人在事后都感到后悔不已。戴克里先在 30 到 37 岁这段时间里，两次经历这样的惨事，也难怪他在 39 岁登基之后，一直无法忘记这段历史。

这样，罗马帝国踏上了从元首制到“绝对君主制”的第一步。皇帝的形象，也从“第一公民”转变为“远离公民的统治者”。当然，这并非戴克里先为了防止自己被杀而采取的对策。只因为戴克里先生活在 3 世纪的后半期，他深知，要维持帝国存续，稳定的政局是不可缺少的条件。而罗马帝国政局稳定的前提，在于皇帝地位的稳固。戴克里先试图换掉身居公民中的皇帝，改以远离公民的皇帝来实现这一目标。同时，也让士兵认识到，皇帝不是和自己同样的公民，而是与自己迥异的高不可攀的存在。这条路线以保持距离为基本方针，理由也正出于此。

但是，戴克里先并没有像厌恶群众的提比略皇帝、晚年的哈德良皇帝那样，与人民形成两条平行线，而是在一条线上，与群众垂直拉开距离，使皇帝成为一般人仰头遥望的对象。对于元首制时期的提比略皇帝而言，只有自己家里的仆人才会称呼他“主人”（dominus）。但到了戴克里先时代，这个名词成为公民称呼皇帝的用语。“第一公民”（princeps）变身为“统治者”（dominus）之后，“公民”（civis）也就成了“臣民”（servus）。

既然皇冠变得越来越豪华，服装自然也要搭配起来，不能寒酸。除了祭典以外，皇帝再也不会穿一般公民常穿的白色托加了。在古代，染色成本最低的蓝色、茶色布料已经是高价商品，如果染成皇帝常穿的紫色或者红色，且布料用量相当大的话，价格更是天文数字。更别提整面的金银丝刺绣，以及点缀用的珍珠、宝石了。最后甚至连皇帝用的靴子都要刺绣，镶珠宝。这一路下来，使得好莱坞电影里面看到的罗马皇帝形象变为现实。在元首制时期，只有卡拉卡拉、尼禄这种将奇装异服当成自我个性展示的年轻皇帝才会定做的服装，如今却成为四名壮年皇帝的日常打扮。与其说他们爱好奢华，不如说是戴克里先想要拉开君臣之间的距离。而其他三位皇帝也认同并仿效了他的做法。

罗马人保持着“日出而作，日落而息”的良好习惯，对他们来说，“清晨请安”（salutatio matutina）是一种生活习惯。在稍有身份的家庭里，都有一个叫做“Tabularium”的会客区，相当于现在的客厅。对罗马人来说，每天清晨就从被保护人“clientes”（client 的语源）与保护人“patronus”（patron 的语源）的会谈开始。罗马人向来注重人际交往。在元首制时期，有很多平民出身的人后来登上了皇位。但当他们还是元老院议员时接待的访客，往往在即位之后依旧会保持天天来请安的习惯。

但对以保持距离为基本方针的戴克里先来说，自然要废除这个习惯。即使难得批准一次，性质也已经不是“请安”，而是“觐见”，由“dominus”（统治者）接见那些获批觐见的“servus”（臣民）。在端坐王位的皇帝面前，不管是谁，无论是年老者或者官居高位者，都必须站着请安，不准坐下。应对的言辞、态度自然也要变得恭敬。以前只要到场就可以见到皇帝，而现在却必须通过皇宫内复杂的官僚机构进行申请。也就是说，与皇帝见面交谈本身也已经是一项“特权”。

戴克里先即位后的 19 年时间里，身为皇帝，却从未造访过帝国的首都罗马。因为他要转战各地，忙于公务，这的确是事实。但是，他在到访米兰时，只要经过埃米利亚大道，再转道弗拉米尼亚大道就可以到达罗马，可是他并没有去。我想他并不是讨厌罗马或者罗马市民，而是因为在首都罗马，存在着罗马帝国两大传统的主权者——元老院和罗马公民，虽然现在他们已经名不符实。

元老院议员应该会称呼皇帝为“主人”吧，但心中会怎么想，就不得而知了。

当戴克里先出现在罗马斗兽场的贵宾席上时，罗马居民应该会鼓掌迎接戴克里先。不过，与其说是迎接公民领袖，倒不如说是对皇帝的好奇心使然。

在 800 年的历史中，元老院一直是为国家提供栋梁人才的机构。罗马公民也以在斗兽场、圆形竞技场拍手或喝倒彩来发挥舆论指向标的功能。虽然现在皇帝和公民之间的关系产生了新的变化，但这种长年养成的习惯，不是一朝一夕就能改变的。所以，戴克里先打算延后访问帝都的日期，直到元老院、罗马公民都不得不对他拍手喝彩的时机来临。这个时机就是向元老院汇报胜利成果、和市民一起庆祝、向神灵表达感谢的凯旋仪式举行的时候。

公元 303 年 11 月 20 日，戴克里先和马克西米安两位正帝，在罗马举行了隆重的凯旋仪式。不过，并不是因为罗马又攻占了新的土地。这场凯旋仪式举办的目的是为了庆祝北非、不列颠、莱茵河、多瑙河、幼发拉底河、尼罗河等各条防线守卫成功。不过，这也是以首都罗马为舞台举办的最后一场凯旋仪式。之后，罗马的皇帝渐渐都与胜利无缘。而且，似乎迎合这种趋势一般，此后罗马也不再是帝国的首都了。

罗马的地位沦落到与叙利亚的安条克、埃及的亚历山大同等的级别。帝国的根据地意大利本土也开始与其他行省平起平坐。这也是戴克里先实行帝国大改造，即“最后一搏”的一部分。

下一页的两张地图可以清楚地说明情势的变化。在元首制时期，罗马帝国虽然实行寡头政治，但依然由“第一公民”进行统治。而实行“四帝共治制”以后，罗马帝国就变成了“绝对君主制”国家。

关于这一点，还需要再稍作一些说明。

一、“四帝共治制”，说到底，指的是四个人共同承担国防上的防卫责任，

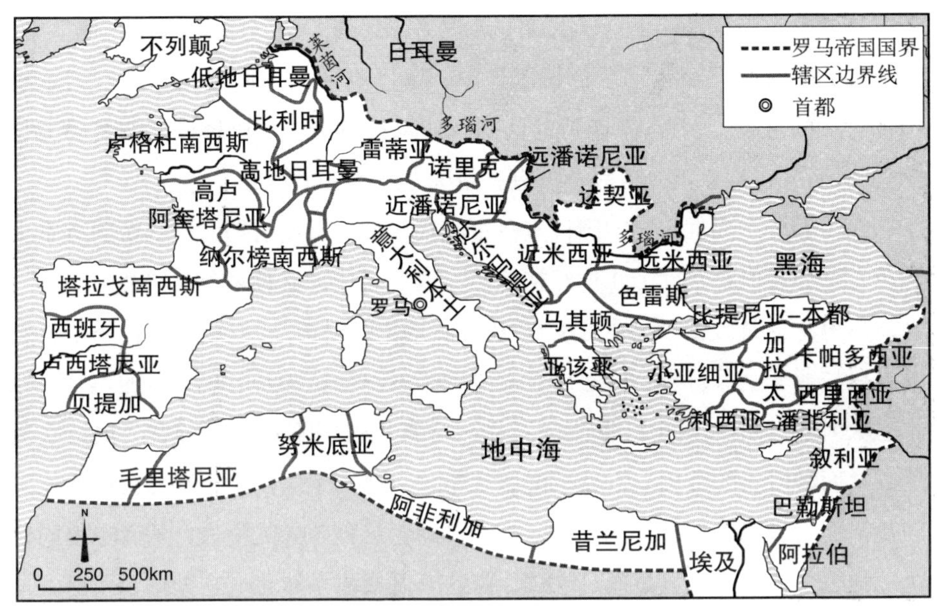

图拉真皇帝时代的罗马帝国

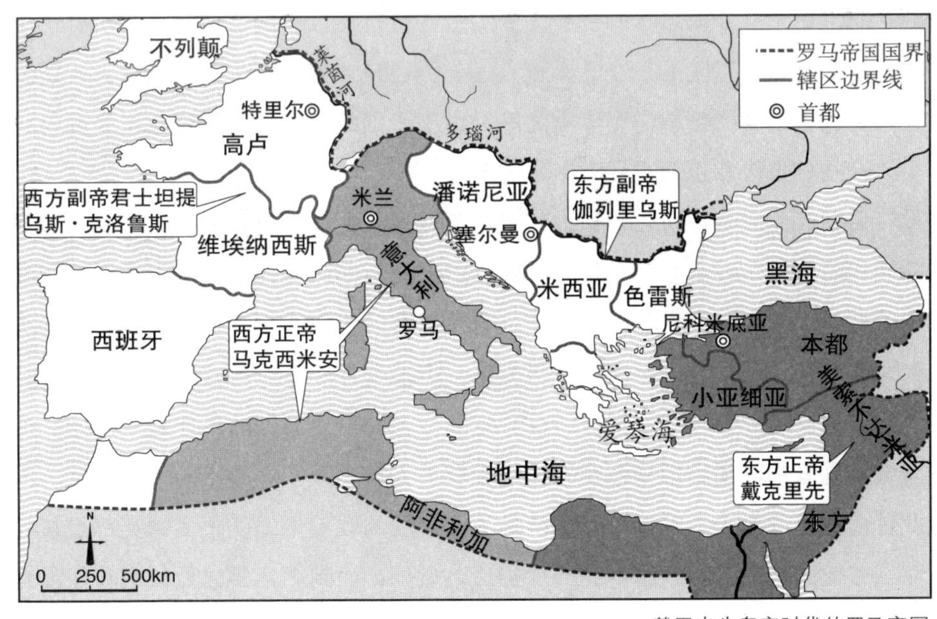

戴里克先皇帝时代的罗马帝国

帝国整体的政治依然由四巨头之首的戴克里先负责，决定权也掌握在他手里。“tetrarchia”中的“tetra”在希腊语当中，除了有“四”的含义，还有“军事指挥官”的意思。因此，“四帝共治制”如果按意译，可以译成“四名防卫指挥官”。而且，戴克里先也完全没有将帝国一分为四的意愿。

二、在公元 2 世纪初的图拉真皇帝时代，即元首制时期，罗马帝国有本土和行省之分。但是，到了 4 世纪初的戴克里先时代，这种划分被取消。

不过，这是政治发展的必然结果。公元 3 世纪初，“卡拉卡拉敕令”将罗马公民权赐予全体行省公民之后，就废除了罗马公民和行省民之间的差别。原本意大利本土并未禁止行省公民居住，行省里也并不是只有行省公民。实际上，这两种阶层的公民一直处于混居状态，只是本土居民中，罗马公民的比例较高，而行省里，行省居民比较多而已。随着这种差异的消失，两者也就同化为一体了。戴克里先只是通过立法，将这一既成事实转化成官方见解而已。

三、现在消失的分类还有一项，即皇帝行省和元老院行省的差异。前者指的是由皇帝亲自任命总督的行省。因为这些行省连接帝国边境防线，所以这里的总督除了是行省统治工作的负责人之外，还是边境防卫工作的负责人，还要经常担任率领军团作战的司令官之职。由于帝国的皇帝身兼罗马全军最高总司令，这些总督自然也就被视为皇帝的直属部下。

后者，元老院行省，是指那些成为罗马行省的历史已相当悠久，且与边境防线相隔甚远，没有驻军必要的行省。这些行省的总督任命权属于元老院。元老院议员要想担任这一职位，必须具有执政官的经历，顶着“前执政官”的头衔才能赴任。此外，以军事才能作为第一考虑要件的皇帝行省总督，也需要具备元老院议员的资格才能担任，这一点和元老院行省总督的条件是一样的。这一政治制度也体现出罗马帝国一直培育精英人员文武双向经历的传统方针。因此，皇帝行省和元老院行省并非两种不同路线的政治生涯。很多精英都是在壮年期被任命为皇帝行省总督职务承担边防重任，而到了老年以后，则转任没有外族入侵隐忧、生活环境舒适优越的元老院行省总督，为自己漂亮的公职生涯画上句号。当然，前提是在担任皇帝行省总督期间，没有战死沙场。

在元首制时期，文官和武将的职业生涯是可以弹性流通的。但是在 3 世纪后半期，这项特色也成了过去。因为当时的加里恩努斯皇帝立法禁止元老院议员担任军团指挥官。即把镇守“防线”的皇帝行省总督资格调整为只要具备军事才能即可。这是为了对抗蛮族的不断入侵而采取的不得已政策。只是这项政策的结果，却使元老院失去了储备国家要职人才的功能，而且这项政策使得元老院议员与罗马帝国的首要政务“国防安全”问题绝缘，连带使得元老院议员渐渐丧失治国者不可或缺的公共安全意识。权力固然会使人“堕落”，但没有权力也同样会使人“堕落”。

更糟糕的是，在公元 3 世纪后半期，罗马帝国的边境防线经常被蛮族突破，帝国深处也深受其害。就连元首制时期公认为安全舒适地区的元老院行省也不再安全。也就是说，元老院行省也需要派出军事人才担任防卫任务了。这意味着经历了重重危机的公元 3 世纪之后，罗马帝国已经奠定了戴克里先体系的基础。

官僚大国

“四帝共治制”并不意味着帝国被一分为四，所以四位皇帝之间也有地位高低之分。具体如下图所示：

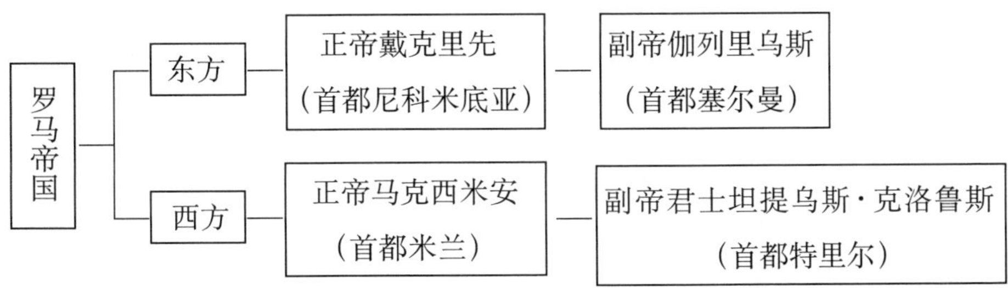

从每位皇帝选择根据地定为首都的位置可以看出，“四帝共治制”的最终目的还是为了巩固帝国的边境防线。这四个“首都”都位于能够快速驰援帝国“防线”的地点。四位皇帝，包括总理政务的戴克里先在内，都是名副其实的“Imperator”（古罗马的凯旋将军，元首），以率领军队作战为主要任务。

如此一来，自然就有必要另外安排专门的行政人员。戴克里先对帝国的行政区划进行了新的划分。他把每位皇帝的管辖区域又细分为新辖区，叫“diocesi”。然后在各“辖区”里重新安排“vicarious”，意为皇帝的代理人，进行治理。但是大家看本书第 59 页下方的地图可以知道，尽管 1700 多年前的人口和现在相比少得可怜，但是每位皇帝代理人所要负责的区域还是太广阔了。所以戴克里先在各辖区之下又细分了“provincial”。

这里要说明一下，戴克里先后来划分的“provincial”，虽然与元首制时期的行省在字面上是一样的，但无法再翻译成行省。拉丁语“provincial”后来直接成为意大利语。从现代意大利的制度来看，这个名词应该相当于现代日本的“县”。而将行政区划进一步细分的背后真正目的，在于方便征收税金。

如果将元首制时期的罗马帝国和“四帝共治制”以后的罗马帝国在行政区划上进行比较的话，则如下页图表所示。

乍看之下，经过戴克里先重组的后期罗马帝国，似乎比奥古斯都元首制时期的罗马帝国，在组织上更为完善，因此也更为合理。既然如此，那么在政府功能上也应该有所进步才对。但实际上，反而是公元 1、2 世纪混杂了各类不同的居民共同体的帝国结构，更能保障罗马人的安全。“罗马统治下的和平”就是那时的产物。在“罗马统治下的和平”之下，罗马帝国的经济蓬勃发展，各个阶层都享受到了繁荣的成果。这是为什么？

公元 4 世纪以后，罗马帝国有着戴克里先设置的明显更为先进的组织结构，为什么却无法挽回 150 年后灭亡的命运？

如果将巨大的组织进行分割细化，的确会使功能得到提高。但是，人世间的一切事物都有正反两面。这就产生了一个新问题：如果说分割重整提升功能

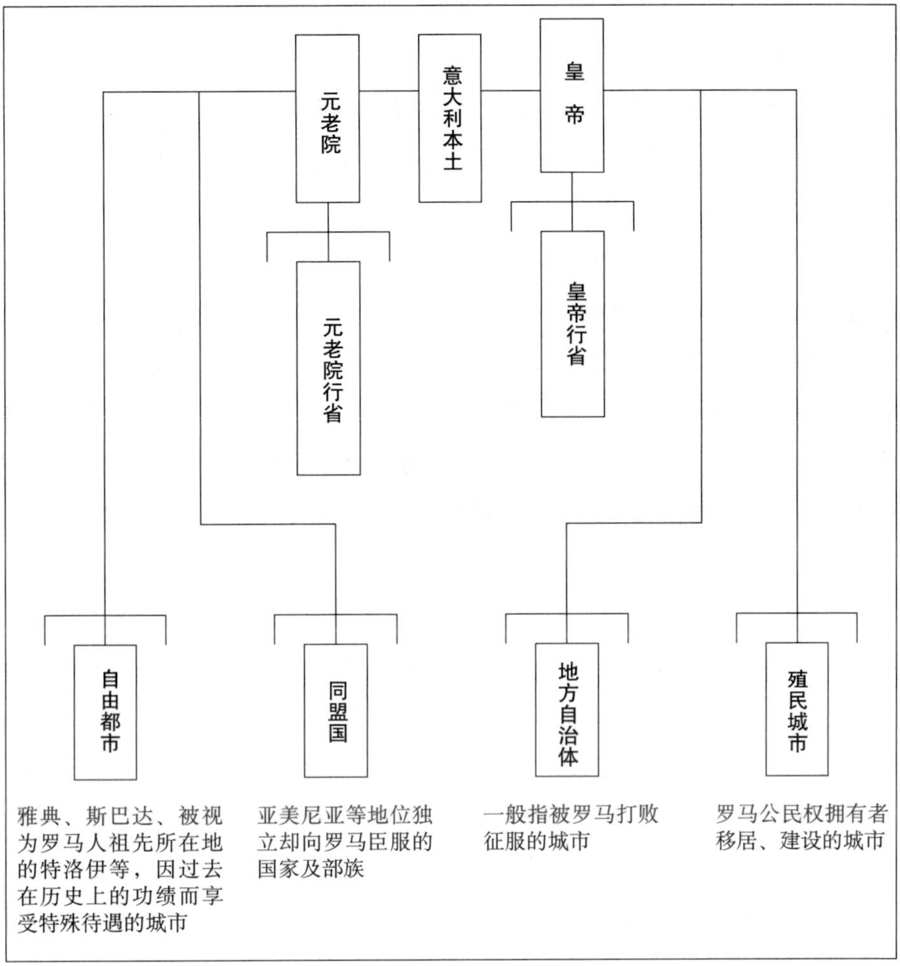

皇帝

意大利本土

元老院

元老院行省

皇帝行省

自由都市

雅典、斯巴达、被视为罗马人祖先所在地的特洛伊等，因过去在历史上的功绩而享受特殊待遇的城市

同盟国

亚美尼亚等地位独立却向罗马臣服的国家及部族

地方自治体

一般指被罗马打败征服的城市

殖民城市

罗马公民权拥有者移居、建设的城市

罗马帝国前期和中期元首制（公元1、2世纪）

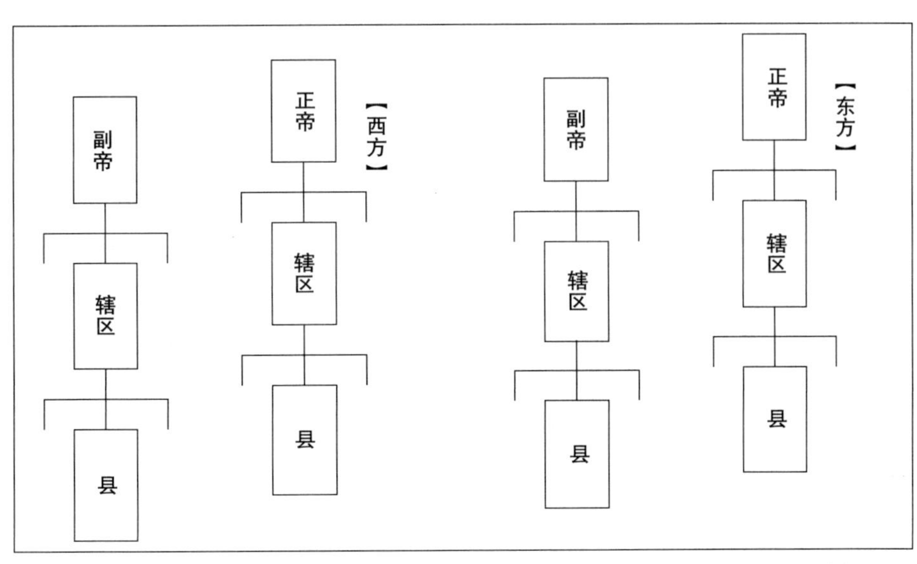

罗马帝国后期的“四帝共治制”（公元4世纪以后）

是正面的利益，那么这项政策的反面弊端又在哪里呢？

第一项弊端，分割细化组织结构，必然会使各个领域的从业人员数量以及相应所需的经费随之激增。

之前已经提过，由四位皇帝分担帝国安全保障责任的“四帝共治制”，已经造成从事国防防卫工作的士兵人数翻了一倍，从 30 万增加到了 60 万。除了既有的防线兵力外，又增加了由各皇帝直接率领的直属部队，所以兵力增加到 60 万人也并不稀奇。顺便提一句，从这个时期开始，在帝国边境防御即在防线守卫的各军团基地的士兵，开始被称为“limitanei”，这个名词的含义，既可以指守卫防线的士兵，也可以说是将守卫防线限定为唯一任务的士兵。在元首制时期，作为罗马军队主要战斗力的军团兵，到了 4 世纪也已经沦落至此。

另外，由皇帝亲自率领、任务是跟随皇帝随时驰援外敌入侵地区的官兵，现在则被称为“palatini”。因为这些兵要随时紧跟在皇帝身边，这个名词应该有“御林军”的意思吧。在元首制时期，这本来是近卫军团兵的工作，但所有的近卫军团兵加起来也只有 1 万人左右。到了“四帝共治制”时代，每位皇帝手下都有 7 万多人。四位皇帝的兵力加起来就有 4 倍的人数，共计 30 万人。

此外，由于四位皇帝各有自己的根据地，因此称为“首都”的地方就增加到了四个。这四个“首都”——特里尔、米兰、塞尔曼、尼科米底亚——以前就是帝国的重要城市，因此，不仅有现成的大道、市区及郊区道路以及上下水道，而且罗马人公认为城市必须具有的公共广场、公会堂、体育场、圆形竞技场、半圆形剧场、公共浴场等诸多设备也都一个不少。唯一欠缺的，就是一座皇宫。

但是，四位皇帝之中，没有人仅仅满足于盖一座公私两用的普通皇宫。也许是因为这四个人都出身于社会底层，所以他们那种要以有形的事物夸示自己称帝的意识更为强烈。特里尔、米兰、塞尔曼、尼科米底亚经过大幅度的城市改造，足以让人们忘记这些地方原本是前线基地。不但新建了很多原先缺乏的设施，而且也对旧有设施进行了大规模的改造。当然，一切都是为了向帝国首

代表四位皇帝的“四巨头像”——公元 1204 年第 4 次十字军东征时，威尼斯军队从君士坦丁堡抢回来的战利品之一，之后长期放置在圣马可广场的元首官邸（Palazzo Ducale）的入口处至今。

注意：皇冠、佩剑的风格已经偏离古罗马，比较接近中世纪的欧洲。

都罗马看齐。

首都可不是那么容易建设的城市。并不是光把硬件设备整顿得很完备，就可以宣称为首都。米兰现在已是国际大都市，自然难以找出1700多年前的首都痕迹。但是，和同时代的其他城市相比，摩泽尔河上游的特里尔、多瑙河附近的塞尔曼、小亚细亚西北部的尼科米底亚，罗马时代的痕迹，即古代的遗址之少，还是令人印象深刻。以副帝君士坦提乌斯的首都特里尔为例，其都市化程度还比不上受他管辖的里昂、亚眠、纳博讷、波尔多这些城市。毕竟，城市要发展成首都，需要经过长时间岁月的洗礼，以及居住在那里的人们不断的建设和发展。

也就是说，在公元293—305年这段“四帝共治制”能发挥较好功效的时期里，四位皇帝煞费苦心将根据地首都化的费用，恐怕还没有昂贵到让帝国财政吃紧的地步。关键的问题是，修建城市的“外壳”虽然花费不多，但是里面的人事费用可就惊人了。

首先，作为中央政府的皇宫，里面得有人工作。从现代角度来说，这些人就相当于总统或首相官邸或者公馆里的工作人员。既然是“四帝共治制”，那么这些人的数量、所需费用自然也会变成四倍。而且，皇帝的任务除了做好自己负责区域的安全保障工作外，还包括整个责任区的内政。但实际上，皇帝身在前线的时间比较多。

为此，戴克里先建立了相对于中央政府，类似地方政府的“辖区”，任命“皇帝代理”担任行政工作的新的行政体系。而且，在“辖区”之下，又细分了很多的“县”。在这项体系之下，行政机构的所有官员任命权，均掌握在皇帝手里。历史研究人员将戴克里先开启的罗马帝国后期认定为“绝对君主政治”或者“专制君主政治”，原因就在这里。

除此之外，还有一项不能忽略的，是戴克里先是将文官和武将的职业生涯由上至下完全分离的皇帝。40年前加里恩努斯皇帝立法，只是禁止元老院议员出任军队司令官的职务，这还只是限制上层人员的流通。但是，以后40年

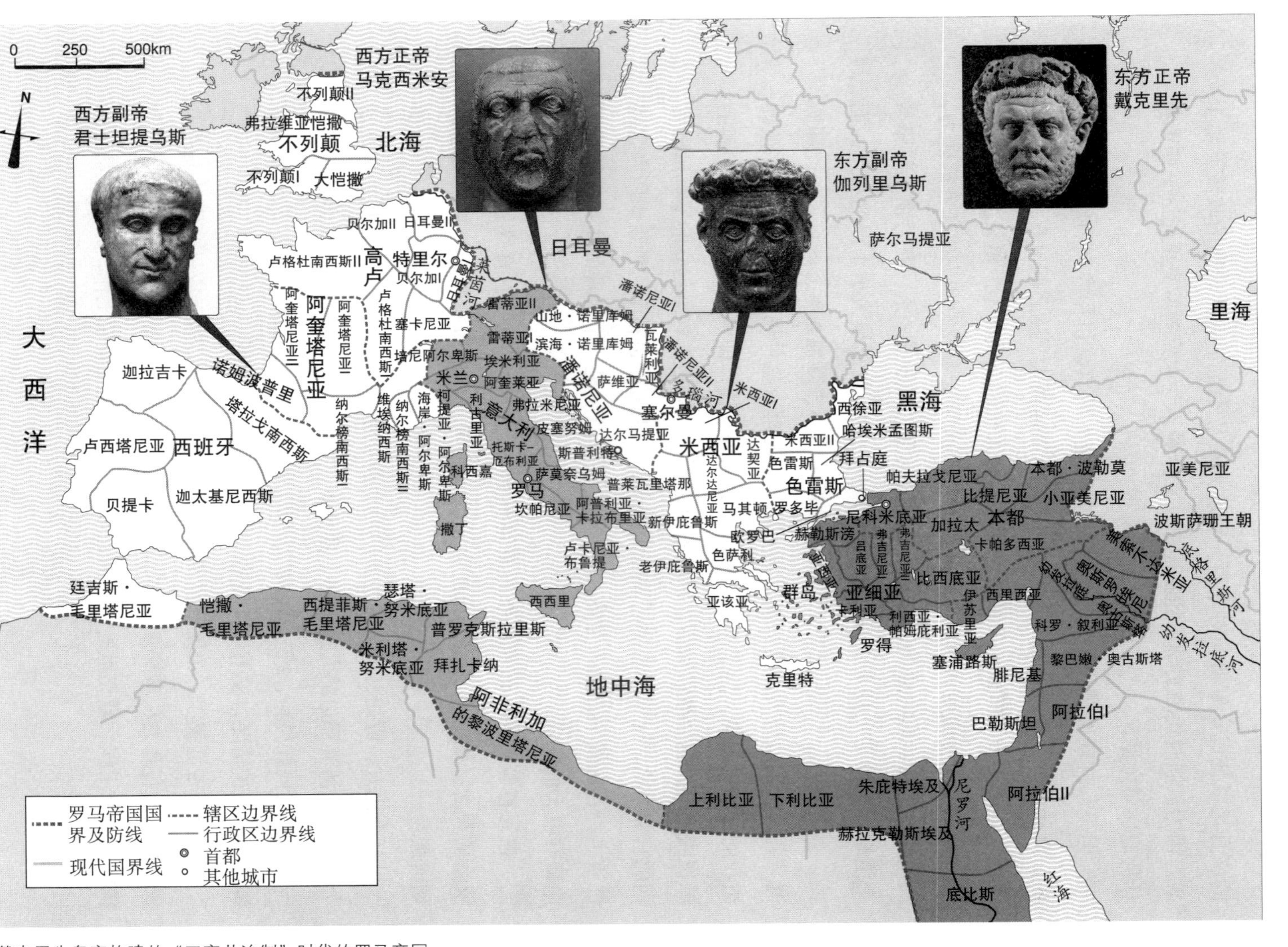

戴克里先皇帝构建的“四帝共治制”时代的罗马帝国

的岁月足以使民众麻痹，对军事、行政人员从上至下完全分离的政策无动于衷。因为从同时代的史学家的叙述中，完全看不到大家对戴克里先这一变革有任何的反对意见。

但是，这项改革使罗马出现了一个和庞大的军事机构并列的庞大官僚机构。而且，由于两者是完全分离的状态，所以这两大机构之间没有任何人员的流通性。这样必然带来一大结果，那就是两大机构人员的不断增长。

戴克里先可能是认为，专职有助于培养人员的责任感和完成任务的能力，所以设计了这套成为罗马帝国后期特色的制度。问题是，人一旦习惯于归属某个组织，担任某个任务之后，就会产生不希望其他领域人员干涉的心态。而且，不希望别人干涉自己的心态，也就衍生出不去管他人事务的作风。此即所谓“各人自扫门前雪，莫管他人瓦上霜”的心理。这种思想，必然会带来所属组织的膨胀化结果。为了不被干涉，不必向外求援，即使现在没有存在必要的单位或个人，也会继续保留，以备不时之需。戴克里先构思创立的罗马帝国后期的官僚结构，比他预想的还要庞大得多，原因可能也在于这种组织所隐含的性质上。若从效率方面来考虑，“专职专责”似乎是一个合理的体系，但背后隐藏着很大的陷阱。

在元首制时期，政府组织没有这样细分、整合，也没有直线领导、纵向统合的观念。那时候遗留下来的大道、水道等产物的维修情况，如今又变得如何呢？

打个比方，假如有以河流为界的两个县存在，自然，河流这边的大道由这个县负责，河流那边的大道由那个县负责。而桥梁也只能以正中间为界。如此一来，需要同样材料、统一技术的维修工程，岂不是无法推动了？关于当时基础设施的维护情况，史书上并没有介绍。

但史实告诉我们，公元 3 世纪开始，罗马帝国一直苦于应付蛮族的不断入侵，根本没有余力从事维修工作。一直到公元 4 世纪，罗马帝国也没有推动过像样的维修工程。戴克里先本人倒是关心基础设施的整顿工作，只是仅限于防

现在的阿皮亚大道遗址

线附近，那些元首制时期被定位为纯军事设施的工程。阿皮亚大道的石板之间曾经是紧密贴合，连风沙都吹不进去，如今石板已经磨损不堪，变成了圆石面的道路。这还不仅仅是罗马帝国灭亡之后1500年来无人过问的结果，而是从距离亡国还有300年的公元3世纪开始追溯，整整1800年来弃之不管的结果。

研究人员热衷于研究罗马帝国知名的军事力量，以及帝国后期暴增的军人数量。最后，不同的学派得出的数字也各有不同。像我这样的作家，只有取大多数专家认可的数字，即60万兵力。不知道为什么，这些专家对行政官僚数量的暴增，就没有对军人数量的研究那么热心，让我连个推测数据都提不出来。但据我估计，行政官僚的数量应该不是像军人这样仅仅是倍增而已。

元首制时期的罗马社会，在政治体系上，横向、纵向都可以自由流动，有能力的人才可以不分军事、民事，充分发挥自己的才干，这使得社会资源可以得到有效利用，也符合奥古斯都巧妙搭配中央集权和地方分权的统治哲学。元首制时期的罗马帝国，用现在的政治词语形容，就是“小政府，大社会”。一个地地道道的霸权国家，也因此发展成一个庞大帝国的罗马帝国居然是“小政府”，听起来像是一个笑话。但正因为是“小政府”，罗马帝国才有办法高唱“罗马统治下的和平”。但罗马帝国到了后期，转变成了“大政府”。其主要原因，恐怕还在于军事、行政两大机构的膨胀。

我的这一假设，是根据 4 世纪时的罗马人留下的一句话：

如今的社会，收税的人比纳税的人还多。

由一名增加到四名的皇帝、翻倍的兵力、庞大的官僚机构，这些都必须要靠国家财政来维持存续。而戴克里先推动的这场轰轰烈烈的帝国改革，却是发生在公元 3、4 世纪之交不满 10 年的时间里。罗马帝国刚刚脱离“3 世纪危机”这一历史上前所未有的迷途时代。帝国的轴心货币第纳尔银币的含银比例，在公元 3 世纪初期的卡拉卡拉皇帝时代，还能勉强维持 50%，过了半个世纪之后却暴跌至 5%。这时的罗马帝国的经济正处在令人绝望的疲惫状态之下。重整帝国带来的大量支出，不可能仰赖日益减少的收入来维持。在戴克里先推动的帝国改造计划中，不可避免地要对税收制度进行彻底的改革。这样一来，在公元 3 世纪末 4 世纪初的罗马帝国，对税收的观念，即所谓的税收哲学，也将发生巨大的变化。

税收大国

如果我们将归纳出来的、由开国皇帝奥古斯都所建立、其后 300 年由历代皇帝继承的元首制时期的税赋哲学，与戴克里先实施的、制约公元 4 世纪之后罗马帝国后期的税赋哲学进行比较，则总结如下：

奥古斯都税制——先纳税人再国家。国家仅承担税收可以维持的事务。

戴克里先税制——先国家再国民。国家所需的经费，以税收形式向纳税人征收。

对于税收的态度，可以说是来了个 180 度的大转变。

在《罗马人的故事 6 · 罗马统治下的和平》当中已经详细叙述过，由奥古斯都创设的元首制时期的税制，可以归纳如下：

古今中外，没有一个人会乐意交税。不仅如此，如果遭受重税压迫，还会因民怨引起暴动或者叛乱。

但是，没有一个国家可以不收税。个人无法承担的事务，比如国防、治安、基础设施建设、社会福利等，必须由作为居民共同体的国家来实施。如果忽略了这些事务，有能力有资产能自给自足的个人，就会和其他人分离，形成社会不安的源头。

那么，政府如何拟定让民众虽不满意但可以接受的税率，就是一个重大问题了。当罗马帝国还处在共和时期、正在朝着将地中海纳为"内海"的霸权国家发展时，摆在他们面前的有三个前例可供参考：

东方君主制国家——税率不定，因此无法判断轻或重。不过这种税制使民众要多负担被征召劳役或战争的风险。

迦太基——最高可达 25% 的重税国家。不过据说迦太基向其治下的所有领地提供农业技术指导以振兴经济。

锡拉库萨——属于僭主专制政体，但这个地方社会安定，连造访的柏拉图都感到惊讶。这个国家的税率一直保持在 10% 的程度。

罗马人和希腊人不同，不会把原理或原则当金科玉律死守不放。正如尤里乌斯 · 恺撒所言，只要是好的，就要毫不犹豫地引进，哪怕它是敌人的东西也无妨。罗马也正因为这项政策路线而不断强大。当罗马成为霸权国家、实行帝政时，税收制度也必然要求随之发生变化。此时，罗马人同样遵循了这一路线。因此，上述的三个例子，视情况不同，可以成为仿效的对象，也可以成为反面教材。顺带提一下，创设新税收制度的奥古斯都，正是尤里乌斯·恺撒指定的皇位继承人。

这位开国皇帝创立的罗马帝国税制，实际上遵循了一个极为简单、明了的方针。那就是，尽量压低税率，但是要让尽可能多的人缴税，而且税率要维持不变，一直延续下去。

这一方针，现代的税收专家听了可能会笑掉大牙。然而罗马帝国的税制就是从这个外行、胆识符合常识的想法开始的。后世的历史学家在评述罗马帝国的税制时，是这么说的：

元首制时期的罗马帝国，将“广征收、轻税赋”的想法变成了现实。

在讨论奥古斯都创设的罗马帝国新税制的细节之前，我们有必要先了解一下在这之前的古代，到底是一个什么样的社会。

在古代社会，胜者和败者之间有着严格的区分。在当时，只有战败者才必须纳税。此外，罗马是由城邦发展而来，因此是以其公民为国家之主。公民享有参与国政的权利，同时负有持武器护卫国家的义务。所以，当时的兵役又被称为“血税”。也正因此，只要不沦为战败者，古代人就没有缴纳直接税的必要。换句话说，古代本质上属于间接税社会。现在要在社会上推行“广征收、轻税赋”的税制，就有必要构建一个体系，把胜利者罗马人也纳入缴税的行列。在当时，能实现这一点，奥古斯都所创设的新税制，在古代就有划时代的意义。我认为，“罗马统治下的和平”的建立和长期维持，除了要归功于绝对强大且高机动性的罗马国防力量外，新税制也是功不可没。因为税制不仅仅是税收的问题，也是衡量政治优劣的计量器。

接下来要讨论奥古斯都设置的罗马帝国税收的种类。帝国的税制不但方针简明扼要，项目分类也简单明了。我在写作《罗马人的故事 6·罗马统治下的和平》内容时，就一直深深觉得罗马用不着什么税务人员。

以下是被罗马征服，即属于败者的行省居民要缴纳的税：

行省税——收入的10%。因此在帝国向来以“什一税”（decima）通称。行省居民没有服兵役的义务，所以西塞罗说，这是行省居民支付给肩负防卫义务的罗马帝国的安全保障税。既然这个税种的由来是安全保障，那么志愿加入罗马军队充当辅助兵的行省居民，自然也就免除了这项税赋。

下面是征服者一方，即属于胜者的罗马公民权拥有者要缴纳的税。

古代社会首创的遗产税——仅限于六等亲以外的人继承财产的场合。税率为5%。

罗马人常会把遗产馈赠他人。首先，他们有馈赠部分财产给非亲非故但前途光明的有为青年的习惯。其次是赠与有事能为自己出力的律师。罗马人是创立法律制度的民族，自己一旦遇到争执也就喜欢对簿公堂，能交到一个能言善道的律师朋友，可以说是受益终身。第三类馈赠对象是平时自己尊敬的人。希望自己的遗产能让这些人物尽其用。总之，罗马人把馈赠遗产当成教育基金、感谢金或者表达敬意的方式。出身于地方、后来就职于中央法庭的西塞罗，他能够成为富翁，可不是因为政治原因被压得很低的律师费，而大多是来自委托人的遗产赠与。

罗马人向来极为重视私有财产的赠与权利，仿佛要拥有这项权利才能称为一个合格的公民。在改善士兵待遇时，首先提到的就是这项权利。而终身未婚的女性则以失去这项权利的方式，接受其未对国家作出贡献的惩罚。因为罗马社会有这样的风气，所以“二十分之一的遗产继承税”，已经足够成为税收的一大支柱。

奴隶解放税——这项税收能够成为税赋支柱的原因，在于罗马人有为了感谢奴隶的多年侍奉，而以恢复奴隶自由身作为报酬或者退休金的习俗。在古代欧洲，各国都是奴隶制社会，只有罗马无论是共和时期还是帝政时期，在公民和奴隶之间都有“解放奴隶”这样一个阶级存在。话说回来，奴隶等同于劳动力，罗马也正是因为有这些劳动力的存在才构成了奴隶制社会。不过，奴隶解放税，与奥古斯都开创的遗产继承税不同，它是共和时期开始的。如果政府强烈禁止民众表达温情，政治上说不过去。但是为这一方式增加一些阻力还是可以的。这种背景下诞生的税率，是获得自由奴隶市场价格的5%。因此，这项税收也叫“二十分之一奴隶解放税”。

无论是胜者罗马人还是败者行省居民，只要生活在罗马帝国境内，就必须缴纳的赋税，即间接税如下：

关税——原文“portorium”，直译“港湾税”，即在大海、河流的港口设施处设置海关，对经过的船只征收税金。税率在1.5%到5%之间。对从东方进口的珍珠、丝绸等奢侈品，则征收25%的关税。税率并非全国一致，主要是考虑到帝国各地经济实力有差异。经济实力雄厚的意大利，虽为帝国本土，税率却要达到5%。而接近莱茵河、多瑙河的边境行省，税率只有1.5%。不过，如果这些地方依靠税收减免的好处，经济力量慢慢提升之后，也会和发达地区一样，征收5%的税收。

营业税——针对所有流通的物产、服务征收的税金，相当于现代日本的消费税。不论何时何地，税率一律为1%。在罗马帝国境内，如果没有任何辅助说明，只是说“百分之一”，就是指营业税。

这里值得我们注意的，不光是税率的低廉，而是这么低廉的税率却能维持200年不变的事实。这不得不让人佩服创立这套税收体系，并将之定为国策的开国皇帝奥古斯都，他有着多么深刻的政治思维，多么敏锐的心理洞察力。另外，在推行这项税制的同时，罗马还进行了大规模的裁军。

公元前30年，奥古斯都打败了政敌安东尼和埃及女王克娄巴特拉的联军。胜利的奥古斯都手上握有包括降军在内的50万兵力。为了不刺激反对派，奥古斯都用自己惯用的方式，花费多年时间逐步削减，最终将军队人数裁减到

16.8 万人。

这 16.8 万人作为正规兵，分配之后组成 28 个军团。想必奥古斯都判断，这些兵力加上由行省居民组成的辅助兵，总人数可以达到 30 万，足以担任帝国漫长的边境防线的守卫任务了。在公元 1 世纪奥古斯都晚年的时候，发生了条顿堡森林战役，一夕之间罗马损失了 3 个兵团，加上辅助兵在内死伤总人数达到 3.5 万人。28 个军团从此变成了 25 个，但奥古斯都并没有想法填补空缺。有研究人员认为，这是由于奥古斯都年老体衰，加上精神打击，已没有精力补充损失。但是如果国家有补充兵力的需要，奥古斯都却怠忽职守没有补充的话，那 5 年后继位的提比略皇帝应该会马上补充才对，因为当时的罗马帝国人力、物力都很充足。

但是，在整个公元 1 世纪的百年时间里，罗马军队的主要战斗力，军团数量一直维持在 25 个，军团兵力保持在 15 万人左右。进入公元 2 世纪，才扩增到 28 个军团，到马可·奥勒留皇帝时代则扩增到 30 个。200 年的时间只增加了 5 个军团，3 万兵力，这个事实足够令人惊叹不已。因为在这 200 多年的时间里，罗马帝国没有必要派兵镇压行省叛乱，罗马士兵只要专心对付外敌就可以了。这表明奥古斯都税制重整以后，罗马帝国的军事力量，不会膨胀到超乎国家经济能力所承受的程度。奥古斯都向来是一位依靠社会常理进行事务判断的统治者，因此我推断他的税制应该是立足于以下想法：

重税往往是叛乱的导火线。一旦发生叛乱，政府就要派兵镇压。对外御敌的防卫力量不能削减，国家要随时准备部队镇压国内势力的话，唯一的出路就是扩充整体兵力。扩军又必然引发加税问题。加税则易引发叛乱。要阻止国家陷入上述的恶性循环当中，只有实行以“广征薄赋”为基本方针的税制。我认为，奥古斯都建立的“罗马统治下的和平”之所以能稳定持续下来，就是因为有军制、税制两大支柱作支撑。可见，军务、税务都是国政。对于税金的看法，也就是国政的根本。

说到这里，可能大家心里都会产生疑问：“广征薄赋”固然很好，但是这样的财政规模能够担负起整个帝国运营的需要吗？另外，“小政府”的想法是好的，但是国家只承担税收能够维持的事务，怎么能够满足多民族国家罗马帝国的民众需求呢？

在税收当中，每年可以预期征收的只有行省税。罗马公民权拥有者要缴纳的直接税，不论是遗产税还是奴隶解放税，并不是每年固定的税收。而恒定的间接税，包括关税和营业税，能够用“二十分之一”和“百分之一”来代称，可见这200年来，税率一直都没有变化，而且非常低廉。也许低廉的税收可以使地方不再发生叛乱，但是作为一个规模庞大的居民共同体，罗马帝国能够推动国家该推行的政策吗？

答案也很简单，不能。但是，只有东方的君主专制国家才能以一句“不能”打发。罗马帝国是个典型的西方国家，政府在很多方面不得不迁就身为当权者的公民的意向。更何况罗马还是从城邦发展而来的。那么罗马帝国是用什么方法来解决这个难题的呢？

开国皇帝奥古斯都没有其义父恺撒那样的创意天才。可是他善于寻找符合常理却又不让众人觉得突兀的症结点，从中入手，在民众不知不觉中已造成既成事实，这方面他能力突出，称得上是个天才。关于国家财政的问题，他决定利用罗马人在共和时期就耳熟能详的两件事来解决。这两件事按现代说法，可以形容为“地方分权”和“利益回馈社会”。

翻译为“地方自治体”的“muicipia”，起源于被罗马征服的战败者城市或部落根据地。因此，无论是意大利本土还是行省都有这种性质的地方。作为胜利方的罗马，将这些地方分类为地方自治体或者自由都市，内部赋予其完全的自治权。因此，公元前1世纪，除了意大利本土的地方自治体获得了罗马公民权以外，意大利半岛以外的“地方自治体”居民，主要还是由行省居民构成。

另一方面，翻译成“殖民城市”的“colonia”，起源于民间募集而来的军团兵退役后安排的迁移地，由士兵在服役期间建成。因此，居民的主体是罗马公民权拥有者。也许正因为如此，在建设之初，这个城市就享有完全的自治权。

虽说自治权仅限于共同体内部，但是真正行使起来，还需要政府财政作基础。我试图寻找相关资料来说明“地方自治体”、“殖民城市”以及“自由都市”在财政上的基础，可惜一无所获。可能是因为相关资料已经遗失，研究者们也无从下手研究。不过我们可以试着从下面这件事情上来寻找蛛丝马迹。

那就是由图拉真皇帝确立的育英资金制度，即对贫困家庭子女进行资金援助的制度。其财政来源于缴纳给地方自治体的国有土地使用租金。

早在共和时期，罗马政府就开始在各地持有“国有土地”（ager publicus）。原本是战争获胜后，战败者割让部分土地给罗马作为赔偿款，后来又由罗马政府租借给农民耕种。公元前 1 世纪尤里乌斯·恺撒颁布《农地法》之后，确立了包括转让权在内的租种权。农民只要上缴收成的 10% 给政府就可租种，实际上就等于永久租借。我认为，这是恺撒眼看当时的社会局势，觉得如果置之不管，会因为生产效率因素而走向大型农庄化，因而立法提出了“中小企业振兴方案”。因为在古代，农业是社会之本。

虽说没有足够的研究来证明，仅仅是我的推测，不过国有土地的租金很可能就是地方自治体的财政基础，或者至少会是财政基础的一部分。因为地方自治体和中央政府一样，具有罗马人传统的强烈公德心。

无论是共和时期，还是帝政时期，罗马绝大多数的公共建筑都是以某人的家族名来命名的。罗马人并不会像肯尼迪机场、戴高乐机场那样，以纪念某个特定人物来命名公共建筑。唯一的例外，是由尤里乌斯·恺撒开工，但他遇刺身亡后，由奥古斯都来完工的马萨鲁斯剧场。这是奥古斯都为纪念自己有意提拔为继承人却不幸英年早逝的外甥马萨鲁斯而命名。其他公共建筑都是以建设者的家族名来称呼的，比如“埃米尼亚会堂”、“尤里乌斯会堂”、“庞培剧院”等等。以“Colosseum”之名闻名于世的罗马圆形竞技场，官方名称是“弗拉维乌斯圆形竞技场”。这是因为开工修筑的韦斯帕芗皇帝属于弗拉维乌斯家族。

罗马人这一独特的习惯，不失为一项利益回馈社会的行为。为什么这么说呢？埃米尼乌斯、尤里乌斯·恺撒、庞培都是由罗马公民选出并获得元老院认可的执政官，凭着“前执政官”的头衔获得军团指挥权，之后立下累累战功确实是他们的才能。但是给他们立功机会的确是罗马公民。当时社会认为，投入私人财产建造公共建筑，并捐赠给居民共同体，是这些成功人士理应负担的责任。受赠人给予捐赠人的唯一权利，就是让他们有权以家族名为建筑命名。所以在罗马时代，人们住在其他国家没有的、街头建筑冠满人名的城市中。而且，这一习俗在进入帝政时期以后，没有任何衰减的迹象。不仅如此，还应该说在开国皇帝奥古斯都亲自示范并积极鼓励背景下，更加兴盛了才对。对身为“政治人物”的奥古斯都而言，这也是一项了不起的政治行为。

罗马圆形竞技场、通称为“thermae”的公共浴场、码头的仓库群等，都可以看到历任皇帝的家族名称。这是因为在元首制时期，皇帝的性质依然是罗马公民和元老院委托治国的存在。因此皇帝将利益回馈给有权者也是理所当然的。公共浴场中陈列了很多杰出的雕刻、壁画，被人们称为“平民的宫殿”。顺带提一下，2000 多年前陈列在公共浴场、供人们一边洗澡一边观赏的、以雕像为首的造型美术品，现在正被人们毕恭毕敬地供奉在美术馆里。

但是，历代皇帝为什么能有如此巨大金额的财富回馈给社会呢？

因为皇帝已经比共和时期的任何富豪都要有钱。不是皇帝把国家税收当成私有财产来花费，而是因为皇帝手头持有巨大面积的耕地。

公元前 30 年，女王克娄巴特拉自杀之后，统治埃及 300 年的托勒密王朝画上了句号。率领军队完成这一任务的奥古斯都，并没有按照古代惯例，将战败者的一切划归为胜利者所有。罗马军队征服的所有地方，按官方说法都应纳为罗马帝国的行省，归国家的两大主权者——罗马元老院和罗马公民所有。尽管如此，埃及却是例外，它不是罗马帝国的行省，而是皇帝的“私人领地”。

因为到克娄巴特拉女王为止，埃及一直处在“神之子”的特殊统治习惯下。征服了新土地之后，随之而来的就是长期统治问题。统治的成败，关键看如何将被征服者的排斥感降至最低。罗马人向来擅长随机应变。他们判断，对埃及人来说，以“神之子”的名义要比以“罗马元老院和罗马公民”的名义统治，更容易接受。义父恺撒遭到布鲁图一派的暗杀之后被神化，成了“神”，身为养子的奥古斯都自然也就是“神之子”。奥古斯都之后的历任皇帝，也同样都以“神之子”的身份君临埃及。因此，整个罗马帝国中，只有埃及不是由行省总督治理，而是由皇帝代理人（vicarius）进行统治。

对于埃及人来说，只是统治者由希腊裔的“神之子”换成了拉丁裔的“神之子”而已。对罗马皇帝来说，则是获得了巨大的收入来源。在当时，光是埃及产的主食小麦便占有意大利市场三分之一的需求。

善用巨款也是一项了不起的才能。奥古斯都把到手的巨款投入社会软件、硬件两方面的基础建设上。关于详细内容大家可以回头看看《罗马人的故事6·罗马统治下的和平》。我把书名定为“罗马统治下的和平”是想告诉各位读者，“罗马统治下的和平”绝非单纯依靠军事力量达成的。《罗马统治下的和平》的主角奥古斯都可是将50万大军裁减为16.8万人的改革高手。

而且当时的奥古斯都是帝国唯一的最高权力者，是领袖中的领袖。“利益回馈社会”的风气在他的积极带动下，横向传播到各个行省，纵向影响到元老院议员，甚至在罗马社会出人头地的解放奴隶也积极效仿。到了帝国时代，这种罗马式的贵族义务观念比以往更为盛行。好比说假如皇帝新建了一所公共图书馆，那么就会有元老院议员捐赠不动产作为育英资金的财源；某个公民会在修复大道时，承担某个路段的相应费用；事业有成、经济富裕的解放奴隶，会为家乡的神殿修缮提供资金等等。不过罗马人并未让这些“利益回馈社会”的义举成为不欲人知的善行，反而认可事成后在建筑物上冠上当事人的姓名，或者在大道修缮后，准许负担经费者在路旁竖立记载事迹的石碑。此外，罗马人的墓碑背面，往往有如当事人的履历表，除了刻有死者在世时担任过的文官武职外，还会记载与其身份、财力相吻合的为公共事业付出的事迹，有些看了令人感动不已。但是这些事情在公元3世纪以后都消失不见了。

广阔的罗马帝国，由国家、地方、个人“三大支柱”支撑，以一个基本信念相统一，因此才有办法发挥功能，维持营运。从最能代表罗马的罗马道路网，就可以清楚地看出这一点。

主干道路——总计 8 万公里。由国家负责铺设和维修，全线四层结构，石板面。

支线道路——总计 7 万公里。地方自治体或殖民城市握有决定权，并负责维修。大多是碎石路面。

私人道路——总长度 15 万公里。由个人负责铺设、维修。虽说为私人道路，但并不禁止外人进入，允许任何人自由通行。在罗马帝国，地位等同于公共道路。

研究人员表示，这“三大支柱”负责下的道路总长度达到 30 万公里。如果把国家比做人体的话，这 30 万公里的道路囊括了人体从动脉到毛细血管的各类输送管道，及时为帝国输送新鲜血液。如果所有的道路工程都由国家来负担，那么只有通过大幅度提高税率才能实现。罗马帝国能长期维持低税率，在于采用了“三大支柱”并存的体系。尤其是成功地让富裕阶层参与到公共事业上来，这一点最为重要。

各位读者要知道，当时的社会是间接税时代。一来还没有发展出累进税制，二来间接税的税率很低。如果放任这种状态不管，富人会变得更富有，而穷人将变得更穷。贫富差距的扩大是造成社会动荡的根源。要阻止这种情况的发生，只有让富人把钱吐出来。不过，财富税这类的点子，用脚趾头想想也知道行不通。罗马社会的富人阶层与胜利者的身份是重叠的。如果要实施这样的税制，即使奥古斯都的用意在于设立与帝国政治相符合的新税制，也会因既得利益者的反对而失势，甚至下台。因此，凡事谨慎的开国皇帝没有追逐这个危险而又不现实的梦想。

首先，他以身作则，亲作典范。由他的两位忠实助手阿格里帕、梅塞纳斯动员实施“利益回馈社会”行动。成果可以借用奥古斯都一句略带夸张的话来概括：“我接手的是砖瓦修建的罗马城，留下的却是大理石的城市。”顺带提一句，阿格里帕、梅塞纳斯在“协助”奥古斯都鼓励回馈社会的同时，也成为在埃及拥有大片耕地的地主。

其次，除了诉诸富裕阶层的公德心之外，奥古斯都也没有忘记刺激他们的虚荣心。修筑公共建筑的事迹可以立碑歌颂，成立财团用以资助贫困女子的嫁妆时，可以给财团冠上自己的名字。如果能留下有形的事迹，人们做事的热情会更加高涨。

罗马的国家财政和地方财政没有像现代国家一样留下详细的数字记载，因此后人只能进行推测。不过我认为在元首制时期，罗马帝国社会非常仰赖个人积极地参与。从大家公认的罗马至高无上的纪念碑——罗马大道，它的网络分布也能清楚地说明这一点。即使充当的是毛细血管的作用，30 万公里的罗马大道有一半是私人道路。由奥古斯都创立、随后持续 200 年的元首制时期的税制，正因为能深刻洞察人的心理，才能成为“罗马统治下的和平”的要因之一。暴政和仁政的区别，可以说就看税制如何定夺。

这项可以称为奥古斯都税制的制度，在进入公元 3 世纪之后崩溃了。引发税制崩溃的导火线，是公元 212 年颁布的“安东尼努斯敕令”（Constitutio Antoniniana）。由于提案及实施的皇帝又名卡拉卡拉，所以这道法令通称“卡拉卡拉敕令”。这道法令公布以后，居住在罗马境内除奴隶以外所有拥有自由身的人民，一律都可以享有罗马公民权。这样，罗马公民（romanus）和行省居民（provincialis）的差别就完全废除了。只要是罗马帝国境内的居民，不分人种、民族、宗教信仰、文化差异，一律平等地成为“罗马公民”。从人道主义观点来看，这的确是一道无可批评的好法令。

可是这道法令使奥古斯都税制走上了绝路。既然行省居民的身份没有了，那么缴纳行省税的义务也就消失了。没有了行省税这一罗马帝国的税收支柱，国家行政如何维持？卡拉卡拉皇帝似乎认为，将原本对罗马公民权拥有者征缴的遗产税和奴隶解放税的税率从 5% 提高到 10%，就足以弥补行省税消失带来的财政漏洞。如果他真的认为行省居民变成罗马公民后，全国百姓都会乖乖缴纳这两项税金的话，那只能说这位年轻皇帝太肤浅了。毕竟，这是两个不同性质的税种。

第一，遗产税和奴隶解放税都不是年年持续缴纳的税金。

第二，把遗产留给血亲以外的对象，或者给予奴隶自由当做退休金，这是罗马人特有的情感。不能对行省居民抱有同样的期待。

第三，这项敕令引起所有罗马公民的不满。这也难怪，因为他们不但失去了所有特权，而且还要缴纳翻倍的税金。

这两项税收的税率，在卡拉卡拉遭到刺杀之后，由继位的马克里努斯调回原税率。但是撤除罗马公民与行省居民差异的法令并没有被废止。其后帝国一直处在没有行省税收入的状态。而如果不采用其他税收来代替行省税，国家财政就要崩溃了。走投无路之下，国家只好开始征收与奥古斯都税制思想完全相反的特别税和临时税，而且渐渐变成一种常态。

整个公元3世纪，人们再也听不到象征税率稳定不变的“二十分之一税”、“百分之一税”这一类名词，在史学家的记述中也不再出现。公元3世纪的罗马帝国，局势紊乱，国家前途迷茫，可以用“3世纪危机”一词来代表。当时，蛮族入侵不断，换皇帝跟换衣服似的，政治上缺乏连贯性，就连税制也陷入无政府状态。在3世纪末期登基的戴克里先当然也想解除这种无政府的状态，只是他推行的税制和元首制时期的税制，完全背道而驰。在《罗马人的故事6·罗马统治下的和平》我已经详细讲述奥古斯都的税制，刚才又重新提出来论述，是因为只要知道帝国后期的税制和奥古斯都的税制是完全相反的，就能轻易理解后期这项税制的内涵了。而且，税制的变化，也是学者把公元1、2世纪的罗马帝国分类为元首制，4世纪以后划为“绝对君主制”的原因之一。

戴克里先皇帝实施的新税制，有以下几个特点：

一、皇帝每年决定一次国家财政所需的金额。无论该年度收益如何，纳税人都必须按照规定额度缴纳税款。

二、所有税务一律统合，纳入中央政府旗下管理。

如此一来，地方分权成为历史。因为没有独立的财政来源，自治也就成为一句空话。现如今“地方自治体”已经名存实亡。

三、税收分为以生产基础“耕地”为对象征收的“地租”（iugatio）和以生产手段“人”为对象征收的“人头税”（capitatio）两类。每五年审查一次决定金额。

罗马帝国的税制从此转变为以直接税为主。此外，对于税金审查结果，若有异议，只能向皇帝申诉。

这样一来，事实上由税务官审查得出的税务金额，民众只能乖乖地缴纳到下次审查为止。

这样，长久以来支撑罗马国家体制的“中央政府”、“地方自治体”、“个人回馈社会”这三大支柱体系，也就彻底崩溃瓦解了。除了地方自治体失去自治能力之外，以直接税为主体的税制给人民带来重税，个人回馈社会的意愿也消失了。从“三大支柱”变成“一柱擎天”，从税制这一项就可以明显地看出来，罗马已经从元首制转变成“绝对君主制”国家。

而且戴克里先这个人做什么事都讲究规范化、系统化，从之前已经叙述过的“四帝共治制”到接下来马上要讨论的“物价管制”都可以看出这一点。当然，他也的确有这个能力。问题是，政治制度如果连细节都一一规范，反而会变成缺点。一旦遭遇意外，反而不知如何应对。罗马帝国地域辽阔，罗马人爱泡温泉，可见火山、地震等意外也不少。气候是不会按照人的意愿行事的。但偏偏戴克里先的税制制定得精密细致，滴水不漏，而负责推行的税务官又一板一眼地严格依法行事。

这里顺便举一个税务“审查”的案例。下面所列的各地租对象，在法律上被视为具有同等价值：

5 公顷的肥沃耕地。

10 公顷的二级耕地。

15 公顷的三级耕地。

1.25 公顷的葡萄园。

超过 3 米高、预计可获丰收的橄榄树 220 棵。

种植在坡地上、每年收获尚可的橄榄树 450 棵。

至于以生产手段为对象征收的劳力税，则以 14 岁到 65 岁的国民为对象。在那个时代，到 65 岁，也就等同于到死亡为止了。女性也同样被列为征税对象，只是不知道为什么地区间存在着差异，比如叙利亚是男女同等缴税，埃及的女性却是免税的，而小亚细亚的女性税金为男性的二分之一。而且，一旦被审定为劳动力，则无论是生病还是死亡，都要乖乖纳税到下次审查为止（而且君士坦丁时代又把审查改为 15 年一次）。另外，奴隶也被当成与一般民众同等的劳力来计算。

这是农村的情况，城市又是怎样的呢？新税制的宗旨就是要以税收满足国家所需要的金额。那么找容易征收的地方或个人抽税肯定是必然趋势。戴克里先推动的税制改革，受打击最大的是农村，这一点毋庸置疑。不过，城市居民也别想躲得开。

虽然城市居民没有地租可收，但是店面、工厂等生产基础还是可以作为征税对象的。至于具体如何审定，由于没有这方面的史料留下，所以详情无从得知。不过可以肯定的是，对劳动力征收的人头税是肯定跑不掉的。尽管如此，戴克里先的新税制，还是对农村的打击更为严重。地方人口流失严重而城市人口过度集中的情况依旧没有得到改善，就是最好的证明。当时的罗马帝国，农业是基础产业，国之根本，情况跟现在以工业为基础的发达国家完全不同，因此受到的打击也要沉重得多。

公元 3 世纪后半期的罗马帝国农民，是为了逃避如波浪般接连不断的蛮族侵略而舍弃耕地，同时也为谋求人生安全和新的生活手段涌入城市。而 4 世纪以后的罗马帝国农民，则是为了逃避重税而舍弃耕地涌入城市。

皇帝戴克里先通过扩增兵力，成功阻止了蛮族的入侵。但是，由此带来的负面影响，正如当时的人们感叹，收税的人比纳税的人还要多。由此可见，在官僚机构的扩增上，他也“成功”了。这表示，士兵、官僚这些仰赖国库发工资的人增多了。其结果导致国家需要的经费至少增加两倍，严重的话说不定四倍都有可能。随着戴克里先的上台，农民们不再需要逃避蛮族的入侵，相对的，多了逃税的必要。

虽说情况没有农民严重，但是商人、手工业者也因新税制遭到了严重的打击。这些人本身住在城市，所以不像农民可以逃离家乡。但是，儿女们开始不愿意继承父亲的职业。此外，创业的人也急剧减少。金融利率也从元首制时期年 12%，降低至 4%。在货币价值不断下跌的情况下，金融市场利率却一再滑落。这种现象唯一的解释就是市场投资意愿低落的反应。而与税制改革几乎同时，戴克里先又推出了货币改革。

戴克里先推动的货币改革内容，简而言之，就是为 300 年来身为罗马帝国轴心货币的第纳尔银币，作最后一场保卫战。

当时银币的实际价值，已经跌落至含银量仅为 5%。而戴克里先打算把货币价值恢复到当年尼禄皇帝为适应流通量扩大，推行货币改革之后的样子。当时,1 罗马磅（libra，约 327 克）可以铸造 96 枚第纳尔银币。而公元 4 世纪初，市场上流通的第纳尔银币，则是 1 罗马磅纯银可以铸造 6000 枚的劣币。

所谓劣币，指面额价值和实际价值不一致的货币。这两者之间的差距越大，代表货币越劣质。在没有纸币的年代，面额价值与实际价值是否一致，是货币唯一的信用基准。顺带说一句，现代国家发行的纸币，其实际价值不过是一张纸，要靠发行纸币的国家来保证实际价值和额面价值的一致。一旦这项保证出现危机，纸币价值也会随之下跌。在古代，货币是由金、银、铜铸造，国家保证货币价值的唯一方法，就是保持上述金属的含量，使其实际价值不至于下跌。

因此，戴克里先当然会认为，要让帝国的轴心货币第纳尔银币恢复价值，就必须要满足下面两个条件。

第一，把每一枚第纳尔银币的重量，恢复到尼禄皇帝改革后150年没变的3.4克这一定量。

第二，含银量不变回尼禄皇帝时期的92%，而是改回到奥古斯都皇帝发行时的100%，即重新发行纯银的第纳尔银币。

顺带一提，从奥古斯都起，到戴克里先为止的第纳尔银币含银率的变化如下表所示：

第纳尔银币含银率的变迁

奥古斯都皇帝的改革（公元前23年）	3.9克	纯银100%
尼禄皇帝的改革（公元64年）	3.4克	含银92%
卡拉卡拉皇帝的改革（公元215年）	3克	含银50%
3世纪后半期（公元260—300年）	3克	含银5%
戴克里先皇帝的改革（公元295年）	3.4克	纯银100%

戴克里先这一大胆的货币改革方案，可不是纸上谈兵，而是真的付诸实践。新发行的银币质、量兼具，被命名为“阿根图斯”（Argenteus）。戴克里先皇帝应该是认为：只要这种面额价值和实际价值一致的银币在市场上流通，罗马帝国的轴心货币银币的信用也会跟着恢复，货币信用不足造成的通货膨胀现象也会渐渐消失不见。含银率跌至5%的第纳尔银币就此废止，改为含银量依然为5%，但重量将近三倍的“富利”（Follis）铜币。

理论上，事情应该照着戴克里先的想法发展。但实际上，新发行的银币很快从市场上消失，留下来的旧银币和新铜币，根本无法阻止价值的下跌。因为拿到新银币的人不愿意脱手，而持有旧银币的人又想尽早换成新银币，使得旧银币的价值进一步下跌。在新银币发行后，大多数的货物价格依旧以第纳尔银币的价值为准，就足以证明上述观点。这说明，发行纯银的良币依然无法抑制通货膨胀。

顺带说一下，名为奥里斯（Aureus）的金币价格则没有波动。原因是罗马帝国虽然以货币的形式发行金币，但严格意义上来说，这并非货币。奥里斯金币的性质，如同现代的金条、克鲁格金币（Krugerrand，著名的南非金币。——译者注），因为是纯金打造，主要持有目的在于资产保值。当然，也可以作为货币使用。只是因为其价格太高，一般不作为日常生活中的常用货币。罗马帝国以银币为轴心货币的理由也正在此。但是，正因为金币的性质犹如金条，所以才能一直维持 100% 的含金量。

经济管制国家

也许是戴克里先对通货膨胀的无法抑制感到绝望，在货币改革 6 年后，即公元 301 年，他开始着手实施人类历史上第一次物价管制政策。他把罗马帝国境内流通的所有物产、服务均设定了上限价格，并规定，如果有人以超过上限价格进行交易，就要接受严厉的制裁。当然，所有价格都是以旧第纳尔银币规定的。像小麦、葡萄这样的农产品，有质量高低之分，价格自然也有区别。而教师、律师这类专业人士在酬劳上则没有区分。能力差异与报酬不相干，也是经济管制的一项特色。

> 市场与日常交易之所见价格无限攀升，即使在农产品丰收的年份也无法抑制。归根结底还是缘于人们对金钱的无限贪婪。

戴克里先皇帝的敕令以上述内容为开头，其后列举了庞大的职业分类和管制价格。即使到了现代，其中大部分内容还是可以调查到。因为敕令颁布到了帝国全境，只要将帝国境内挖掘出来的大理石碑、铜牌拼凑起来，将上面雕刻

刻有戴克里先皇帝价格管制敕令的石板（部分）

的敕令内容进行整理，要掌握政策的整个内容并不难。

这项敕令具有重要的史料价值，原因如下：

一、这是历史上第一次实行经济管制的实例。

二、这项资料庞大且有系统，是最适合了解罗马时代职业分类的史料。

换句话说，这项资料对于历史学家研究当时的平民社会具有重要的价值。而从怀疑经济管制效果的立场来看，大家首先会被如此细致的分类惊得目瞪口呆，同时也会对这种徒然的努力感到黯然。这种强硬、严密的经济管制无论在什么年代，都会以失败收场。至于个中缘由只能留待专家解说。戴克里先的敕令，给罗马社会带来的影响如下：

一、经济活动地下化。

二、以物易物型经济活动时隔 500 年后再次复苏。

三、所有领域劳动质量下降。

这项敕令的最大目的是消除通货膨胀，但结果自不待说，自然是一败涂地。

对戴克里先来说，眼前还有一件难题必须要马上解决，那就是农民脱离农业致使耕地荒芜以及青年脱离商店、工厂的现状。如果放置这个问题不闻不问，自耕农、商人、手工业者这类罗马社会的中坚阶层将逐渐走向凋敝。以强硬手段应对通货膨胀的戴克里先，在解决这个问题时也采取了强硬的政策。

社会上绝大部分的职业被列为世袭制。也就是说，子承父业，成为一项人人必须遵守的法律。而且，儿子还必须住在父亲工作的地区。

在当时，边境防卫兵大都一边屯田一边担任边界警卫工作，这已成为一项常态。现在这些士兵的儿子从此以后，也只能从事跟父亲一样的职业。元首制时期的士兵役满退伍时，可以领到一笔现金或者相当面积的土地作为退休金。而到了戴克里先时代，退休金大幅缩水，变成当事人家中身为劳动力的妻小可以免征人头税的政策。这样，一方面大家都觉得国家变得越来越小气，另一方面，当时的官兵第二代也渐渐丧失子承父业的意愿。防线也面临着人口流失的问题。在如此现状背景下，军人也成为“人员—土地—职业”捆绑政策的一分子。当然，各位皇帝的直属部队成员也在子承父业政策的范围内。在这一法令的推动下，持续了400多年的罗马帝国募兵制，也转为实质上的征兵制了。

至于商人、手工业者的第二代，自然也不能例外。皇帝鼓励这些人按职业组成社团并给予奖励。名义上是为了有益于社员间的相互扶持，实际上是为了稳固世袭制度。这也是构成中世纪社会结构支柱的工会制度的雏形。

在元首制时期，罗马社会分为皇帝、元老院议员、骑士阶级（官僚和商人）、平民、解放奴隶、奴隶等阶层，属于阶级社会。而且，民众可以自由选择职业，自由进行住家迁徙，这些权利得到国家的保护。正因为如此，各阶层之间才能保持流动性，为成熟社会容易产生的僵化现象提供预防效果。其最大的功效，在于为社会挖掘人才，输送新鲜的血液。

但是这种效益，首先在文官武将职业分离的政策之下土崩瓦解。其后，国民又失去了职业选择和居住地任意迁徙的自由。有位研究人员表示，如果以现代社会打比方的话，当时的罗马简直就是社会主义国家。

戴克里先与基督教

在戴克里先的统治之下，罗马的政治体系已变成权力集中于中央政府，尤其是站在政府顶端的皇帝手中。在此背景下，国家的权威自然也要发生变化。皇帝要行使绝对的权力，就必须让大众认同其绝对的权威。而元首制时期那种由元老院和罗马公民权拥有者委托皇帝行使权力的权威形式，已经不够充分了。

既然人类赋予的权力不够充分，那就只有求助神灵了。戴克里先推动绝对君主制后，把自己逼进脱离罗马传统风气的立场中，陷入背后必须要有神灵做后盾维护权威的局面。戴克里先皇帝大力提倡复兴对罗马诸神的信仰，其政策背后其实隐藏着上面的苦衷。当然，不是希腊罗马诸神都可以拿来做后盾。既然要赋予当权皇帝绝对的权威性，唯一的选择就只有30万众神的领袖——最高神朱庇特。早在“四帝共治制”之前的“两帝共治制”时，戴克里先就把意为朱庇特的约维乌斯当成称号，把同事皇帝马克西米安别号改为半神半人的赫拉克勒斯。也许在即位不到两年的当时，他已经意识到加强皇帝权威的必要性了。

问题是，希腊语称为宙斯、拉丁语称为朱庇特的最高神，要成为行使绝对权力的后盾依然行不通。正如我在《罗马人的故事12·迷途帝国》“罗马帝国与基督教”一节中提到的，希腊罗马诸神与犹太教、基督教的神，在性质上完全不同。

希腊人、罗马人心中的神，是帮助人类摆脱困境的神，而犹太教、基督教的神则是对人类下命令的神。希腊罗马诸神完全没有管理人类的想法，而犹太教和基督教的神，名义上是指引人类走上真实信仰的道路，而实际上则是管理人类生活方式的神。

希腊罗马宗教神灵众多，起因于每个人希望得到帮助的领域都不一样。而犹太教、基督教之所以是一神教，原因在于其性质特点既然要把人类纳入其管理之下，那么就需要有绝对的权威，而只有在“一神”的前提下，才可能产生绝对的权威。无论是权力也好，还是权威也罢，如果分给很多的人和神，是不可能有绝对的权威的。

简而言之，即使是希腊罗马诸神中的最高神，也无法成为能给绝对权力赋予正统性的绝对权威。

可是，戴克里先似乎认为，即使是希腊罗马诸神也能称为绝对的权威。当然，前提是先把障碍对象清除干净。所谓的障碍，自然就是宁死也不肯承认罗马诸神的基督教徒了。

这就是罗马历史上第一次持续、坚决、有组织地大规模镇压基督教徒运动的开始。对基督教徒来说，这是在过了40年平稳日子之后，再度遭遇到的晴天霹雳。

公元303年2月，戴克里先发布了有关镇压政策的第一道敕令。这一年，也是戴克里先在位的第19个年头。在这段时间里，戴克里先经历了“两帝共治制”、“四帝共治制”，一直都是唯一的最高权力者。如果想要镇压基督教，随时都有充分的地位和权力来实行。但是，他选择了在位的最后一段时期开始实行。

为什么是这个时期？对这个问题很多的研究人员也深感困惑。但是当事人戴克里先不但没有留下答案，连让人接近答案的言辞都没有留下。基督教方面身为受害人，然而教会提出的史料也只是写着老皇帝脾气发作了，或者受到邪恶的副帝伽列里乌斯的怂恿。

戴克里先是个城府极深、不轻易向他人透露心事的人，而且，就连在行动上，也不会暴露其内心想法。由于他性格强韧，善于自我控制，是最不可能因一时愤怒推动重大政策，或者轻易受他人怂恿的政治人物。尽管如此，他却推动了镇压基督教的政策。罗马帝国的重建是戴克里先在位期间最优先考虑的问题，那么会不会对他来说，在诸多重建政策中，镇压基督教是用来收尾的吗？在《罗马人的故事 12·迷途帝国》中，我也提到过，在公元 3 世纪不停上台又下台的诸位皇帝中，越是热衷于重建帝国的人，就越是热衷于镇压基督教。也许是皇帝们的危机意识在作祟，认为人民不信仰传统的罗马诸神，也就是不信任罗马帝国。也许戴克里先在担任皇帝多年之后，也越来越有这种危机意识。不管如何，毕竟距离上次镇压已经过了 40 年了，除非有相当的把握，否则当权者是不会推动镇压政策的。

有本史书原名叫 *Acta Martyrum*，翻译名为《殉教者行传》，专门记录殉教的基督教徒事迹。在这本书中，从图拉真皇帝治下的公元 115 年开始，到公元 320 年为止的 200 年间，仅仅列举了殉教的 12 个事例。即使书中只记录著名的殉教事例，但 200 年只有 12 个例子还是太少了。在这里向大家介绍一个发生在戴克里先皇帝时代，但却是在他尚未发起镇压政策之前的“殉教”事例。这件事发生在公元 295 年，也就是戴克里先主政的第 11 年，距离大镇压还有 8 年。事情发生在北非努米底亚行省的主要城市之一的提威苏特。

事件的主角马克西米里阿努斯当时 22 岁。他的父亲现在是国家税务部门的公务员，因为曾经在军营里当过兵，所以马克西米里阿努斯也不得不受命前往兼做考场的军营报到。毕竟军人也在世袭制之列，当时兵役的制度实质已经转变成了征兵制。主考官是迪奥总督，似乎还身兼军团长。以下是两人之间的对话。从这段记载我们可以具体了解当时罗马军队与基督教的关系，以及罗马人对基督教徒的看法。

主考官：“你叫什么名字？”

年轻人：“你为什么要知道我的名字？我不能服兵役，因为我是基督教徒。”

主考官不理会，继续说：“脱掉衣服做体检。”

年轻人一边脱衣服一边重复：“我不能服兵役。我不能做伤害别人的事情。我是基督教徒。”

主考官不理会，接着说：“帮他量身高。”

军官：“5 佩蒂斯又 10 温奇亚（约 150 厘米）。”

主考官迪奥向另一位军官下令：“合格了。给他罗马士兵的身份牌。”

但是，年轻人拒绝了。

“我不能接受这种东西。因为我不能服兵役。”

主考官到这时才看着一再抗议的马克西米里阿努斯的脸说：

“乖乖入伍，如果你不想死的话。”

年轻人：“办不到！你想砍我的头就砍吧。我不属于这个世界的军队，我是隶属于神的军队。”

主考官迪奥问年轻人：“是谁这么告诉你，让你有这种想法的？”

年轻人：“是我的灵魂，还有召唤我的那位尊者。”

迪奥向列席的那位父亲说：“你能不能劝劝你儿子？”

父亲：“没有用的。他已经无可救药了。”

迪奥再次面朝年轻人，说：“加入军队，领取士兵身份牌。”

年轻人：“我不能收。我已经领到基督士兵的身份牌了。”

迪奥：“如果你一再抗拒，我只能送你去见你那个基督。”

年轻人：“要送的话，请尽快。越快对我来说越光荣。”

迪奥向军官下令：“押着他把身份牌戴上去。”

年轻人：“不管你们做什么我都不会佩戴这个身份牌。你们强制我的话，我只好把它砸烂。我是基督教徒，身受耶稣救赎的我不能在脖子下吊着铜片走路。你所不知道的神之子，天神为救赎世人脱罪而派来地上的耶稣基督，只有顺从引领人生的这位尊者，才是我的工作。”

迪奥：“我不管你说什么，给我把身份牌收下，开始服役。如果你继续拒绝，只有死刑在等着你。”

年轻人：“虽然我的肉体死了，但灵魂将永存世间。既然身为我主军中的一员，就不能成为其他军队的士兵。”

迪奥：“想想你还那么年轻。别这么顽固。现在赶紧服兵役。这是身为帝国一员的青年对国家应尽的义务。戴克里先、马克西米安、君士坦提乌斯、伽列里乌斯这几位皇帝的直属军中同样有基督教徒士兵。可是他们并没有舍弃保卫国家的义务。”

年轻人：“他们也许有他们的理由吧。但是既然身为基督教徒，我就不能染上恶行。”

迪奥：“服兵役保卫国家，难道是恶行吗？”

年轻人：“你应该知道士兵实际都是干什么的吧？”

迪奥：“乖乖入伍。如果你继续冥顽不灵，我只有将你的言行视为不屑为共同体服务的证据判处你死刑。”

年轻人：“我是不会死的。即便失去了现世的生命，我也会与吾主基督同在。”

主考官迪奥总督写下判决书，并当众宣读：“马克西米里阿努斯，因缺乏令人信服之理由，单以反抗心拒绝兵役之罪名，在考虑此事对其他诸多方面的影响之下，将给予相应的处分。”

总督判决马克西米里阿努斯承担叛国者应受的斩首刑。这名青年听了判决后高兴地大喊：“哦，神啊！我打从心底感谢您。”

到公元303年开始镇压基督教徒为止，戴克里先主政的19年里，留下记录的殉教事件只有这一件。另外，在《殉教者行传》里面，这次事件的上一位殉教者，也是我在《罗马人的故事12·迷途帝国》末尾引用的信件作者，迦太基主教居普良（Cyprianus）。这个人殉教的时间是公元258年。也就是说，就连出自基督教徒笔下的《殉教者行传》在叙述殉教者时，讲完公元 258 年之后就一下子跳到公元 295 年。对基督教徒来说，当然是列出的殉教者越多越好。可是就连他们提出的史料，也只有居普良殉教 37 年后才发生的这起年轻人拒绝兵役的事例。而若将时间跨度延长到戴克里先镇压基督教为止，则时间长达 45 年。

不过，总督迪奥在判决时，是以拒绝兵役为理由，而不是以基督教徒为判刑依据。这是当然的，因为总督表示过，基督教徒也有服兵役的。不久前，推行征兵制的现代国家意大利，才接受因宗教理由回避兵役的人。条件是这些人必须依法承担社会福利工作，且服务时间要略长于兵役。这种制度，在罗马帝国时代当然不会有。大家不要忘了，要到 20 世纪，社会才会承认“良心兵役拒绝”方式的存在。

话说回来，如果 1700 年前的古代就有这种制度的存在，也很难保证这个除了基督教之外任何指示都不遵从的年轻人，会不会愿意顺从国家制定的社会福利体系。正是由于这份不确定，才使身为主考官的迪奥总督作出如此严厉的判决吧。因为判决书中清楚地写着“在考虑此事对其他诸多方面的影响之下”这一句话。

实际上，在所有职业都沦为世袭制的当时，服过兵役的人其子嗣也只有服兵役一条路可走。虽说如此，但人在本质上都会厌恶被强迫。但在当时兵力倍增的年代，补充兵力的新兵招募网，自然也要比原来密集得多。

在殉教事件中，主考官迪奥对新兵的合格要求放得很低，也证明了这一点。在身体检查中，不管体格和视力，只要身高达到 150 厘米，就可以通过新兵测试，拿到象征士兵身份的身份牌。

同样是在罗马帝国，一个世纪之前的新兵考试可没有这么简单。那个时候还是募兵制，士兵的人数也只有现在的一半。也因此能够考虑到维持士兵的质量，募兵时会严格遵守哈德良皇帝定下的新兵标准。

当时规定，新兵人伍身高必须在 165 厘米以上，体格匀称，视力良好，并具有基本的读写计算能力。罗马帝国一直在全国推行希腊语、拉丁语的双语政策，唯有军中以罗马人的母语——拉丁语为官方语言。所以条件中要求的“读写”能力，无论是在不列颠还是叙利亚都是代表拉丁文的读写能力。而且，即使这些参军青年通过以上条件也不等于可以马上入伍。一般情况下，还要经过 4 个月的“试用期”（probatio）。这段期间测试当事人是否适应军队生活，具体活动包括持武器参加演习，以及一些军中实习。只有通过“试用期”的人，才能允许入伍。脖子上挂着刻有所属军团、个人姓名的铜质身份牌（signaculum），向身兼最高司令的皇帝表示效忠，之后才正式成为罗马士兵。

相隔百年之后，新兵入伍标准的差异真是令人印象深刻。只要身高达到 150 厘米就能入伍。其他考试也一律简化取消，就连“试用期”也没有了。虽然罗马帝国经历了前所未有的 3 世纪危机，但 100 多年的时间也不可能让罗马男人的身高缩减 15 厘米吧？新兵测试的简化，以及合格标准的降低，看来只能归结为罗马帝国的兵力从 30 万扩增至 60 万的影响。而且，在这一扩兵时期，如果有人试图以宗教理由逃避兵役，那么将会“在考虑此事对其他诸多方面的影响之下”，施以严重的刑罚。

这名基督教青年拒绝服兵役的事情，不知道后来有没有传入戴克里先的耳朵里。但身为主考官的迪奥，既然被称做总督，那应该属于罗马军队指挥官一级的人物。部下应该不会做出忤逆上司的行为。尤其是这个时期，罗马帝国已经在戴克里先领导下逐渐充满君主专制色彩。如果这件事传入戴克里先的耳朵里，恐怕他也会担心“对其他诸多方面的影响”吧。因为让罗马帝国军力倍增的，就是戴克里先本人。

不过这件事“对其他诸多方面的影响”似乎并不严重，而且这件事发生在帝国南部，事发地点又是新兵测试场所，帝国机构的最下层，所以影响并不大。但是三年后，又发生了一件跟基督教徒有关的事情，这一次却是发生在戴克里先眼皮底下。

在有皇帝出席的一场祭典中，出席的皇宫官员里有人在胸前划十字。既然是皇帝出席的祭典，那自然是献给罗马传统诸神的仪式。在仪式进行中划十字，想必是祈祷借由划十字来消除自己参加异教仪式造成的罪孽。基督教是一神教，向来不承认其他神灵的存在。在认同其他神灵从而形成多神教的罗马人看来，这是一种反社会的行为。这就好像开工破土、拈香拜神时，列席的基督教徒突然划十字，而穆斯林开始向安拉乞求忏悔一样。总而言之，这是非常失礼的行为。据说戴克里先看到之后大为震怒，但并没有处罚相关人员。在向罗马诸神祈祷时划十字的人，似乎也认为这只是皇帝一时的愤怒，而没有人为可能发生的事情未雨绸缪。可是，戴克里先没有忘记。

在这件事发生 5 年之后，即公元 303 年，戴克里先开始镇压基督教徒。而公元 303 年这一年，对戴克里先来说也有着不同以往的特别意义。这一年的秋天，戴克里先登基后首次造访罗马，他和同事马克西米安一起为登基后 19 年的战斗作了胜利总结，并举行了盛大的凯旋仪式。对戴克里先来说，如果抵御外敌入侵，守卫边境平安是其一系列治国举措的开始，那么镇压基督教徒就是之前诸般努力的总结和收尾。换句话说，镇压基督教，不是戴克里先一时的心血来潮，而是执政 19 年来逐步酝酿的决断。

但是，对基督教徒来说，这无疑是晴天霹雳。毕竟在遭此横祸之前，他们已经过了 40 多年平稳的生活。这 40 年里，教会内部还发生过罗马主教和安条克主教的权位之争，当时基督教徒还特别延请皇帝奥勒良出面裁决。尤其在帝国东方，基督教势力发展迅猛，尼科米底亚的主教官邸，就隔着广场盖在戴克里先皇宫对面。这种感觉就好像连日来一直晴空万里，却一下子雷电交加，狂风暴雨。

由戴克里先实施的、日后被基督教徒形容为“大镇压”的政策，第一道敕令在公元 303 年 2 月 24 日向全国发布。这道敕令的原文，无论铜版或书信都没有留下。我们现在参考的，是研究人员拿出考古学家复原古代陶瓷碎片的毅力，将基督教徒留下的支离破碎的文字记录，重新进行整理归类后复原的内容。根据这些研究成果可以看出，对基督教的镇压政策也和戴克里先的其他改革政策一样，不但系统而且彻底。

一、所有基督教教堂，皆从地基开始彻底破坏。即使教堂使用的是私人住宅，也不得例外。

二、不问理由，严禁基督信徒集会。弥撒、洗礼、婚礼、葬礼皆适用本禁令。

三、《圣经》及一切类似书籍、弥撒所用的器具、十字架、基督像等，全部没收并销毁。

四、基督教徒中属于上流社会者，以往在讯问时享有免于拷问等诸多特权，如今依法剥夺其全部特权。

五、承认身为基督教徒者，将丧失包括法庭辩护权在内的、受罗马法律保护的一切权力。

六、没收由信徒捐赠累积的所有教会资产，交由拍卖行进行拍卖，所得资金分配给教会资产所在地的地方自治体，或与基督教徒无关的职业社团。

七、所有承认身为基督教徒者，开除一切公职。

这等于是戴克里先向基督教发出的宣战通告，而且，所有的政策都由皇帝派遣军队严格执行。

这道敕令在其他地方的推广情况不得而知。不过在戴克里先直接管理的帝国东方，遭到了基督教徒的激烈反抗。从地图上也可以看出，帝国东方的基督教普及率要比西方高得多。在戴克里先定为首都的尼科米底亚，有一位基督教徒撕毁敕令，然后绕着广场边跑边喊“基督教必然胜利”之类的话。这名男子立即遭到逮捕，并被处以死刑，成为敕令发布后的第一个殉教者。

而且，这件事发生不久，尼科米底亚的皇宫就两次失火，而且是在很短的时间内发生了两次。第二次火灾的起火点，就在皇帝寝室附近。不用说，皇宫里的所有人，从上到下都受到了严密的讯问。到底火灾的原因是意外还是恶

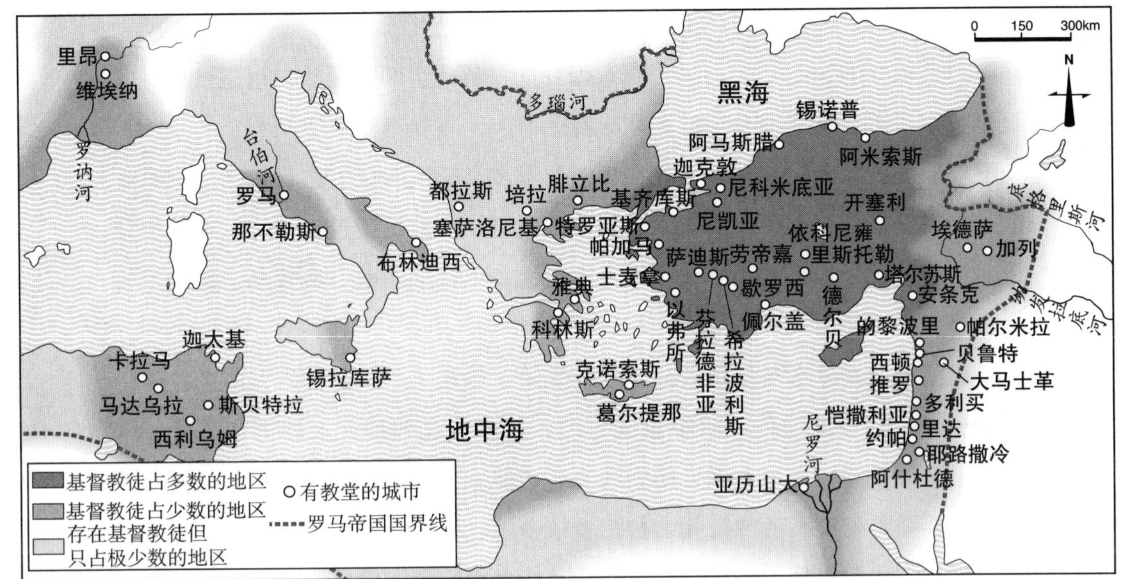

罗马帝国基督教徒分布推测图（公元3世纪末期）

意纵火，现在已经不得而知。不过在讯问之下，发现皇宫内有大量基督教徒存在。下层的用人只是被逐出皇宫，而上层人员则被处以死刑。可见，戴克里先没有忘记五年前在祭典中划十字的人。

根据记录，由这道敕令引发的基督教徒暴动，除了小亚细亚之外，范围还波及叙利亚。不过戴克里先毫不犹豫地派了大军前往镇压，使得这些暴动在扩散前就消弭了。军方可是完全站在戴克里先这一边的。一旦迈出步子就绝不回头的戴克里先，很快就公布了第二道敕令，只不过，第一道敕令的对象是全体公民，而第二道敕令则是给各“县”长官的指令。

第二道敕令的扫荡对象，针对的是构成基督教教会组织的中枢——主教、牧师、副牧师等神职人员。各“县”长官受命，必须将这些人逮捕入狱。

紧接着，戴克里先又棒打落水狗般地发布了第三道敕令。这道敕令仍然是发给各“县”长官的指令，里面强制要求在押的神职人员举行对罗马诸神的献祭仪式，并规定，接受者马上释放，抗拒者即刻处死。

这道敕令的实施结果，只有四人被处死，其他全部被释放，只是不能确定这个数字是否包括罗马全境的神职人员。

据研究人员表示，戴克里先在访问罗马并举行凯旋仪式之后，回到尼科米底亚，也就是公元303年年末，才颁布第四道，即最后一道敕令。这道敕令依旧是给各“县”长官的指令，只是在四道敕令中，这条敕令最残酷，也最不符合罗马人的性格。

以前图拉真皇帝对基督教徒制定的政策，但凡非正式的控告、匿名控告皆不予受理。如今这项传统政策也成了过去式。现在即使无人控诉，只要传闻某人是基督教徒，当事人就会遭到政府的逮捕、讯问。这些教徒，无论男女老少，都要强制向罗马诸神行礼，抗拒者依令处以死刑或判处劳改。

不过，比起基督教徒来说，第四道敕令对于信仰罗马传统诸神的人，即基督教徒口中的“异教徒”(paganus)，造成的影响更大。神职人员以传教为工作，另当别论，而一般的教徒只是信仰基督，并未对罗马社会造成任何损害。仅仅因为信仰基督教就要被处死或劳改，让肯定宗教信仰自由的多神教教徒看在眼里，觉得无法认同。很多的“异教徒”宁愿冒着违背皇帝及“县”长官意愿的风险，协助基督教徒藏匿。不过这种行为，发展到什么程度就不得而知了。毕竟这种善行往往是私底下的，而且是个人进行的活动，所以外人无从正确把握全貌。

不管怎么说，至少在公元303年和304年这两年时间里，帝国内的很多地方，尤其是东方，都在刮着迫害基督教徒的风暴。虽然其后态势有所减弱，但直到公元309年，以基督教徒为打击对象的敕令依然有效。不过有很多研究人员表示，如果把这称为“大迫害”的话，判处死刑的人未免也太少了。而且，基督教留下的记载显示，当公元309年禁令被解除后，社会情势如下：

一、大量的基督教徒从监狱或劳改中被释放出来，返回家中。

二、神职人员也被释放，回到原来的工作场所（重建的教堂，或以其为中心建立的基督教徒社区)。

三、弃教者痛改前非，乞求重新被社区接纳。

如果这些记载属实，那么皇帝戴克里先的“大迫害”，实际情况应该是这样的：

一、处死的人仅占总体的少数，其他大部分人，包括神职人员在内，被送进监狱或者在矿山、建筑工地劳改。

二、有很多改宗弃教的人存在。

在日本反基督教时期，有一个特有名词叫做“转向”，后来成为日本文学中一个深刻的主题。有趣的是，古代正宗的基督教社会反倒从人性的角度务实地看待这个问题。基督教徒也是人，自然也会“转向”。因此真正应该思考的是当转向的教徒申请回来时应该如何处理的问题。

实际上，在公元 3 世纪后半期，罗马政府也零星地推出过镇压基督教的政策。当时的教会已经把允许弃教者回归的程序制成既定程序。比如，首先要在冬季穿着粗陋的短衣，跪在教会门口苦苦哀求，然后还必须一一经历一系列艰辛苛刻的体验。但至少地区教会允许弃教者回到社区之中。虽然我本人不是基督教徒，但也非常佩服古代基督教教会的弹性，允许弃教者回归就是我佩服的弹性制度之一。不过，也有许多人觉得不该原谅曾经抛宗弃教的人，是否允许弃教者回归，成了基督教教会内部鹰派和鸽派对立的主要原因。

戴克里先浴场

现在的罗马有着短时间内参观不完的美术馆和博物馆。不久之前，在罗马中央车站附近的国立特鲁美博物馆举办的希腊罗马艺术展上，展品的质量和数量甚至超过了梵蒂冈博物馆。之所以说“不久之前”，是因为这几年他们将展品分成了四部分，分别放在玛西莫宫、阿尔腾普斯宫、八角大厅及特鲁美博物馆展示。这真让人怀疑他们将馆藏分成四份，是不是为了赚取四倍的门票收入呢？因为国立特鲁美博物馆面积宽阔，空间足以展示庞大的历史遗物和美术品。当年戴克里先皇帝为纪念凯旋仪式的举办以及自己在位 20 年，特向罗马公民致赠了一所大型公共浴场。后世意大利人在原浴场遗址上建立了这座博物馆。这座浴场建成后按照罗马传统的习惯，取建设者戴克里先的名讳来命名，叫做“戴克里先浴场”（Thermae Diocletianae）。而戴克里先修建这座建筑的动机也是依照罗马传统，感谢社会给予自己发挥才干的机会，因此特别将利益回馈社会。自然，意大利语中的特鲁美（terme），也是从拉丁语的浴场（thermae）衍生而来。因此罗马特鲁美博物馆也叫做浴池博物馆。

这座戴克里先浴场于公元 295 年开工建设，公元 305 年完工，以罗马时代的建筑而言，花费 10 年时间来修建的，算是很少见，可能是由于这一建筑实在过于庞大了吧。在戴克里先动工之前，最大的浴场是卡拉卡拉浴场，能够容纳 1600 人同时进场。而戴克里先浴场的规模则为 3000 人。当然，这个数据并不仅仅包括享受热水浴（calidarium）、温水浴（tepidarium）、冷水浴（frigidarium）等三温暖的人，应该还包括享受浴场内各项其他设施的人。因为罗马式浴场，特别是皇帝捐赠的浴场，必定会附带体育场、图书馆、画廊、音乐厅、游戏室、散步长廊等各项设施。

此外，冷水浴也代表使用者可以在中央的宽阔泳池里自由地泅水。在罗马式浴场中，冷水浴池的周围必定配有大理石雕刻的诸神裸像立在那里供人欣赏。如果在不满百年后发生的异教徒迫害风暴中，罗马的浴场没有遭到破坏，光是一座浴场就可以成为一座博物馆。难怪这座浴场，在当时被罗马人称为“平民的宫殿”。

到了一千八百年后的现代，卡拉卡拉浴场由于长年成为建材挖掘场，雕像、大理石板遭人洗劫一空，成了一片废墟，但遗址的规模还在。这是因为罗马的市中心随时代的变迁而向北迁移，卡拉卡拉浴场所处的南区未被时代的潮流波及。而反观戴克里先浴场，到了引进铁路的20世纪之后，成为罗马的市中心。现在的浴场周边，三面被中央车站、财政厅，以及罗马最高级的饭店包围。因此，戴克里先浴场没有像卡拉卡拉浴场一样，留下完整的遗址供后人凭吊。现在专用为博物馆的，只是整体中的一个区域而已。不过，如果我们发挥想象力，还是可以感受到其曾经的宏伟和壮丽。

现在的特鲁美博物馆正门面朝中央车站方向，里面陈列着之前被分成四份后的四分之一的美术品以及众多的历史遗物。当我们买票进入之后，在馆内环绕一圈，会觉得步行距离相当长，其实这只是大浴场的一个区而已。

逛完一圈离开博物馆，沿着遗迹步行片刻，就到了一个叫做“共和广场”的地方。当地人习惯称之为“Piazza Esedra”（半圆形广场）。广场中央有一道喷泉，叫做娜雅蒂仙女喷泉。

在广场的一角有一座教堂。一般教堂的正面多为平面，但这座教堂的正面是凹进去的，呈弧形。因为这座教堂的墙面直接沿用了戴克里先浴场的“热水浴室”和“冷水浴室”的间隔墙，所以才有这么奇特的外形。

进入教堂内，就是原先的“温水浴室”。穿过这里往里走，会看到一片广阔的空间。教堂主体部分，可以说占据了昔日的整个“冷水浴室”。也正因为沿用原建筑，这座教堂并不像一般教堂那样呈纵向的十字，而是呈横向的十字形。建筑内的8根圆柱，从完工到现在也经历了1700多年的岁月。这座教堂如此奇特的原因，在于米开朗基罗被当时的罗马教皇委任教堂建设任务后，打算尽可能将原有建筑的风貌保存下来。而教皇想在这里建筑教堂，是因为传说建设戴克里先浴场时，曾经强迫4万名基督教徒在这里做劳工。这座浴场于公元295年开工，而镇压基督教徒的敕令却是在公元303年才开始颁布，所以这座巨大的浴场并非完全由基督教徒所建。不过在施工的10年中，最后两年的确是遇上了强制基督教徒劳动的时期，所以教堂的名字才会称为“安杰利圣母

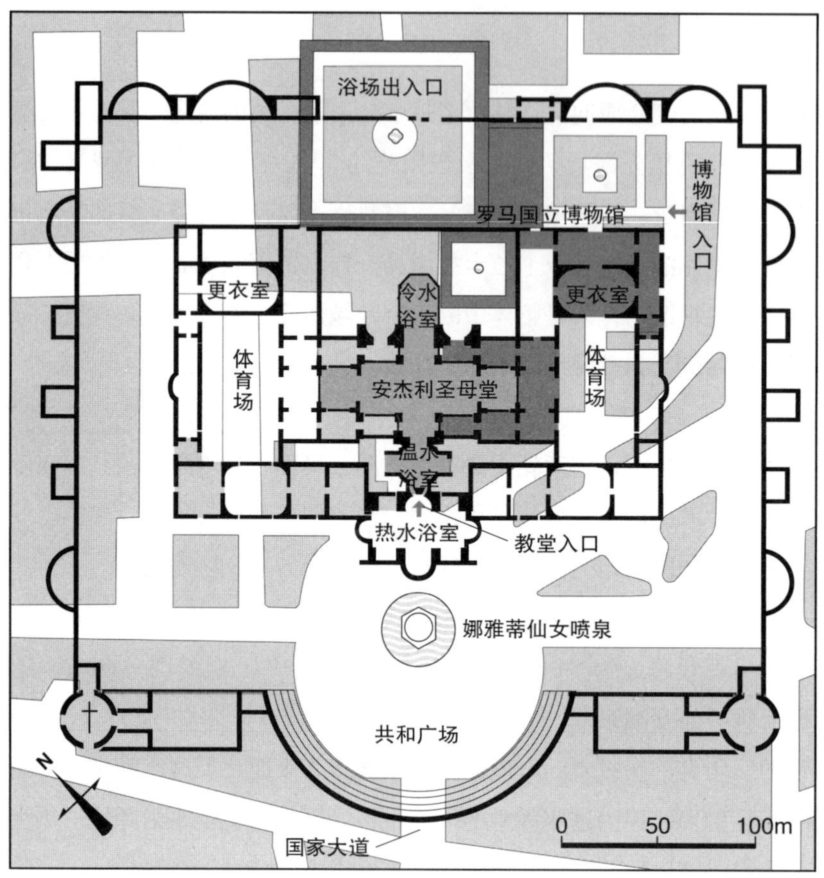

戴克里先浴场平面图

安杰利圣母堂入口

当时的罗马市区简略图

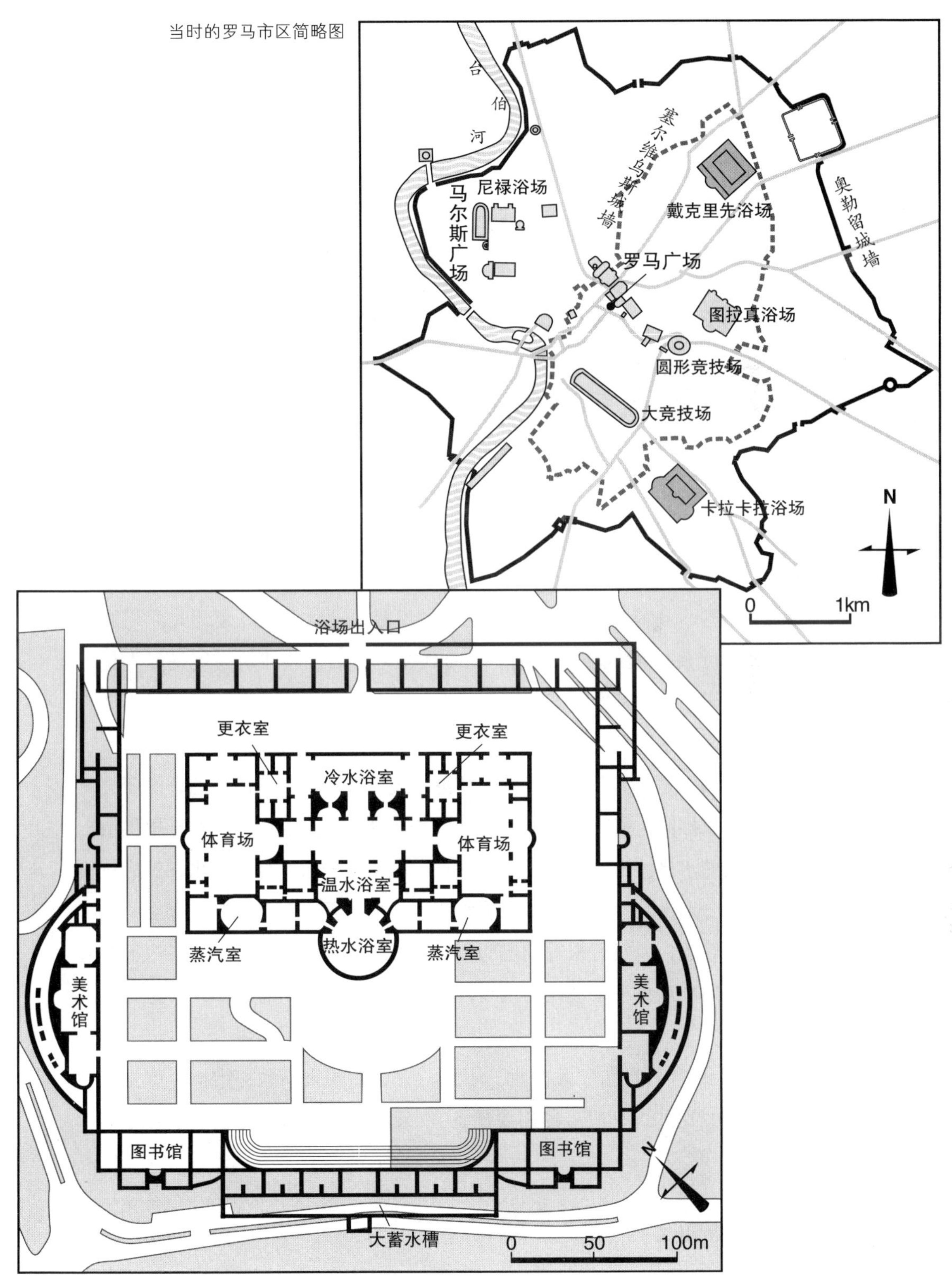

卡拉卡拉浴场平面图

堂”（Santa Maria Degli Angelli）。不过当时已进入文艺复兴时期，作为意大利文艺复兴的代表艺术家之一，米开朗基罗想要在修建基督教堂时，保留罗马的异教色彩，对他来说并不是什么为难的事情。

但是多亏了他的这一行为，使我们这些后人又多了一处可以体验罗马人空间感觉的地方。另一处，自然就是哈德良皇帝修建的万神殿。也许还是有屋顶的建筑，更适合人们去感受它的内部空间吧。

当我们蒙米开朗基罗的恩惠，体验过大浴场内部的空间感觉之后，就该走到外面去感受一下整个浴场的宏大规模了。出了教堂，穿过广场，走到在呈半圆形环绕广场的长廊里。在18世纪重新开发此地为广场时，为了修筑国家大道，半圆形长廊的中央部分曾经被拆除。现在我们必须运用丰富的想象力，将眼前熙熙攘攘的人群和络绎不绝的汽车统统扫除，才能进入历史的时光隧道。而半圆形的长廊曾经遭受拆除的事实，也要在大脑中自动忽略。因为这个半圆形的长廊，正是广阔的戴克里先浴场的外围。

意大利语“esedra”源于罗马时代通用的希腊语“exedra”，意思是采用圆柱绕成半圆形走廊的建筑形态。在罗马时代，无论是公共建筑，还是私人住宅，都很喜欢采用这种建筑形态。可能是罗马人觉得一条直线到头显得过于单调，而在墙上多了半圆形的曲线可以增加变化吧。

但是，罗马人是极其务实的民族。从沦为废墟的卡拉卡拉浴场遗址的研究成果，考古学家推测，戴克里先浴场的半圆长廊地下部分，应该同样是提供浴场用水的巨大储水槽。当时的浴场工作人员，应该是先取水烧成热水，然后按照温度要求，分别送到“热水浴室”输水管道，凉却至三四十度之后送至“温水浴室”输水管道，以及将未曾加温的水输送至“冷水浴室”管道。在今天的广场上，喷泉周围满是来来往往的汽车，而广场的地底下，想必环绕着这三种输水管道。

“大浴场”和“神殿”、“大礼堂”不同，完工后如果不勤加维护，就无法持续发挥功能。比如，一般浴场需要预备30天的常规用水，这就要求有足够大的储水设备；还要储备作为燃料用的木柴等等，另外，还要配备固定的人员来保证设备的运作。这些准备工作虽然入浴者看不见，但却是不可缺少的，甚至还很烦琐。就以其中的燃料为例，不是凑齐所需的用量就可以的。有些树木即使在充分燃烧之后还是会冒出浓烟。如果使用那些会冒浓浓黑烟的木柴，不仅浴室地下预留给热气流通的管道会积下烟灰，造成功能不畅，浓烟甚至会进入浴室，造成沐浴者呼吸困难，甚至发生窒息的危险。因此，浴室中严禁使用橄榄木，燃料以针叶木为佳，其中最高级的燃料是冷杉木。光是沐浴场的燃料准备，就不是一件简单的事情。

总而言之，如果没有巨大的财力、高水平的技术，以及有效发挥功能所需的组织能力，也就无法成就古罗马时代的大浴场。10 年后，君士坦丁皇帝又建了一座浴场，不过规模很小，连戴克里先浴场的十分之一都不到。这样说来，公元 305 年建成的戴克里先浴场，算是由皇帝修筑、馈赠给公民社会的最后一座大型公共浴场。

从大浴场修建这一点也可以看出，一直到公元 4 世纪初期，罗马还是具备财力、技术和组织三方面的能力的。但是仅仅在百年后，罗马却被连这三种能力之一都不具备的蛮族任意践踏，肆意掠夺。站在半圆形长廊里，任由想象的翅膀自由飞翔，不仅让人感受着当年大浴场的广阔空间，同时也让人感叹历史的不可思议。

退位

在五贤帝时代，帕拉蒂尼山上的皇宫里虽然设有完善的沐浴设施，但是为了展示民主皇帝的形象，皇帝经常出现在公共浴场，和一般的民众裸裎相对。可是对确立绝对君主制的戴克里先来说，和一般民众保持距离才是重点，因为绝不可能光着身子和一般民众混在一起。另外，在公元 303 年凯旋仪式办完之后，他就立刻回到了尼科米底亚，以他个人名字命名的大浴场落成时他也并不在场。不仅如此，他还在大浴场完工的公元305年宣布退位。这在罗马帝国史无前例，不仅由皇帝自己主动要求退位，连同事皇帝马克西米安也被连带拖着下台。

尽管戴克里先是帝国绝对君主制的创始人，但是在有些方面依然积极效法五贤帝时代的做法。比如，在他结束自己20年主政生涯后，将皇位传给既定的继承人。还有，把女儿嫁给继承人，构建一个让大众容易接受的局面。这些方面，都与五贤帝时代相同。

到公元305年，戴克里先在位已经掌权20年。与五贤帝不同的是，他们是因为过世才结束自己20年的统治生涯，而戴克里先退位之后还活在人间。也许从他的角度来说，帝国重建的所有改革已经实施完毕，自己已经尽到了所有职责。罗马皇帝是一个劳心费力、杂务庞多的职位，就连身体强健的图拉真、哈德良皇帝，也在20年操劳之下油尽灯枯。戴克里先虽然还留有一条命，但应该也是疲惫不堪了。毕竟，他这时已是年逾六旬了。

由戴克里先创立的“四帝共治制”，除了分别设立四位皇帝分担国防守卫重任外，另一个目的是，通过事先设立“副帝”，避免因皇位继承问题引发内战。当然，戴克里先希望在自己有生之年看到从第一轮“四帝共治制”转变为第二轮“四帝共治制”，也是人之常情。因为如果权力能够平稳地实现过渡，也就成功避免了内战问题。

只是不知道戴克里先有没有考虑到这个问题。五贤帝时代的罗马帝国，之所以能享受空前的和平和繁荣，原因之一是五人当中有四人都没有亲生儿子。五贤帝之一的哈德良皇帝曾经说过：儿子不能选择，但继承人可以挑选。那是因为他没有亲生儿子才这么说。五贤帝时代在马可·奥勒留身上终结，就因为这位“哲学家皇帝”有一个已经成年的儿子，名叫康茂德，皇位就只能让他来继承。姑且不论这个康茂德适不适合做皇帝，被剔除于皇位继承名单之外的皇室嫡子，无论当事人作何感想，都会是现任皇帝反对阵营最适合扛出来作乱的

第一轮“四帝共治制”

西方	东方
正帝马克西米安  意大利·北非	正帝戴克里先  东方全境
 不列颠·高卢·西班牙 副帝君士坦提乌斯·克洛鲁斯	 巴尔干·希腊 副帝伽列里乌斯

招牌。也就是说，这会是内乱、内战的导火线。在这个皇权过渡平稳等于政局稳定的时代里，如果皇帝有亲生儿子却选择以实力为先的继位方式，就必然要承担政局动荡的风险。

“正帝”戴克里先膝下只有一个叫做瓦莱里娅的女儿，没有儿子。

另一位“正帝”马克西米安膝下，按长幼顺序来说，首先是妻子再嫁时带过来的女儿狄奥多拉，以及亲生的儿子马克森提乌斯、女儿法乌斯塔。

在第一轮“四帝共治制”时，正帝戴克里先将女儿瓦莱里娅嫁给了伽列里乌斯，将其收为养子并任命为“副帝”。另一位正帝马克西米安将女儿狄奥多拉嫁给了君士坦提乌斯·克洛鲁斯，同样将其收为养子，立为“副帝”。如此构成了整个“四帝共治制”的框架体系。天下闻名的猛将伽列里乌斯当时33岁，正当壮年，在迎娶正帝的女儿时没有离婚的必要。但是，另一位副帝候选人君士坦提乌斯·克洛鲁斯当时已43岁，他在担任百人队队长期间就已迎娶了小酒馆老板的女儿海伦娜，并生有一子。在“四帝共治制”成立时，其子君士坦丁已经18岁。而君士坦提乌斯·克洛鲁斯后来还是与海伦娜离婚，与狄奥多拉再婚，获得了副帝的职位。在我看来，第一轮“四帝共治制”只是个勉强构建的体系。之所以能够维持22年，是基于以下两个原因：

第一，姑且不论将政体转变为凡事高压专制是否值得，至少这20年里，无论是北方蛮族还是东方大国波斯都无法再入侵罗马帝国。

第二，马克西米安的亲生儿子，最有帝位继承资格的马克森提乌斯还只是个10来岁的少年。

但是到了公元305年，第二轮“四帝共治制”开始时，虽然为前妻所生，但身为正帝嫡子的君士坦丁已经年满30岁，而前任正帝的亲生儿子马克森提乌斯也已经27岁了。

据说第二轮“四帝共治制”体系的人事任命，依然是由“四帝共治制”的创始人戴克里先主导的。

戴克里先与马克西米安两人退位后，“正帝”由东西方两位“副帝”直接升任补位。问题是，现在又需要补充两位新的“副帝”人选，戴克里先任命西方由塞维鲁、东方由马克西米努斯·代亚接手升任。

第一轮“四帝共治制”中的四人，加上第二轮“四帝共治制”中被任命为“副帝”的两人，这六位皇帝身上有很多的共同点。

一、他们都出身于被历史学家卡西乌斯·狄奥称为“罗马帝国国防能力检测器”的多瑙河防线附近，相当于现在的巴尔干地区。

二、六个人都出身于罗马社会底层。

第二轮“四帝共治制”

西方	东方
正帝君士坦提乌斯·克洛鲁斯 不列颠·高卢·西班牙	正帝伽列里乌斯 巴尔干·希腊
副帝塞维鲁 意大利·北非	副帝马克西米努斯·代亚 东方全境

君士坦丁

马克森提乌斯

三、六个人同样都是年纪轻轻就入伍，在军队中苦熬出头。在第二轮“四帝共治制”中被任命为副帝的两个人，塞维鲁是君士坦提乌斯·克洛鲁斯任副帝时的得力下属，马克西米努斯·代亚是戴克里先在正帝任内的将领，在正帝西行时镇守东方有功。

			293年	305年	306年	307年	308年	310年	311年	312年	313年	325年	337年
↑第一轮四帝共治↓		戴克里先	48岁	60岁	61岁	62岁	63岁	65岁	66岁	67岁	去世		
		马克西米安	43岁	55岁	56岁	57岁	58岁	去世					
	↑第二轮四帝共治↓	伽列里乌斯	33岁	45岁	46岁	47岁	48岁	50岁	去世				
		君士坦提乌斯·克洛鲁斯	43岁	55岁	去世								
		塞维鲁	不详	不详	不详	去世							
		马克西米努斯·代亚	23岁	35岁	36岁	37岁	38岁	40岁	41岁	42岁	去世		
		李锡尼	28岁	40岁	41岁	42岁	43岁	45岁	46岁	47岁	48岁	去世	
		君士坦丁	18岁	30岁	31岁	32岁	33岁	35岁	36岁	37岁	38岁	50岁	去世
		马克森提乌斯	15岁	27岁	28岁	29岁	30岁	32岁	33岁	去世			

说明：以上人员均出身于社会底层，因此生年不详。表中数字误差在5岁以内。

293年——第一轮“四帝共治制”开始。

305年——第二轮“四帝共治制”开始。

306年——君士坦提乌斯去世，“四帝共治制”崩溃，六位皇帝并立。

308年——为消除混乱，在卡农图姆举行“首脑会谈”。

310年——马克西米安被君士坦丁逼迫自杀。

311年——伽列里乌斯病故。

312年——君士坦丁打败马克森提乌斯，马克森提乌斯败亡。

313年——李锡尼与君士坦丁两位皇帝共同发表承认基督教的“米兰敕令”。

325年——李锡尼在与君士坦丁的对抗中兵败被处死。

337年——君士坦丁作为唯一的皇帝在位12年后去世。

从这两位人选的背景可知，无论是正帝还是副帝，戴克里先的选择标准还是以军事能力和经验为重。如此一来，获选人的年龄自然要比罗马社会规定的担任国家要职的最低年龄 30 岁超出许多。也正因此，现任正帝之子君士坦丁和前任正帝之子马克森提乌斯两人，就被排除在了帝位继承者的行列之外。因为，这两人的年龄和军事功绩都不满足条件。另外，戴克里先也不认同将帝位传给儿子的世袭制。偏偏在这种情况下，新任的两位副帝，又没有像第一轮“四帝共治制”成立时那样迎娶正帝的女儿为妻，再由正帝收为养子，赋予其政治权威。实际上，当时即使想这样做也做不了。当时的正帝伽列里乌斯没有女儿可嫁，而君士坦提乌斯·克洛鲁斯的女儿还是个幼童。

第二轮“四帝共治制”，在比第一轮更为牵强的情况下起步。但是戴克里先似乎倒是相信，第二轮会和第一轮一样，能保持帝国 20 年的安全和稳定。他退位禅让时，走得干净利落。在那些认为当权者就是紧抓权力死不放手的人看来，戴克里先绝对值得赞扬。宣布退位之后，戴克里先就离开了尼科米底亚的皇宫，回到故乡养老去了。当时是公元 305 年的春天，距离 5 月 1 日两位正帝分别在尼科米底亚和米兰发布正式退位宣言不久。

从住宅可以看出屋主的个性。特别是这个人为养老送终修筑的房子，更能看出其个性特征。

戴克里先出生在达尔马提亚地区，面向亚得里亚海的小城市索罗那。而他选中养老的地方就在索罗那附近、远离尘嚣的阿斯帕拉托斯。文艺复兴时期的威尼斯共和国曾以此为军事基地，因此按照意大利语改称为斯帕拉托。现在这个地区属于克罗地亚共和国，名字也照斯拉夫语系发音改称为斯普利特。

在当地的海岸边建有一座边长 100 米以上的方形建筑，这一庞大的建筑物，既不能称为“别墅”，又不像“宫殿”，看来只能叫“城堡”了。这里也就是将罗马帝国由元首制转变为绝对君主制的男子养老送终的地方。

仅从平面图来看，这里让人联想到罗马帝国的军团基地，但这里的建筑比军团基地还要坚固。即使到了 1700 年后的今天，这栋建筑物还留下了一部分。可以想见，在罗马帝国末期这里还是能够充分发挥建筑物的功能的，这也难怪当时每当蛮族入侵，附近的居民会选择逃到这里避难。前任皇帝选来养老的斯

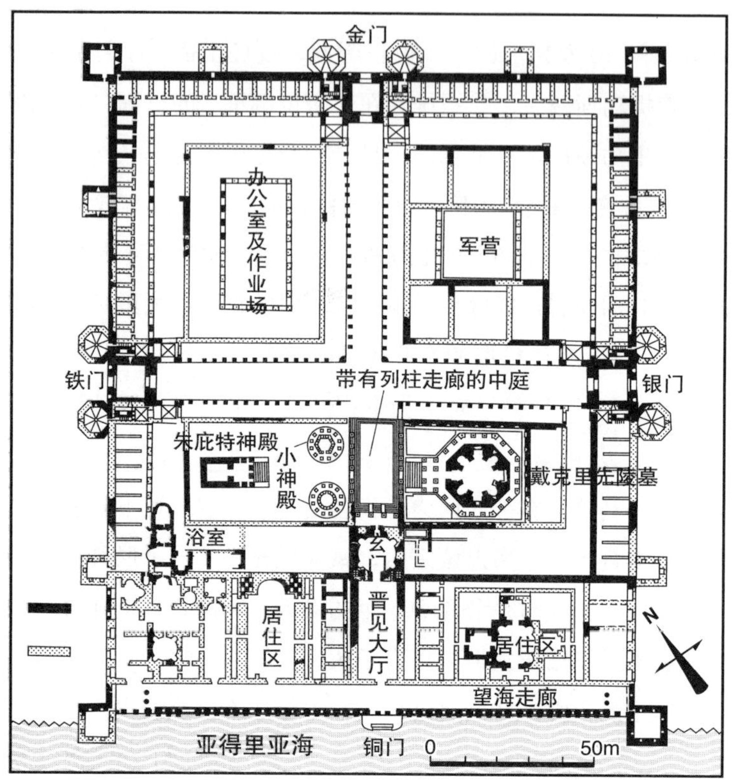

戴克里先宫殿平面图

戴克里先宫殿复原图

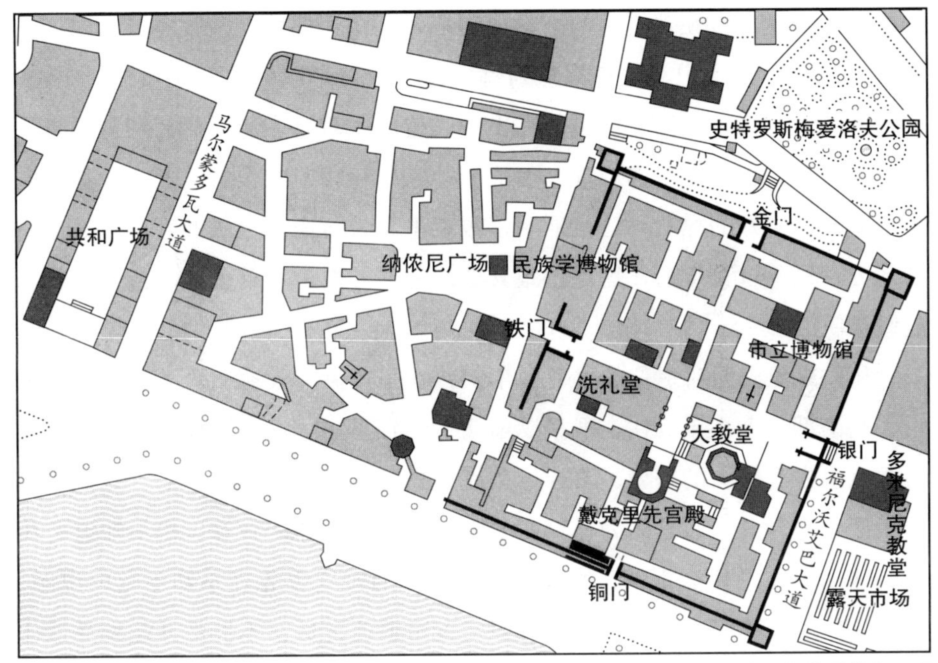

现在的斯普利特市区图

普利特，原本连乡镇都算不上，后来渐渐发展成城镇，也是因为逃入此地的居民在这里定居发展起来的。实际上，现在斯普利特老街，有一半左右都是以前戴克里先宫殿遗址。这里已经不是古迹，而是一座城镇了。

到现在还能遗留下这么多遗迹，可能是因为整个建筑都用石头修建。这与罗马传统的修建方式——用砖瓦砌墙，外贴大理石板——是完全不同的。正因为如此，这栋建筑给人的感觉，说好听点是稳重，说难听点就是沉闷。宫殿占地宽广，尤其是西南角皇帝个人私用的部分面朝大海，想必光线充足，通风良好。临海的一面有一条 100 米长的直线走廊，就连散步也没有外出的必要了。

可是，参观完这座建筑让人忍不住怀疑，住在这里是不是会感觉非常苦闷？毕竟，这里没有一件让人觉得优美的事物。和提比略皇帝在卡普里岛的别墅、哈德良皇帝在蒂沃利的别墅比起来，真让人怀疑以前在罗马帝国连皇帝都具有的审美意识，现在都跑到哪里去了？整个城的气氛令人感到压迫、苦闷，喘不过气来，简直就是戴克里先改造成绝对君主制后的后期罗马帝国的真实写照。在这座城的内部，与最高神朱庇特相对的位置，盖有戴克里先生前为自己修好的坟墓，这也证明了戴克里先将这座城堡式的宫殿当成送终的地方。只不过百年后，这里也跟其他所有“异教”建筑一样，被基督教当成教堂使用了。

和戴克里先同时退位的马克西米安，在引退后并没有回家乡，而是去了意大利南部一个小镇，住在很早以前购入的别墅里。这并不代表马克西米安与戴克里先个性上的差异，不会像戴克里先那样事先作好完善的计划，盖好房子搬进去养老，而是因为马克西米安根本没有退休的打算。也不知道为什么，这个人无论什么事情，都会被年长 5 岁的戴克里先在不知不觉中说服，也许是他为人憨厚吧。而当他被说服、宣布退位之后，不但没办法享受退休生活，反而觉得 55 岁的身体精力过度旺盛，无法在意大利南部度日。在这样的前提下，自然也就提不起兴趣修建养老用的房子。但是，公元 305 年第二轮“四帝共治制”开始之后，仅仅过了一年零两个月，发生了一件出乎所有人意料的事情。

第二章

君士坦丁时代

（公元306—377年）

NON UNO DIE ROMA AEDIFICATA EST

“四帝共治制”崩溃

公元306年7月，在不列颠指挥对北方蛮族防卫战的正帝君士坦提乌斯·克洛鲁斯驾崩。具体死因不得而知，不过可以明确的是，他既非战死，也非遭到暗杀，更不是长期卧病之后身故。据推测，可能是五十有六的皇帝，突然发生了脑部或者心脏方面的急性疾病。

这一发生在帝国最西北边境的突发事件，要传遍全帝国可是要花费些时间的。而且实行“四帝共治制”之后，首都罗马也不再像元首制时期那样，集大脑和心脏的功能于一身。如果功能集中于一处，信息自然也朝一处集中。以此为依据制定的政策，也就能从罗马传布到全国各地去。当时的信息传递，无论是快马还是狼烟，全都仰赖罗马式的石板大道。因此条条大道通罗马，也就意味着条条大道起于罗马，这一体系对于信息和指令的传达，极有助益。

但是，“四帝共治制”剥夺了首都罗马的这一功能。随着皇帝增加到 4 名，首都也增加到了 4 处，罗马丧失了权威地位。当然，特里尔、米兰、塞尔曼、尼科米底亚这 4 座城市，也同样铺设了道路网，但是，并没有达到罗马那种四通八达的程度。遍布罗马帝国全境的罗马道路网，是罗马人历经 500 多年的努力的成果，不是短短十来年就可以模仿得来的。而且，第二轮“四帝共治制”也没有像第一轮时那样，存在戴克里先这样权力、威望都凌驾在另三位之上的皇帝。第二轮“四帝共治制”中的四帝之间的差距，要比第一轮小得多。在这种情况下，即使信息传过了多佛尔海峡，传播速度依然缓慢。而获得信息之后身处异地的诸位皇帝又必须相互协商。经过这一系列程序，将最终协商的政令再传回发出信息的人的手边所需要的时间，自然较过去要漫长得多。而且，以亲生儿子身份为父亲送终，并将噩耗传给列位皇帝的君士坦丁，可不是那种会坐着等消息的人物。

后来被尊为“大帝”（拉丁语是 Magnus，英语是 the Great）的君士坦丁，在父亲猝死那年 31 岁。虽然是正帝君士坦提乌斯的亲生子，而且在兄弟间年纪最大，但他当时的立场很微妙。因为他是君士坦提乌斯的前妻所生，他的生母海伦娜是小酒馆老板的女儿，出身低微。与前正帝的女儿狄奥多拉所生的两个儿子，即他同父异母的两个弟弟相比，立场较为不利。而实际上，当公元293年他的父亲与狄奥多拉结婚当上副帝时，就把他与母亲一起送回东方，免得留在身边会有麻烦。

但是，对君士坦丁来说，这反而是一件幸运的事情。他因此得到机会，在以尼科米底亚为中心的戴克里先皇帝帐下，开始了自己的军旅生涯。从18岁到30岁，君士坦丁利用这一学习的最佳时期，积累了作为一位皇帝所必需的军事经验。至于他具体在哪里，担任何种职务，指挥过多少士兵，现在已无从考证。但是，在父亲君士坦提乌斯升格为正帝的那一年，他回到父亲身边。而成为正帝之后责任更为重大的父亲，愿意将他视为武将予以重任，证明他在东方的军事经历得到肯定，也给他带来了机会。另一件幸运的事情，在于他能在父亲过世的前一年回到他的身边。

对于战争中的司令官来说，没有什么事情比得到有才能的武将更为难能可贵的。如果这名武将还是跟自己有血缘关系的人，当然再好不过，这样也就可以更放心地予以重任。而君士坦丁也没有辜负身为总司令的父亲的殷殷期待。在士兵当中，这名年轻武将的威望与日俱增。不仅如此，而且他还长得牛高马大，威风凛凛，外表上也颇具领袖气质。

只要是参战的官兵都心知肚明，那就是战争进行到一半失去总司令是一件多么不利的事情。当知道正帝君士坦提乌斯·克洛鲁斯去世的消息后，官兵们自然也就把寻求继任者的目光投在了年轻的君士坦丁身上。毕竟，他是正帝所有儿子中年纪最大的，再者他已经在战场上证明了自己的军事才能。而且，君士坦丁本身也不是那种静待周边舆论成熟的人物。

在聚会的场合，要操控与会者的意见并非难事。只要事先安排好煽动者以及几个随声附和的人就可以办到。当带着正帝死讯的特使还在多佛尔海峡一带时，聚集在不列颠北部军团基地的官兵已经共同拥立君士坦丁为皇帝。而且，不是“副帝”，是“正帝”。也许他们认为既然过世的是正帝，那么继位的自然也该是正帝。但是，这样一来，在帝国最西北边境的官兵，就破坏了戴克里先制定的“四帝共治制”。

以往由士兵推举皇帝的恶习，容易造成政局动荡。“四帝共治制”创立的目的，也包括排除这个恶习。但是，在这项制度创设13年后，即在第二轮“四帝共治制”开始仅仅一年之后，已经有一角开始崩溃。同时，也为未来18年的动荡和内乱拉开了序幕。

现任东方正帝伽列里乌斯居住在多瑙河附近的塞尔曼。君士坦提乌斯·克洛鲁斯猝死的消息和官兵们拥立君士坦丁为正帝的消息传到他耳边，究竟相隔多长时间，我们无从得知。但可以确定的是，绝对不够他为正帝去世立下合适的应对政策。伽列里乌斯一直很尊重老长官戴克里先，因此他也希望能维持戴克里先创立的“四帝共治制”。问题是，这一既成事实也难以抹杀。因为经过戴克里先改革之后，罗马的军队性质已经不同以往。军队的精锐不再是元首制时期防守在帝国边境的军团，而是变成了皇帝的直属部队，即由皇帝亲自率领、四处打击敌军的游击军团兵。拥立君士坦丁为正帝的就是这样的精锐士兵，且人数不下5万。现在要想当做什么事都没有发生，是不可能的。如果胆敢宣布他们拥立的皇帝无效，马上就会掀起一场内乱。

正帝伽列里乌斯决定采用妥协方案来维护“四帝共治制”。空缺的帝国西方正帝的职位由副帝塞维鲁升格担任，君士坦丁填补西方副帝的职位。君士坦丁也接受了这一妥协方案。毕竟这一大胆且懂得等待的年轻人才30岁出头。乍看之下，“四帝共治制”似乎得以成功维持存续，但实际上，这种局面仅仅维持了三个月不到的时间。

六位皇帝

公元305年，戴克里先和马克西米安两名正帝同时退位，拉开了第二轮

“四帝共治制”的序幕。当时，身为皇帝之子却被排除在帝位继承体系之外的，有君士坦丁和马克森提乌斯两人。但在短短一年之后，君士坦丁却成为副帝，回到帝位继承的轨道上来。依然被排除在外的，只剩下马克森提乌斯一个人。而且他不但是前任正帝马克西米安的嫡子，还迎娶了现任正帝伽列里乌斯的女儿。而相对的，新任副帝君士坦丁的妻子并非皇室出身。此外，这两个人的年龄只差3岁。

公元306年7月25日，君士坦提乌斯·克洛鲁斯猝死于不列颠。

随后，君士坦丁宣布继承父亲的正帝职位。

正帝伽列里乌斯以向君士坦丁妥协的方案，暂时维持“四帝共治制”的存续。

三个月后，即公元306年10月28日，马克森提乌斯在罗马宣布登基称帝。

这并不表示马克森提乌斯对于自己一直被排除在帝位继承人选之外的愤怒，需要三个月的时间来引爆，而是他个人的不满，与他所在的首都罗马以及常年作为帝国核心的意大利人民对“四帝共治制”长期累积的不满相互融汇，需要三个月的时间。

罗马，在国家（res publica）性质上，与希腊的雅典一样，是城邦。城邦与领土国家的区别，简单地说，就是城邦是先有首都，然后再渐渐向外发展领土。而领土国家则是先有领土存在，然后再决定首都所在。换句话说，城邦是以首都为先的。无论政体如何变化，君主制、共和制，哪怕是皇帝专政，对罗马帝国来说，首都罗马的地位都是毋庸置疑的。她不仅是孕育国家的母体，也是这个国家的大脑和心脏，建国的过程奠定了她无与伦比的地位。

但是，戴克里先设立的“四帝共治制”，却把这项保持了一千多年的传统打破了。

作为一国之首脑的皇帝，大本营却另在他方，只有在举行凯旋仪式时才会回到罗马。

元老院的作用也随之淡化。原本的元老院，不仅是国家的立法机关，也承担着为国家各重要部门储备人才的任务，具有心脏般重要的作用。但是现在，法律改成了以“敕令”的方式，由皇帝的意志来决定。而且戴克里先严厉禁止元老院议员进入军队任职。如此一来，文官和武官完全分离。这一系列政策使得元老院议员的地位就如当时的讽刺诗里说的那样：“只需要在战车赛的竞技场上挥挥手帕宣布开始的指令就可以了。”

而在首都罗马，虽然已不再像元首制时期那样数以万计，但还是有为数不少的近卫军团驻扎。第二代皇帝提比略建立的兵营依然矗立在首都的东北角。但现在这些人也同样无事可干。原先他们的任务是随皇帝御驾亲征，但现在的皇帝都带着自己的直属军队。加入近卫军团的士兵，大多是意大利本土出生的年轻人，但是老家在巴尔干的皇帝们所率领的士兵当然以巴尔干人居多。这样，近卫军团的士兵们，只能无所事事地等待退伍，心中自然会累积起诸多的不满。

普通民众对现状也同样怨声载道。以前，历代皇帝都坐镇首都罗马，总归要寻些名目给下面的人一些赏金，现在皇帝很少来，赏金自然也就没指望了。此外，罗马大角斗场举办角斗士竞技的次数也必然随之减少。要知道，角斗士竞技就跟战车赛一样，是一项花费不菲的竞技项目，以前大多是由皇帝举办的。现在就算修建了大型浴场，也无法洗刷人们心中的遗憾。

没有了这些好处不说，取而代之的却是重税。这些税收从戴克里先时开始征收，在以后的时间里只增不减。新税已经改成由国家制定税收数额，且不问收益一律依法课征。以前作为帝国发源地的意大利本土和尊为首都的罗马，长期以来一直免缴直接税，现在也不再享受这种优待，与帝国其他地方一样，全部都要严格按规定缴税。

总而言之，现在时代变了，意大利和罗马的民众再也无法享受以前的优待了。而民众要从心理上接受这种转变，恐怕不是一件容易的事情。如果没有实权，当然也就称不上首都、本土。但是罗马作为首都，意大利半岛身为本土发源地的岁月，已经超过 1000 年了。

即使在充满迷茫的公元3世纪，皇帝更换最频繁的时期，由士兵推举的帝位继承人，哪怕是事后追认，至少都会寻求元老院的承认。此外，将国家政策转化为法律时，皇帝也不可以跨过元老院决议的程序。但凡战事中取得的战果，也都要首先向元老院汇报。

虽然近卫军团的官兵多次卷入刺杀皇帝的行动中，但是也并未剥夺他们身为军人的固有职责。

对普通市民来说，首要的不满还是税收问题。开国皇帝奥古斯都创设的税制，以广征薄税为方针，以促进经济发展为目标，在元首制时期持续了200多年。如今的税收，却是为了应付庞大的国家经费而征收。国家机构一旦制定了税赋，就不大可能废除，所以关税、营业税也不可能消失。但是，这两种税赋，已经不再以“二十分之一税”、“百分之一税”来代称。这就意味着，其税率也已经不再是往年的5%和1%。而且，在戴克里先推动的新税制下，又要征收以往不需要缴纳的直接税了。

民众第二个不满的地方，在于戴克里先立法剥夺了迁徙和择业的自由。那个时代的人们，应该还不至于像18世纪的人权主义者那样，认为这是侵害人权。但是，他们还是能感受到这种被约束的不自在。而且，随着农村人口的流失带来的城市人口过度密集，想必百姓周围的陌生面孔天天都在增加。

到公元4世纪初期，首都罗马的人口依然维持在百万以上，即使经历了险象环生的3世纪危机之后，人口数量并没有比五贤帝时代的公元2世纪有所减少，但是内情已大不相同。以前的人虽然抱怨大城市太喧嚣，但依然选择住在首都，是因为都市生活有其优点。但如今，迁徙和择业受到限制，加上经济状况不断恶化，想迁徙也无处可去，只好继续住在原地。而且，当时的治安状况也是日益恶化。如果没有足够的财力组织私人警卫，那么随时可能遭到残兵败将或者失业农民组成的强盗团伙的侵扰，根本无法悠闲地享受田园生活。这个时期首都罗马的百万人口，几乎都是对“四帝共治制”不满的人。支持马克森提乌斯的也就是这些人。我们也可以说，这是被时代抛弃的阶级所作的最后一次抵抗。

在“四帝共治制”体制下，意大利和罗马都归正帝塞维鲁管辖。首都罗马设有塞维鲁任命的“首都长官”。在这名长官及其几个部下被杀害之后，政变也就结束了。随后，马克森提乌斯向元老院请求正式承认其称帝即位。元老院已经很久没有被人这般表示过敬意了，很快就全票通过了这名28岁皇帝的任命案。近卫军团也向新皇帝宣誓效忠。当然，聚集在罗马广场的民众也大表欢迎。事情能进展得如此顺利，要归功于事前所作的周密准备。准备工作之一，是将马克森提乌斯的生父，前正帝马克西米安，重新推上了政治舞台。马克西米安虽然让戴克里先拖着一起退了位，但精力依然充沛，充沛的精力不知到何处发泄。与其说他这时出马是协助儿子，不如说他早就在等待发挥才干的机会了。

前正帝马克西米安的积极参与，在元老院、近卫军团乃至一般民众眼中，都无疑是一个重量级的砝码。毕竟，这个人可不仅仅是一年前的“正帝”这么简单，他还曾经担任帝国西方负责人19年，并且有12年直接负责意大利本土和北非的事务。比起长期待在不列颠和高卢的现任正帝塞维鲁，更受大众亲近。公元303年，让首都人民为之疯狂的凯旋仪式，就是由戴克里先和马克西米安两人共同举办。“戴克里先大浴场”虽然是由戴克里先决意修建，但实际负责具体建造事宜的，还是以米兰为根据地的马克西米安。想必在意大利半岛和首都罗马的居民看来，感觉只是一年前的皇帝又回到了身边。

而且，从战功来看，马克西米安也同样胜过第二轮“四帝共治制”中的任何一位皇帝。因此，马克西米安的意义，可不仅仅是多了一名56岁的武将这么简单。相信马克森提乌斯也非常希望父亲能在这方面提供援助。但是，由于他已经辞掉公职，所以无法带兵。马克森提乌斯把紫袍献给父亲，请求他重新披上，意即复辟帝位。这件事不知道有没有得到元老院和罗马公民的承认。但是，第二轮“四帝共治制”刚刚开始一年，就变成了“六帝”。尤其是帝国西方，更是一片混乱。本该只有两位皇帝的地方，一下子变成了四位。

公元 306 年时的罗马帝国皇帝

西方	东方
正帝塞维鲁 意大利·北非	正帝伽列里乌斯 巴尔干·希腊
不列颠· 高卢·西班牙 副帝君士坦丁	东方全境 副帝马克西米努斯

马克森提乌斯

前正帝马克西米安

要收拾这么混乱的局面，只有西方正帝塞维鲁亲自出马了。毕竟事情发生在他直接管辖的意大利本土和首都罗马。而在目前的情况下，收拾局面的唯一方法就是以篡位的罪名讨伐马克森提乌斯。“四帝共治制”毁于公元306年。20年来，在戴克里先治下从未发生过的内战，在这一年又重新拉开了序幕。

正帝塞维鲁行事倒也是雷厉风行。虽然，当时正处于不适合作战的严冬季节，但他还是即刻率军离开根据地米兰，向南方的首都罗马挺进。不过，在这里要替他辩解几句，因为他当时的处境实在很不利。

当时，各位皇帝直属的游击军团都随时保有数万兵力。每当御驾亲征时都优先动用这些精锐部队。

但是，塞维鲁是君士坦提乌斯·克洛鲁斯任副帝时麾下的战将。也正因为如此，在公元305年，君士坦提乌斯·克洛鲁斯升任正帝之后，推举这位值得信赖的部下为副帝，并获得了戴克里先的首肯。因此，塞维鲁才得以成为管辖意大利本土和北非的副帝。

成为意大利本土和北非皇帝的塞维鲁，在前往首都米兰上任时，肯定只能带少数的心腹手下。因为与他在不列颠、高卢同甘共苦十几年的官兵们，必须留在正帝君士坦提乌斯·克洛鲁斯的身边。而另一方面，他在米兰接手的，是在前任正帝马克西米安手下作战了近20年的部队。

仅仅在一年之后，君士坦提乌斯·克洛鲁斯猝死。随后，去世的正帝之子君士坦丁被士兵们拥立为皇帝。面对既成事实，四巨头只好将塞维鲁升任为正帝，承认君士坦丁即位为副帝，以保持“四帝共治制”的存续。

在一连串的意外局势之下，仅仅担任副帝一年的塞维鲁就升格成了正帝。但是，他手下没有嫡系部队的不利条件依然存在。要将接手的部队转化为个人的手下，一年的时间实在太短了。而且武将要想把接手的部下转化成自己的手下，就必须率领部队外出作战，通过战场指挥让部下认可自己的能力。偏偏这一年当中，既没有蛮族的入侵，也没有需要皇帝亲自出马的大规模剿匪行动。基于以上事由，当塞维鲁带兵南下讨伐篡位的马克森提乌斯时，手下全是一年前还在前任正帝指挥下、与当时的总司令亲近的官兵。而如今，前任正帝马克西米安却在敌方阵营。再加上行军途中经过的意大利中部城市，都和首都罗马一样，对“四帝共治制”充满敌意。

塞维鲁的作战计划似乎是准备沿埃米利亚大道到达里米尼，再由此转向弗拉米尼亚大道进攻罗马。不过，他的先锋部队是否逼近罗马就不得而知了。现在已知的有两件事：一是行军途中，各城市在食宿方面都很不配合；二是主力部队走过埃米利亚大道后，并未进入弗拉米尼亚大道，而是逃到了里米尼北边的拉文纳。塞维鲁逃入拉文纳之后并没有继续行军，甚至才刚刚准备防御作战就沦为俘虏。这是因为率领马克森提乌斯军北上迎击塞维鲁大军的，正是马克森提乌斯的父亲马克西米安。塞维鲁率领的士兵一看到以前的老司令出现在战场上，就立刻丧失了斗志。正帝塞维鲁遭麾下官兵抛弃后沦为俘虏，被押送至罗马，以强迫自裁的方式遭到杀害。增加到六名的皇帝，很快就少了一名。据记载，当时是公元 307 年 2 月。

知道正帝塞维鲁的悲惨下场之后，另一位正帝伽列里乌斯也无法袖手旁观。这次轮到伽列里乌斯亲自出马讨伐篡位者马克森提乌斯。帝国西方正帝的失败，原本大可委任西方的副帝来善后。但是，一旦身为帝国西方副帝的君士坦丁雪耻成功，那么整个帝国西方都会落入这位年轻的副帝手中。伽列里乌斯害怕这种情况发生，所以选择了亲自率军出击。

伽列里乌斯有获胜的自信，且这份自信也有相当的根据。他的直接管辖范围是巴尔干和希腊。巴尔干地区包含多瑙河，这是罗马帝国最重要的边境防线。也正因如此，守卫多瑙河防线的士兵，早在元首制时期就以罗马军队中的精锐著称。正帝伽列里乌斯率领的正是这样一支部队。“四帝共治制”体制下的罗马皇帝全数出生在这里，也足以证明上述说法不假。当伽列里乌斯身为副帝时，率领叙利亚驻军与波斯作战，大败而归，而第二场作战却胸有成竹，胜利而归。当时之所以能“胸有成竹”，就在于伽列里乌斯调来了多瑙河防线的官兵，率领他们作战。

而且，伽列里乌斯有足够的时间将接手的士兵转化为自己的部队。在“四帝共治制”发挥功能的 13 年里，无论是担任副帝还是升格正帝，他的驻地都没有变更过。对伽列里乌斯而言，手下的官兵都是自己最忠实的亲兵。不过，弱点隐藏在伽列里乌斯自己身上。

公元 307 年，伽列里乌斯大约 47 岁。在元首制时期，这正是获得皇帝推举、取得元老院席位的年纪。出身贫贱而在军团中苦熬出头的人，一旦成为元老院议员，都必须前往首都罗马。这些新晋议员基于工作需要，都必须在罗马先学习一年政务，待一年以后再返回边境工作。因为当时文官生涯和武将生涯并未分离，罗马社会的精英阶层通常要交叉经历这两个领域的事务，累积经验。当时，军事领域的人事任命权掌握在皇帝手中，而政务领域的人事权则大多属于元老院。而且，皇帝在罗马，元老院也在罗马。因此，每当职务有所变更，多的是造访意大利本土和首都罗马的机会。

但这种情况仍让戴克里先打破了。恐怕伽列里乌斯直到 47 岁也没有踏足过意大利本土和首都罗马。他成为正帝以后也没有举办过凯旋仪式，自然也就没有必要前往除了举办凯旋仪式而没有其他用处的首都罗马。可是，这方面的无知却让伽列里乌斯付出了高昂的代价。

对一个霸权国家的公民来说，当失去行使霸权的权力，也随之失去跟随霸权的特权之后，唯一仅剩的就是“尊严”。只有“尊严”是外人想抢却抢不走的东西。如果连“尊严”也丧失了，那就真的没有未来了。不过，至少意大利半岛和首都罗马的居民还没有沦落到这个地步。偏偏伽列里乌斯却用对待帝国边境作乱部族的方式来对待这些人。

所有不协助塞维鲁作战的城市，全数遭到伽列里乌斯军队的烧杀劫掠。其行为已与入侵的北方蛮族的行径无异。偏偏这些暴行却是以击退蛮族为己任的正帝率领的罗马正规军所为，使得旁人已经没有为伽列里乌斯辩解的余地。这件事情使得整个意大利半岛都开始反对伽列里乌斯。而且，反对伽列里乌斯的气势还伴随着商船传到了北非，真可谓是坏事传千里。局势演变成这样，不管是多么精锐的部队也无法继续行军了。伽列里乌斯率领的部队面前因而竖起了一道看不见的城墙。

曾经就连外国人都认为“后勤是罗马军队制胜的法宝”。光士兵训练有素、士气高涨，并不一定就能取得军事成果。“后勤”，在字典上解释为战场后方的粮草及其他军需用品的供给、补充和运输工作。不过这是狭义的含义。过去的罗马人对“后勤”的定义更为广泛，就连如何拉拢军事行动地区的居民，也是后勤的重要因素之一。这一点可以从“logisticus”一词的由来得到证明。拉丁语中表示狭义“后勤”的“logisticus”，其实是在帝国后期借用的希腊语。在罗马军队天下无敌的漫长岁月里，从来没有使用过“logisticus”这个词。“后勤是罗马军队制胜的法宝”的年代里，表示“后勤”含义的拉丁语是“ars”。这个词相当于英语的“art”，这很容易让人误以为是仅跟艺术有关的技能。但实际上，这个词本来是指所有由人类发挥的“技术”。罗马军队真正强悍的地方，除了战斗行为以外，还有将人类所有发明的“技术”全数投入到作战中。

早期的希腊语比罗马人使用的拉丁语更为成熟，因此有适当的用语时，罗马人会直接引用希腊语。如果自己想表达的意思找不到对应的希腊语，罗马人则会另行造字。对罗马人来说，后勤不只是希腊人观念里的“logisticus”，还具备更宽广的含义。因此，适于用“ars”来表达。

试想一下，能够不经过战斗就引为同盟，已经算是政治手腕了。在希腊人当中，即使不算斯巴达人，其他国家在战斗方面的能力也不差。但是，和专精于战斗的斯巴达相比，雅典的综合国力要强盛得多，但就连雅典也不擅长这类外事政治。公元前5世纪雅典国势鼎盛之后急速衰退的原因之一，就是他们连同盟国都得罪光了。也许正因为希腊人天性如此，所以他们观念中的后勤才会是狭义的。

简单来说，现在伽列里乌斯在进攻意大利的过程中，已经忘记了“ars”所代表的后勤意义。首都罗马听说正帝率领多瑙河防线的精锐部队前来进攻后，整修城墙准备打一场硬仗，结果却是，空等一场。伽列里乌斯的部队根本没能接近首都，只在意大利北部兴风作浪一阵子，就返回了巴尔干地区。对伽列里乌斯来说，真是颜面扫地。他本人正是因为军事能力受肯定，才获得皇帝的位置。现如今这场在意大利战场的失利，已不仅仅是面子的折损，也连带着威胁到他目前的地位。

首脑会谈

根据记载，在公元 308 年秋天，正帝伽列里乌斯曾把戴克里先和马克西米安两位前任正帝请到卡农图姆（现在的佩特罗内拉）的军团基地开会。说是前任正帝，其实这两人也不过才下台三年，这次会谈应该算得上是首脑间的会谈吧。议题，不难想象，自然是关于如何处理塞维鲁殉职后的现状。

据说，58 岁的马克西米安一开始就极力劝说戴克里先回到皇位上来。他主张凭着两位正帝的权威，可以轻易地打破目前的局面。

但是，63 岁的戴克里先坚决反对这样做。不仅如此，他更要求昔日的同僚马克西米安也脱掉紫袍。既然他本人保持退位元首的身份，那么马克西米安也应该遵守退位时发表的公告行事。而且，他强烈主张继续维持“四帝共治制”。

戴克里先对“四帝共治制”的执着，倒不是因为年纪大了个性变得固执。召开会谈的地点卡农图姆位于多瑙河边，夹在同样起源于罗马军团基地的城市维也纳和布达佩斯之间。这一带可以称得上是罗马帝国的前线要地，首脑们能聚在这里举行会谈，说明连前线基地也是绝对安全的。戴克里先在位时，向来以不惜一切代价守卫防线阻止外敌入侵为优先事项。“四帝共治制”就是为了实现这一目标而构思、推动的。3 世纪危机距今不过 50 年，在国难空前的当时，卡农图姆被大举入侵的蛮族淹没，如同陆地上的孤岛。想必戴克里先认为，光是卡农图姆能够安全地让首脑们聚在这里召开会议，就足以证明“四帝共治制”的效果。他会强烈主张维持“四帝共治制”，也是因为有这些背景的支持。

一如往常，马克西米安再次让多年的好友、年长自己5岁的戴克里先说服。他脱下两年前重新披上的皇帝紫袍，并发誓以后不再插手国事。之后，两名前任正帝接受现任正帝伽列里乌斯的提议，决定由李锡尼填补由塞维鲁殉职后空缺出来的西方正帝的职位。卡农图姆的首脑会谈，成为一场重新推动“四帝共治制”的会议。

李锡尼比伽列里乌斯小5岁，是伽列里乌斯的亲密好友。对于在意大利用兵失败而威信受损的伽列里乌斯来说，将多年的好友安插到西方做同事，想必心里放心很多。李锡尼也同样出身于巴尔干地区的社会底层，在军事方面的才能不得而知，但可以确定的是野心不小。

公元308年秋天，卡农图姆首脑会谈确定人选之后，开始了第四轮的“四帝共治制”。与延续了12年的第一轮“四帝共治制”相比，之后的“四帝共治制”都难以长久。公元305年开始的第二轮“四帝共治制”只维持了一年。以四帝之一的猝死，填补空缺之后开始的第三轮“四帝共治制”，甚至连一年都不到就宣告结束。制度无法长期维持，说明设计有缺陷。其中最大的问题，在于每次都把自认为有权利继位的人排除在外。

公元308年，第四轮“四帝共治制”开始后，有两个人极为不满：

一个是帝国东方的副帝马克西米努斯。他的不满在于，自己在副帝的位置上努力表现了三年却无人过问，而全无副帝经验的李锡尼却一下子坐上了帝国西方正帝的职位。不过马克西米努斯当时还年轻，才38岁，而且他具备副帝身份，还在帝位继承的轨道上。因此马克西米努斯决心压下心中的不满，将精力放在自己直接负责的东方区域上以强化个人的权势。只是这么一来，“四帝共治制”已经不像当初戴克里先规划的，由四名将领分担帝国国防任务的制度，而是变成四位皇帝各据帝国一方，将国土划为私人领地的“四帝共治制”。

另一个则是再次被排除在“四帝共治制”之外的马克森提乌斯，他比马克西米努斯更加愤懑怨恨。

如今他已经达到在罗马担任国家要职的年龄下限30岁。

而且，他的身份不仅是前任正帝马克西米安的亲生儿子，还迎娶了现任正帝伽列里乌斯的女儿。在卡农图姆的首脑会谈上，三名与会首脑中，他的生父与岳父就占了两席。结果这两人都没有试图将他的身份合法化，使他依旧被排除在领袖地位之外。这让马克森提乌斯感到极度愤恨难平。马克森提乌斯的不满和愤怒也不是全无道理。如果说马克森提乌斯被摈除在外的理由是因为没有战功，那李锡尼的登基又该如何解释呢？据说他的父亲从卡农图姆回到罗马后，父子两人成天因此争闹不息。

尽管如此，30岁的马克森提乌斯还有足够的时间等待时机来临。虽然他的官方立场是篡位者，但至少意大利和北非实质上是由他掌控的。他决定以皇帝的身份进行统治，把目前的立场转变为既成事实。因此，他开始效仿元首制时期的皇帝，大力推动公共事业。

做父亲的马克西米安也不知道该如何结束这场父子争吵。本来他应该和戴克里先一样，戴克里先已经回到面朝亚得里亚海的城堡式宫殿里养老了，他也应该回到位于意大利半岛鞋尖位置的卢卡尼亚的别墅里，重新开始自己的隐居生活。但是，他的精力实在过于旺盛，这让他难以安于隐居生活。而他也算是当时最不擅长控制自我活力的人，这也代表他极容易冲动行事。

要从意大利半岛南端向北前进，必须要走罗马大道，这样一来，儿子马克森提乌斯自然就会察觉自己的行踪。马克西米安能神不知鬼不觉地来到高卢地区，应该是走海路，搭船往西北航行，斜跨地中海。不管真相如何，总之，马克西米安突然出现在了帝国西方副帝的根据地特里尔。并且，马克西米安对前来迎接的副帝君士坦丁提议，要把女儿法乌斯塔许配给他。

至此，对33岁的君士坦丁来说，通往正帝宝座的所有条件都已齐备。首先，虽然仅在位一年，但他的生父是帝国正帝；其次，手下有效忠于他的、质与量兼备的军事力量；再者，他本人在军事方面的成绩也不落人后。而且，他三年前就已担任副帝，卡农图姆会谈又再次确认了他的地位。对君士坦丁而言，唯一欠缺的就是没有迎娶皇帝的女儿为妻。

君士坦丁爽快地答应了前正帝马克西米安的提议。虽然他膝下已有一子，但依然决定和妻子米纳维娜离婚，与法乌斯塔公主结合。婚礼、婚宴设在罗马时期的阿拉特，即现今的法国南部城市阿尔勒，并大举宴请全体市民观礼，极尽奢华隆重。一来君士坦丁个人爱讲排场，再者对身处他这种立场的人来说，结婚也是一种政治策略，因此必须办得豪华热闹，达到让人们长期津津乐道的效果。当然，年届六旬的马克西米安列席婚礼，但新娘的哥哥马克森提乌斯则没有受到邀请。戴克里先也曾将女儿嫁给后来的皇帝伽列里乌斯，在这场婚礼之后，马克西米安的姻亲条件也和戴克里先相同了。

如果说“冲动”一词是说不计后果、莽撞行事，那么用来形容马克西米安真是再贴切不过了。以副帝老丈人的身份游历高卢地区，不到一年就腻烦了。就在这个时候，居住在莱茵河东岸的蛮族又开始大举入侵帝国境内。莱茵河防线正是西方副帝君士坦丁的责任区域。君士坦丁接到消息后，立即率军北上御敌。

马克西米安得知副帝的直属部队已倾巢而出，企图利用这个机会发动政变。但做女婿的很快就知道了岳父的这一动向。

君士坦丁以接受对方所有条件的形式，与隔着莱茵河对阵的蛮族酋长达成休战协议。协议一成，即刻率领部队向南折回。

由于君士坦丁超出预料提早返回，马克西米安功败垂成。走投无路的前正帝，只好仓皇逃到当时叫做马西利亚的马赛，准备在那里打一场防卫站，但女婿没有给他足够的时间。

君士坦丁沿着陆地上的城墙将马赛团团包围，逼迫当地居民交出前任正帝。马赛居民别无选择，只好照办。不久，副帝君士坦丁公开宣布，前任正帝马克西米安自杀身亡。

我们不知道戴克里先在亚得里亚海对面宫殿里接到这项消息后会作何感想。从公元 286 年“两帝共治制”以来，马克西米安与他共事了 25 年。无论是“两帝共治制”时期，还是第一轮“四帝共治制”时期，他是唯一一个可以放心送上战场的人才。而且，马克西米安这辈子也从没有辜负过戴克里先的信赖。

也许要到得知多年同僚凄惨下场之后，戴克里先才能领悟到退位的真正含义吧。前任正帝只是一个称号，一旦没有了听命于自己的军队，对其他人也就再没有影响力可言了。失去地位，也就代表失去了权力。在斯普利特的宫殿内的确有宽广的兵营，但那里派驻的是保卫卸任皇帝的警卫兵，而不是在战场上冲锋陷阵的士兵。如果对付强盗之类的敌人，倒是绰绰有余，但还称不上军事力量。

公元 310 年开始，随着马克西米安的退场，有关戴克里先的记载也就很少看到了。不管正帝还是副帝，甚至被定为篡位者的马克森提乌斯，在公元 310 年之后，所有掌权者都开始恣意行事，不再理会戴克里先的意见。

再加上一年后，公元 311 年，帝国东方正帝伽列里乌斯也去世了。当时他才 51 岁，据说是得了不治之症。

自戴克里先创设“四帝共治制”以来，东方正帝向来是四位皇帝中地位最高的，现在占有这个位置的伽列里乌斯也仓促地退出了舞台。再加上戴克里先已经失去影响力，“四帝共治制”今后的存续更加困难。

伽列里乌斯去世留下的帝国东方正帝的空缺，由西方正帝李锡尼横向填补。他与手下所有的宫廷人员一起迁入了多瑙河附近的塞尔曼。但是，原本由他占有的帝国西方正帝的位置，并没有让西方副帝君士坦丁升任。此外，帝国东方副帝马克西米努斯，也依然处于副帝的地位。

曾经有人表示，如果李锡尼将君士坦丁升格为帝国西方的正帝，把由此造成的西方副帝的空缺，交给五年来一直被排除在“四帝共治制”体系之外、由此背负篡位者污名的马克森提乌斯，那么“四帝共治制”就可以继续存续下去。但这也只是理论上有一定的可行性。

问题是，“四帝共治制”并非由四名掌权者讨论后创设的体制，而是当初登基成为罗马帝国唯一皇帝的戴克里先，在掌握绝对权力之后，决定把过半的权力，即军事力量分给其他三个人，并且利用他个人的权威和权力，换句话说在强制之下，才得以实现的体制。这不是合议的结果，而是专制的产物。在戴克里先失去影响力，而继承“四帝共治制”，并具有继承体制不可或缺的军事才能的伽列里乌斯也去世之后，“四帝共治制”走向完结也就成了必然的结果。

公元 311 年 5 月，伽列里乌斯去世之后，情势演变成一名正帝、两名副帝的“三帝”和此时被判为“国家公敌”（hostis publicus）的马克森提乌斯四人逐鹿的状况。在这种局势下，除非当事人具备出类拔萃的才干，否则没有官方立场就很不利。而陷入不利的人自然容易招致其他对手的联合攻击。在正帝李锡尼的根据地塞尔曼和副帝君士坦丁的大本营特里尔之间，背着皮筒的信使策马往来的次数明显多了起来。

正帝李锡尼和副帝君士坦丁之间的同盟到底是谁先提出来的，我们不得而知。也许是军事上毫无建树的李锡尼，打算利用君士坦丁消灭马克森提乌斯。又或者是现已年逾 35 岁的君士坦丁认为此刻是实现野心的大好时机，因此主动接近李锡尼。不管怎么说，分别是 46 岁和 36 岁的两位掌权者决定联手合作。

两人之间具体达成了哪些同盟协议，现已不详，仅知有下列内容：君士坦丁将同父异母的妹妹君士坦提娅嫁给李锡尼，而李锡尼则默许君士坦丁对马克森提乌斯动兵。婚礼的时间定在对马克森提乌斯的作战结束之后。

乍一看，这一同盟条件明显对李锡尼有利。因为缔结同盟时，对马克森提乌斯的作战尚未开始，结果还未可知。而李锡尼既不需要公开表示支持君士坦丁的行动，也不需要派遣任何兵力作支援，只要信守“按兵不动”的承诺即可。而这点承诺的回报，却是获得正帝副帝都必须具备的条件，即迎娶公主为妻的机会。

君士坦提娅的母亲狄奥多拉是前任皇帝马克西米安的女儿，因此有皇家血统。君士坦丁这是以一年前在马赛逼死的政敌的外孙女作为同盟的政治筹码。

不过他的妻子法乌斯塔也是马克西米安的女儿，想必对于这类政治联姻手段，他已经习以为常，而不会产生任何的感伤吧。

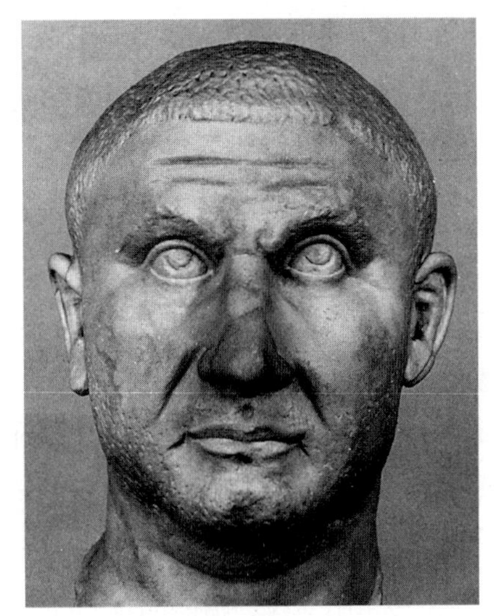
李锡尼

婚礼定在对马克森提乌斯的作战结束之后举行，这是同盟的当事双方都乐于接受的一项条件。从李锡尼的角度来看，如果君士坦丁一败涂地，他也方便否认同盟的存在。相对的，从君士坦丁的立场上来说，至少可以确保李锡尼会保持沉默到战争结束之后。

当然，君士坦丁一方承担的风险的确偏高。但要跨出决定性的一步，就必定要承担风险。而风险越高，成功后的回报也越大。要知道，事成之后，罗马帝国整个西部区域都会在他统治之下。

“国家公敌”马克森提乌斯

由于君士坦丁是第一个公开承认基督教的罗马皇帝，基督教徒对他的评价自然也高于其他任何皇帝。但因此带来的负面结果，是其他皇帝受到了不公平的过低评价，甚至可以说是责难。就连戴克里先也因为镇压基督教徒一事而饱受诟病，直到近几年才对其政绩进行客观的评价。

从史料角度来说，公元3世纪末到4世纪初这段时期也颇令人悲观。基督教教会留下了相当多的史料，而与其持相反意见的“异教”一方留下的资料则相当稀少，或者说几乎没有。偏偏历史研究者们明知史料之中已经添油加醋，往往还是仅以残存的资料为依据下结论。正是这个原因，导致当时乃至其后相当一段历史时期里，学界一直保持着除君士坦丁以外，其他人都是暴君的评价。在这些遭到批判的人物当中，最受指责的当属马克森提乌斯。因为他是君士坦丁第一个要消灭的政敌。

在展开对决的公元 312 年，马克森提乌斯 34 岁，他虽然算不上明君，但也绝非基督教徒所形容的暴君。他实际上担任皇帝的时间约为 6 年。在这 6 年里，他试图以自己心目中罗马皇帝的形象来统治由他控制的意大利本土和北非地区。

在施政时，马克森提乌斯特别注重公共设施的建设，只不过，现存的以他名字命名的公共建筑物，只有圆形竞技场附近的“马克森提乌斯会堂”。其实他不仅新建了很多建筑，对于旧的建筑物修复工程也是不遗余力的。

这里需要特别说明的是，在大量的公共建筑物修建和维修过程中，并没有将基督教徒入罪，强制他们劳动。戴克里先颁发的基督教徒镇压敕令集中在公元 303 年和 304 年，与马克森提乌斯宣布称帝仅仅相隔两三年。换句话说，在公元 306 年马克森提乌斯成为事实上的皇帝时，这些政令还发挥着作用。而且，当时正处于戴克里先刚刚退位的时期，向来做事彻底且不留情的戴克里先虽然退位了，但影响力还在。事实上，戴克里先主导修建的大浴场到公元 305 年才完工。有传言说，这项工程的后半期是强制基督教徒劳动兴建的。所谓传言，即没有史料依据的口头传说。然而在戴克里先大浴场完工之后，由马克森提乌斯修建的各项建筑，却没有留下任何类似的传言。既然马克森提乌斯是受到基督教徒全力诋毁、极力批判的人物，如果他也像戴克里先一样，强制基督教徒劳动的话，基督教教会一方自然不会保持缄默。想必不会放过任何一个细节，刨根究底也要挖出来作为给马克森提乌斯定罪的材料。既然没有任何材料留下，这说明马克森提乌斯这方面是“清白”的。不管怎么说，镇压基督教徒敕令迫使罗马主教殉教的时期，实际上是在马克森提乌斯掌权之前，而且在他统治罗马之后，就再也没有出现过殉教的例子。

话虽如此，也不是说马克森提乌斯对待基督教徒特别和善，他只是遵守罗马人的传统观念，尊重每个人的宗教信仰。实际上，他也没有对犹太教徒作任何处置。

不过，忠于罗马人的传统，意味着他在公共场合信仰传统的罗马诸神。在马克森提乌斯的主导下，神殿得以修复，恢复往日的光彩。在祭坛上燃烧牲畜之类供品的烟雾也多了起来。但是，他也并未以不参加罗马诸神的供奉仪式的名义，镇压宗教思想不同的人。

君士坦丁和马克森提乌斯之间的对决，在这样的背景下展开，并非如此前基督教徒所传播的，是因基督教诲觉醒的人与活在黑暗异教下的人之间的决战。这场对决，仅仅是领袖之间的较量。而在这场对决中，也终于出现了一位罗马史上暌违已久的、不将“后勤”当成狭义的“logisticus”而是广义的“ars”的领袖人物。

决战

与帝国其他地方相比，意大利本土的经济实力依然首屈一指。马克森提乌斯除了拥有意大利本土，还控制着土地肥沃的北非地区。当君士坦丁预期南下入侵时，马克森提乌斯组建的兵力之多，超过罗马史上任何一位皇帝。一说有17万名步兵和1.8万名骑兵。其中，重装步兵主力是罗马传统的近卫军团兵。轻装的骑兵主力出身于北非的毛里塔尼亚，早在图拉真皇帝时代就以骁勇善战闻名于世。除此之外，还包括以意大利北部的拉文纳、意大利南部的米塞诺为基地的驻港海军。无论是军队数量还是战斗力，都不落人后。剩下的，就看马克森提乌斯能否灵活指挥运用了。

相对的，作为进攻一方的君士坦丁，其麾下拥有9万名步兵和8000名骑兵。数量上，只有马克森提乌斯的一半。而且，还要留出部分守卫莱茵河防线来防止蛮族入侵。高卢海军肩负着莱茵河和多佛尔海峡的警备任务，自然也不可能调来地中海作战。

不过，君士坦丁手下的官兵，虽然在人数上要落后，但在战斗力上略胜一筹。首先，司令官君士坦丁和麾下士兵一起同生共死过 7 年时光。而且，这些年君士坦丁率军对抗北方蛮族，大大小小的战斗中从未有过败绩。如此一来，君士坦丁和其麾下的士兵自然团结一致，上下一心。也许君士坦丁也深知这一点，所以在第一次与同胞罗马人开战时，决定仅率领 4 万名步兵和骑兵前往。当然，这 4 万人是绝对的精锐。

君士坦丁身为副帝，具有保卫高卢、不列颠及西班牙的责任，不能把派驻在当地的所有部队调离。即使形势允许，恐怕他也不会这么做。率领大军进攻自然会给迎击方造成更大的压力，但己方后勤补给方面的难度也会增加。君士坦丁要进攻的意大利本土地区，固然现在由马克森提乌斯掌控，但在过去很长一段时间，都由前任正帝马克西米安直接统治。而这名前任正帝，两年前才在马赛死于君士坦丁之手。对于君士坦丁来说，进攻意大利本土虽然名义上有讨伐篡位者的优势，但实际上与进攻敌人领地处境相同。从现实的角度来说，最好别指望当地的居民会乐于提供粮草。

在意大利和高卢之间横贯着阿尔卑斯山脉，共有四条道路可以穿越其中。这四条道路早在帝国初期就已铺设成罗马式的石板面大道，大家可以将其看成现在的高速公路。

第一条路径，即最北边的路径，由意大利的奥斯塔北上，穿过名为大圣伯纳德的山口进入莱蒙湖，经由日内瓦进入里昂。

第二条路径，同样以奥斯塔为起点，但不是北上，而是向西穿过小圣伯纳德山口，最后到达格勒诺布尔。

位于第二条路径南部的第三条路径，是由都灵出发后向西行，穿过苏萨峡谷后跨越阿尔卑斯山脉。跨越阿尔卑斯山脉之后，向北可以到达里昂，向西可以到达罗讷河河畔的瓦朗斯。

第四条路径，以热内亚为起点，经过尼斯进入法国南部，该路线主要沿着

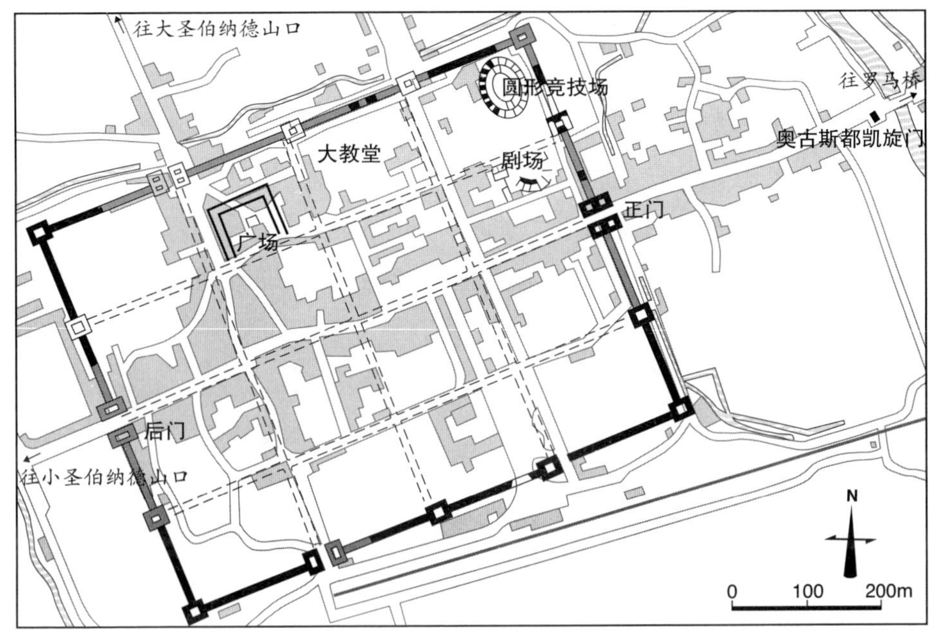

罗马时代的奥斯塔（与现代大道图重叠）

海岸挺进。

上述路径说明中以现代地名标注的所有城市，均起源于罗马时代，这一事实也证明这四条路径是罗马帝国统治高卢地区的关键道路。罗马人不仅将道路全线铺上石板，而且还沿路挑选适当的地点建设城镇。这些城镇不仅供往来旅客休憩，打算向旅客做生意的人也渐渐迁入、定居。比如，有法国南珍珠美誉的尼斯，在罗马时代名叫尼卡亚（Nicaea）。尼斯是这个名称转为法语发音之后的新词。

在这四条路径中，当年尤里乌斯·恺撒在高卢战役中最常利用的是第三条。因为即使在冬天，这条路上的积雪也不多，而且直通高卢地区的中心。时隔 370 年之后，对从反方向行军而来的君士坦丁来说，还有另一个优势。只要军队到达苏萨峡谷，之后沿着横跨意大利北部的波河周边平原进军即可。也就是说，在君士坦丁的作战计划中，在进攻首都罗马之前，必须先拿下整个意大利北部地区。

我们不知道君士坦丁是在公元312年的何时，率军跨过了阿尔卑斯山脉，但从其后的战况来推测，他应该是一等春季来临，就立刻率军前往阿尔卑斯山脉，在不到一个月时间里就进入了苏萨谷。马克森提乌斯一方自然也在这里安排了迎击的部队。既然君士坦丁的来袭已在意料之中，那么想必没有必要把部队分散到四条路径上。苏萨峡谷原本就建有巨大而坚固的城堡，马克森提乌斯也计划在此阻挡跨越阿尔卑斯山脉南下的君士坦丁大军。

君士坦丁显然也预料到了这一点。不，应该说他比预料中还要更加清楚这一场战斗的重要性。

这座城堡是基于防守需要，特意挑选狭窄的山谷所建立。就算驻军有死守到底的打算，城堡内能容纳的士兵毕竟有限。当然，如果驻军防守有术，可以有效拖延准备进攻罗马的敌军，为后面的防守争取时间。只不过，君士坦丁没有给对手这个机会。

我们不知道君士坦丁是否将4万兵力全数投入，总之在这场攻坚战中，他毫不犹豫地投入了手头大部分的兵力。而且，不知是不是运用了火箭之类的武器，逼得守城的士兵不得不出外作战。当双方作战条件相同时，兵力的多寡也就决定战斗的胜负。其结果不言而喻。但君士坦丁并没有全歼所有守军，有少数士兵逃离了战场。因为让败逃的士兵将第一场战斗的结果告知都灵、米兰的居民，对君士坦丁反而更有利。

从苏萨往东50公里，就是罗马时代被称作“奥古斯塔多灵”（Augusta Taurinorum）的都灵。由此地再往东，可以到达米兰、皮亚琴察、维罗纳。这些是意大利北部的重要城市，应该都有重兵把守。要攻打这些地方，哪怕是很小的城市，也必定要花费时间，而且，战争一定会给当地居民带来损害。君士坦丁避免攻城战的原因想必在此。遗憾的是，马克森提乌斯阵营里看出这一点的将领并不多。

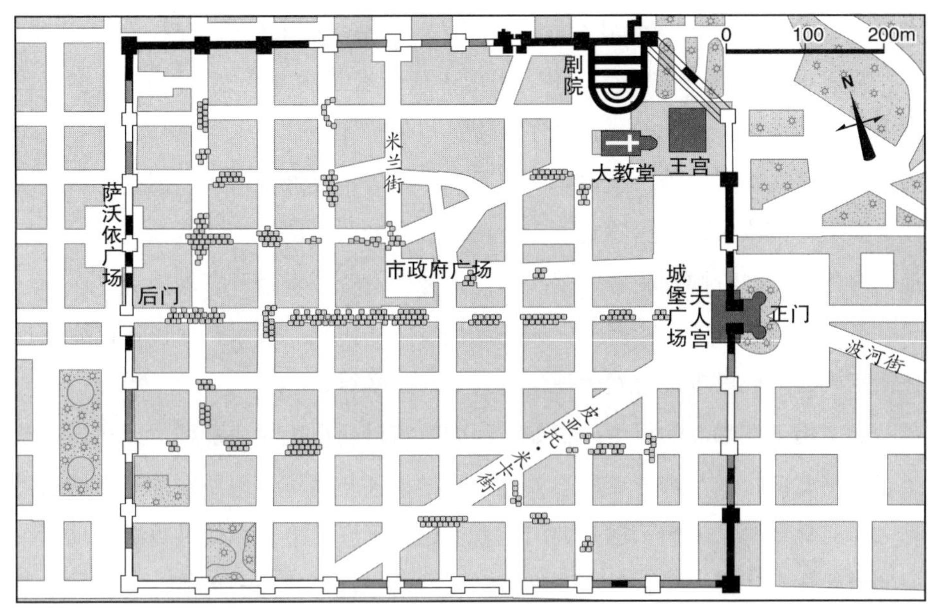

罗马时代的都灵（与现代大道图重叠）

开国皇帝奥古斯都在世时就将奥斯塔建为军事基地，预防敌人跨越阿尔卑斯山脉经第一、第二条路径进攻意大利本土。2000 年的今天，当地依然随处可见如同军团基地形态的古城遗迹。而意大利境内针对第三条路径修建的防守基地都灵，如今已经是意大利北部仅次于米兰的第二大城市，没有留下多少罗马时代的遗物。但罗马时代的都灵，特别是在历经不断遭受蛮族侵略的公元 3 世纪之后，已经成为一座经得起长期攻防战的坚固城池。只要固守城池，就能将敌军长期钳制在此；如果事先战略方针明确，可以在守城期间等待周边基地的驰援。当年汉尼拔放弃攻击首都罗马的行动，就是担心在攻城时腹背受敌。只怕躲在首都罗马而未出现在前线的马克森提乌斯心中，并不具备布匿战争时罗马领袖们所拥有的基本战略。因为马克森提乌斯派驻在都灵的将领居然带着部队出城，自行与君士坦丁的部队对决。

在平原列阵会战之中，由于敌我双方条件对等，因此胜败多取决于士兵个人战斗经验的多寡。君士坦丁率领的官兵，长期与北方蛮族作战，经验丰富。而马克森提乌斯麾下的官兵，由于由他人代劳击退北方蛮族，因此 20 多年没有上过战场。这样战斗很快就见了分晓。

战场就在都灵郊外，被追杀的士兵试图逃进都灵城中避难。但是，城中居民对于残存部队人数过少感到绝望，所以选择紧闭城门，拒绝残兵进入。而后他们屏气凝神，听候胜利者发落。当然，他们对胜利者敞开了城门。

率军进入都灵的君士坦丁，向前来迎接的居民代表表示，居民不需要承担任何后果。在城里也没有发生任何烧杀劫掠的暴行。

君士坦丁在都灵的行为，犹如波河向东流进亚得里亚海那样，迅速传遍整个意大利北部。米兰、皮亚琴察、克雷莫纳，甚至海军基地所在的拉文纳居民都知道，只要对君士坦丁敞开大门，就能确保平安无事。即使马克森提乌斯一方的官兵还有旺盛的斗志，但能够坚守在城池中进行战斗的可能性已经越来越小。因为，以米兰为首的意大利北部诸城市，都在开战之前就站到了君士坦丁一边。不过，只有维罗纳例外。

维罗纳这座城市直到今天一直沿用着古罗马时代的名字。除了因每年夏天上演歌剧而为世人所知的圆形竞技场之外，还留有数量惊人的罗马时代的其他遗迹。罗马时代的奥斯塔和都灵，是固守西阿尔卑斯路径的要地。相对的，罗马时代的维罗纳，则是意大利境内守卫跨越北阿尔卑斯地区通往多瑙河防线路径的重要据点。阿尔卑斯山脉由西向东呈半圆形环绕整个意大利半岛的北部，维罗纳正处在山脉要道的中心位置。如果从维罗纳北上，越过阿尔卑斯山脉，就可以到达多瑙河上游，进而直达现今的雷根斯堡。雷根斯堡在当时被罗马人称为“雷根河畔的兵营”（Castra Regina），是雷蒂安行省最主要的军事基地。

长年以来，维罗纳是派往多瑙河防卫的官兵必经之地。即使在公元 260 年，罗马帝国遭遇前所未有的国难时，加里恩努斯皇帝也没有忘记将维罗纳的城墙进行加固维修。而在公元 312 年负责维罗纳防卫任务的是“冥顽不灵”、让人觉得好像生错时代的庞培。这名武将无论在军中还是民间都具有很高的威

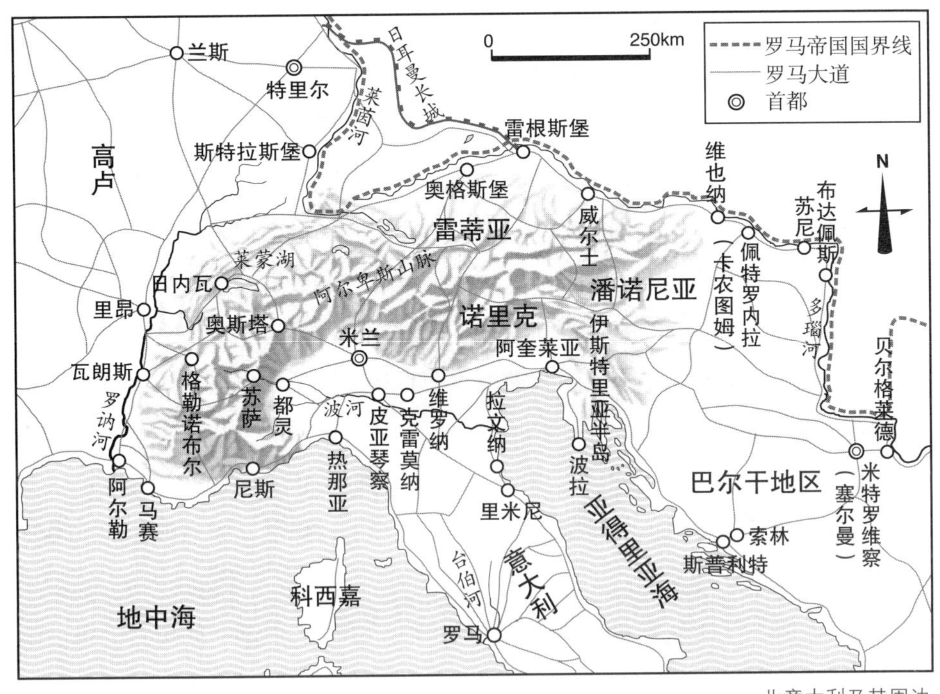

北意大利及其周边

望。现在，维罗纳是唯一敢在君士坦丁面前紧闭城门的城市。

对君士坦丁来说，这是进入意大利之后，第一次遇到有组织的抵抗。但如今他也不可能退却或弃之不理。防守严密的维罗纳固然不易攻陷，可是如果不把维罗纳拿下，就算率军直接南下向首都罗马逼近，背后也随时要面对威胁。因为维罗纳的交通直接与多瑙河沿岸相连，一旦正帝李锡尼知道维罗纳的勇猛抵抗之后改变主意，君士坦丁有可能陷入正帝和马克森提乌斯军队前后夹击的不利局面中。基于这样的情况，即使君士坦丁急于结束战争，也不可能放弃对维罗纳的进攻。

相对的，困守在维罗纳指挥作战的庞培，要面对更为现实的烦恼。无论维罗纳的居民和士兵多么英勇善战，意大利北部已经没有任何城市或者部队会前来支援。攻城战固然旷日持久，但没有后援迟早要走到终点。而攻城战的终点，往往是城池失陷，以及其后的血腥屠城。庞培决定带领麾下官兵单独出城迎战。被告知这一决定的居民代表们，只能面色凝重地保持沉默。

一旦抱了必死的决心，缺乏战斗经验的士兵也会变得勇不可当。庞培麾下的士兵虽然人数不多，且训练不足，他本人却是一名优秀的指挥官。第一场战斗打到入夜，依然胜负难分。第二天进行的战斗，同样打得难分难解。但君士坦丁方面在人数和战斗经验上都占优势，因此能渐渐掌握战局。当夕阳照在战场上时，平原上躺满了马克森提乌斯阵营的官兵，其中还可以找到全身扎满标枪的庞培的尸体。

维罗纳的城门终于打开了。整个意大利北部都为维罗纳的未来捏着一把汗，然而胜利方君士坦丁却碰都没碰居民代表一下。当然，激烈战斗后常常发生的血腥暴行也没有发生。

这件事情不仅在意大利北部传开，也传遍了意大利中部。如今君士坦丁已没有任何后顾之忧，可以由着兴致，随时向罗马进军。这时已是公元 312 年的夏末。而君士坦丁也不是那种看到战况好转后，就松口气躲在刚占领的维罗纳放松休息的人。

创造历史的战役

战争和战役是两个不同的概念。战争可能长达数年，而且发生于不同的地点。而战役则发生在一个地方，其结果一般很快就能揭晓。通常人们把不同时间、不同地点发生的战役集合在一起构成战争，将战役视为战争的一个部分。所以才会有“胜利的战役，失败的战争”这种说法存在。

但在历史上，有些战役不仅影响战争的局势，甚至改变了以后的历史。这就是所谓的“改变历史的战役”。比如，发生在古代的以下战役：

“萨拉米海战”——公元前480年，发生在希波战争中的一场决定性战役。当时波斯国王薛西斯率领30万大军进攻希腊，在希腊城邦联军陆战节节失利的情况下，这场海战的胜利彻底扭转了整个战场形势。指挥者是雅典杰出的海军统帅提米斯托克利。

波斯在这场海战大败之后撤军，之后不得不放弃侵略希腊本土的构想。如果这场战争的胜利方是波斯，那么也就不会出现后来的雅典“黄金时代”，也不会产生对当时，乃至现代都有着重要影响的古希腊文明。说不定连爱琴海的名字都会改成波斯海。

“伊苏斯战役”——公元前333年秋，马其顿的年轻国王亚历山大率领的希腊军，与波斯国王大流士在可以瞭望东地中海的伊苏斯平原进行的会战。亚历山大以3万兵力对抗波斯15万大军，却以战死200人的微小代价取得完胜。不久后，希腊与波斯再次展开会战，但大流士未能挽回败局，波斯帝国因此灭亡。希腊人原本就有向海外扩张的强烈愿望，此后更是大举向亚历山大创建的帝国各地移民。其移民范围不仅涉及地中海沿岸的中东地区，甚至在波斯帝国的心脏美索不达米亚地区，相当于现在的伊拉克境内，也建设了不少希腊裔的城镇。

遗憾的是，亚历山大大帝英年早逝。之后，帝国被其手下将领瓜分，统治范围也止步于中东地区。尽管如此，由希腊经中东，最后延伸至埃及的整个东地中海世界，形成了被后世称为“希腊文化”（Hellenism）的希腊文明圈。后人常说的希腊罗马文明，代表亚历山大大帝的遗产，在希腊文化时代之后，被罗马人原封继承了下来。如果没有形成希腊文化圈，罗马人要在地中海世界扩张霸权，想必会更加困难。不过，罗马人也并非不劳而获地继承了亚历山大大帝的遗产，他们是凭自己的本事获得的。好比说，接下来要谈的罗马和迦太基之间进行的布匿战争。

“扎马会战”——发生于公元前202年北非的扎马平原上的会战。当时，那里属于迦太基境内。罗马军队的将领是年轻的西庇阿，而迦太基方面，则是由之前对罗马的作战中百战百胜的名将汉尼拔担任总指挥。战斗的结果，罗马大获全胜。布匿战争前后持续了约一个世纪的时间，其中发生了三次战役。不过左右这场战争最后趋势的，还是第二次战役最后进行的“扎马会战”。在这场战役 50 年后发生的第三次战役，只是将预料中的结果化为现实而已。

“布匿战争”，由当时的罗马人命名，意为“与腓尼基人之间的战争”。迦太基是由中东的腓尼基人移民开创的国家，因此向来被视为东方国度。打败迦太基，意味着将东方势力逐出地中海西部。因此，对罗马而言，“扎马会战”也是将地中海世界转为希腊罗马世界的决定性战役。

“阿莱夏攻防战”——这场战役发生于公元前 52 年，地点在现在的法国，当时的高卢中央地带阿莱夏。由尤里乌斯·恺撒率领 5 万罗马军，对阵 30 万高卢各部族组成的联军。这也是恺撒在高卢战争中的一场决定性战役。

这场战役，决定的可不仅仅是长大 8 年的高卢战争的胜败。长年来，罗马人称霸的范围，仅以地中海及其周边地区为界。高卢战争让罗马人的视野跨过了阿尔卑斯山脉，延伸到了更远的北方。高卢战争让罗马人认识到了向北发展势力的可能性。“阿莱夏攻防战”的胜利，是欧洲北部列入罗马世界的第一步，也是史学家们认为“欧洲由恺撒创造”的由来。如果“阿莱夏攻防战”由高卢一方获胜的话，后世的法国、英国，想必与现在大为不同。

不管是“改变历史”还是“创造历史”，总之，这些战役的影响力大得惊人。而在公元 312 年发生的“米里维桥战役”，也具有同样的划时代意义。这场战役开启了其后长达千年的中世纪时代的大门，同时，也意味着人们向跨越中世纪及至今天依然发挥着重要影响力的基督教迈出了第一步。

不过，虽然“米里维桥战役”意义重大，但并没有在战争史上留下辉煌的一笔。原因如下：

第一，在战争史研究专家当中，以本书观点看待这场战争的人仅占极少数。

第二，这场战役中没有出现可以用如日月般璀璨之类华丽的辞藻来形容的半个名将。君士坦丁和马克森提乌斯虽然都是史上留名的人物，但还称不上战略战术上的高手。

第三，在“米里维桥战役”中，双方并未施展出让战争史专家感兴趣的或巧妙或高明的战略战术，整场作战表现笨拙。简单来说，根本就是一场混战。甚至让人觉得，这样的一场战斗都能改变历史，真是难以接受。

战役发生在公元 312 年 10 月，进攻方君士坦丁 37 岁，防守方马克森提乌斯 34 岁。年龄上，两人相差不大，可以说同属年轻一代。但作为总司令官，在带领部队作战的能力上来说，可就是老手和新兵的差距了。

沿着弗拉米尼亚大道南下的君士坦丁，心中最担心的莫过于遭遇马克森提乌斯坚守不出的布局，即敌军依靠 35 年前完工、又经马克森提乌斯整修后更加坚固的城墙为盾牌，坚守罗马不外出作战的局面。这座城墙由奥勒留皇帝修建，全长 31.5 公里，将整个首都环绕在内。墙高 6 米，厚 3.5 米，城墙上每隔 30 米处都建有一座四方形的护城塔。城墙开有 18 道城门，每一道城门都采用双重门设计。仅靠 4 万兵力，要攻破一座防守如此严密的城市是不可能的。作为防守一方，虽然要承担城内百万人口的供给压力，但是仅凭 4 万兵力不可能长期将如此规模的城池包围得水泄不通，因此这一点不是致命的缺点。君士坦丁要考虑的，是如何尽快诱敌于城外进行决战。

君士坦丁担心的另一点是，马克森提乌斯将 17 万名步兵和 1.8 万名骑兵，以何种形式，派驻在何处。这么大规模的部队，不可能全部驻扎的首都，至少应该有一半以上派驻在首都以外的地方。可是君士坦丁一方完全不知道这些部队派驻在哪里，每个据点有多少兵力。如此一来，在攻打城池的时候，随时有可能背后遭到攻击，风险很大。

此外，对君士坦丁来说，还有一个不可忽略的隐忧，那就是意大利北部和中部各城市的动向。这些城市的居民迫于君士坦丁的军事压力才表示恭顺，一旦他的军事力量遭到减弱，那么他们的态度马上就会有 180 度的转变。如果发生这样的情况，到时君士坦丁在意大利半岛恐怕要成为瓮中之鳖了。而且假如君士坦丁对马克森提乌斯的讨伐之战稍有不顺，在多瑙河畔观望的正帝李锡尼，也极有可能改变当前偏向君士坦丁的政策。

要一举解决这些问题，只有一个办法，那就是尽早结束战争。没想到的是，这个机会竟然是马克森提乌斯主动提供的。

当君士坦丁沿着弗拉米尼亚大道向首都挺进的途中，接到斥候之类的侦察兵报告，说马克森提乌斯率领大军离开首都前来迎战时，想必心中要欢呼道：“我赢了！”

对马克森提乌斯来说，保持长期作战是最有利的战略。至于他为什么一开始就选择正面出击，我们不得而知。不过，根据想象，应该有以下几种可能：一、对君士坦丁来说，尽早决战是打开局面的唯一方法。而对马克森提乌斯来说，还有其他退路可供选择，那就是一旦在首都罗马作战失利，还可以退到北非，在那里卷土重来。在罗马史上，当然有放弃罗马又重新反攻的成功例子，比如马略和苏拉。但是，失败的例子占了绝大多数。比如被恺撒追击、逃到希腊的庞培；或者被奥古斯都追击、同样逃到希腊的布鲁图。离开首都罗马的意义，要远远超过放弃都灵或者维罗纳。对马克森提乌斯来说，因为有机会选择而带来的失误，最终酿成了致命伤。

二、马克森提乌斯年龄上仅比君士坦丁小 3 岁。两个人都有身为皇帝之子的条件，但是君士坦丁在仕途上总是领先于马克森提乌斯。换句话说，马克森提乌斯总是被君士坦丁踩在脚底下。当长期愤恨的对象攻打进来，也难怪会引发他激烈的对抗意识。

但是，在面对生死存亡的大决战时，如果被感情左右，就不可能冷静思考，制定有利的战略。这个时候的马克森提乌斯甚至应该把杀父之仇都要忘得干干净净。从这个层面上来讲，马克森提乌斯虽然已经 34 岁，但还不够成熟。

三、马克森提乌斯没有选择在城内防守，而是决定出外迎敌，也有可能是出于他心中对“世界首都”罗马的深厚感情。每当探访过去罗马帝国的重要城市时，我都忍不住感叹，有些地方虽然已经成为一国首都，规模远超以前的罗马，但是在罗马时代，无论是规模还是外观都要远逊于首都罗马。在探访这些地方的遗迹时，我总是一边在脑海里还原当时的风貌，一边想着：也许当时伦敦出生的年轻人第一次看到罗马时，心中的震撼就跟现在俄亥俄州的年轻人第一次站在纽约曼哈顿的街头一样吧。

如果长期居住在首都罗马，这种感动就会转变成热爱。也许马克森提乌斯并不希望看到罗马沦为战场。不过，如果真是这样的话，他应该重新制定新的作战方略。

“米里维桥战役”

历史上著名的“米里维桥战役”，发生在公元312年10月27日。马克森提乌斯所率领的军队人数不详，但想必要比君士坦丁率领的4万人多得多。马克森提乌斯应该还没有愚蠢到将步兵骑兵合计将近19万人的部队全数出动的地步。但是，他大脑中缺乏战略概念，没有下令将剩余部队以军团为单位派驻各战略要地待命，这就是无可救药的愚蠢了。

由北进入首都罗马的道路中，作为首都大动脉的弗拉米尼亚大道可以说是干道中的干道。君士坦丁及其所率军队就是沿着这条大道挺进罗马的。马克森提乌斯犯下的另一个错误，是他也选择这条道路作为迎击敌人的路径。马克森提乌斯率领部队从现在依然被称为“弗拉米尼亚门”的城门出城，沿着弗拉米尼亚大道北上3公里之后，利用米里维桥渡过横亘在面前的台伯河，之后继续沿着弗拉米尼亚大道向北挺进10公里，以该地的平原作为战场。双方军队犹如南北相向开来的两辆大型卡车，就在战场中央正面对撞。

这一带如今依然叫做萨克萨·鲁布拉（Saxa Rubra），是一片相当宽阔的平地，东边是蜿蜒如蛇形的台伯河。也许马克森提乌斯认为，既然率领大军前来，自然该挑选这种宽阔的地方作战。不过，向来个性冷静、而且心中决意一战定乾坤的君士坦丁，可不打算顺着马克森提乌斯的意愿行事。

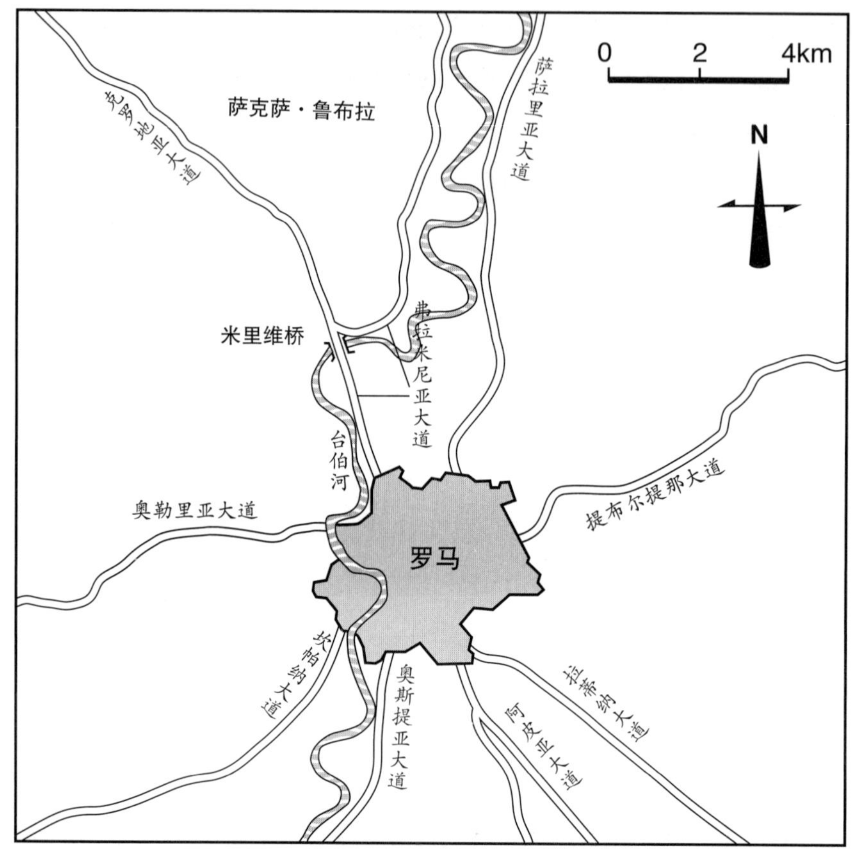

罗马及其近郊

可能君士坦丁一获知战场会是这块平地，就早早下令手下的官兵，尽量把敌军往台伯河方向驱赶。战场越宽阔越有利于大军作战，但反过来，一旦战场缩小，军队规模越大反而越不利。老手和新兵的区别就在于是否具有化不利为有利的能力。马克森提乌斯手下的军队就缺乏这种规模作战的经验，尤其是身为统帅的马克森提乌斯，军事经验更是匮乏。

尽管战场所在地属于首都范围，但毕竟是郊外。台伯河河岸并未建设河堤工程。蜿蜒蛇行的河岸湿地长满了芦苇，让人难以行走。马克森提乌斯的军队被驱赶到这里之后，乱成一团，根本无法组织起来进行有效地战斗。混乱中很多士兵被杀害，其他士兵看到惨状之后都开始争相逃亡。而唯一的逃亡路径就是沿着道路向南跑，只要渡过南边的米里维桥，继续跑 3 公里，就可以到达弗拉米尼亚门。只要过了这道门，就可以躲进罗马坚固的城墙之中。

即使在混战中，君士坦丁也是一马当先，站在队伍的最前方指挥作战。而马克森提乌斯却是躲在队伍的后方发号施令，也因此才会被卷入溃败的官兵人潮当中。

现在我们乘坐直升机俯瞰下来，具有“干道中的干道”之称的弗拉米尼亚大道，由北向南几乎呈直线延伸，而且越接近罗马，车道、人行道也在逐渐加宽。不难想象，当时整个大道被败退的士兵人潮淹没会是怎样一幅情景。罗马时代的桥梁，无论是修筑理念还是施工方法，都视为道路的延伸。向南延伸的弗拉米尼亚大道，在借由米里维桥渡过横贯的台伯河后，更是一马平川，直达罗马市中心，因此，“米里维桥”（意大利语：Ponte Milvio）的设计和结构都是和弗拉米尼亚大道一体的。桥梁长度接近 130 米，车道加上人行道的宽度合计 8 米。桥面也是比照大道，纯石板铺设。别说是整队的重装步兵团，就是载有沉重攻城器械的大车通过，也没有任何问题。但是，一下子涌过来数量如此众多的溃败士兵就要出问题了。要知道，即使是有秩序地撤退，大军要全体安全地通过一座桥梁也不是一时半刻就能完成的事情，更何况现在要过桥的是四散逃命的残兵败将呢？不考虑周全就贸然选择萨克萨·鲁布拉作为战场，马克森提乌斯本人要负很大的责任。如果他是打算切断退路、背水一战的话，就应该趁早抢得战场的主动权。遗憾的是，主动权却始终掌握在君士坦丁的手里。

大部分的溃逃士兵都涌向了 8 米宽的米里维桥。这已经不能称为战斗，而是一场大混乱。即使成功抵达桥头，也不见得就能活命。不少士兵刚开始过桥就让后头的人推倒，活活挤死在桥旁的石栏杆上。台伯河其实并不宽，可以游泳渡河。但是士兵们身上都穿着沉重的盔甲，而在人挤人的混乱中，根本没有办法脱下来。全副武装的士兵跳进河里后，大多都没有机会浮出水面，就葬身

米里维桥的现代遗址

于河底了。而在岸边徘徊犹豫的士兵，则被后面追击而来的君士坦丁的部队全数杀死。

骑马的指挥官们处境比步兵更为不堪。河底的淤泥会绊住马匹的腿脚，再加上身上沉重的盔甲和披风，使他们只有溺死的结局。马克森提乌斯也是因此结束了34岁的生命，遗体在第二天让人打捞上岸，斩首之后将首级挂在枪头上，成为君士坦丁率军进城时示众的警告。

战争史的研究专家认为不值一提的“米里维桥战役”，在基督教教会眼中却是“具有划时代意义的一战”。在君士坦丁过世后，甚至开始出现下面一段传闻：

在“米里维桥战役”的前夜，君士坦丁在营帐中做了个梦。梦里，耶稣基督告诉他，只要愿意遵循唯一真神的教诲，第二天就能胜利。同时建议他把希腊文中代表基督教徒的X、P两个字母合成“☧”的标记刻在士兵的盾牌上。

君士坦丁按其吩咐一一照做，因而取得了第二天战斗的胜利。

不过，就算没有基督教神灵的庇佑，君士坦丁也照样能取得米里维桥战役的胜利。

罗马作为帝国首都，也是帝国境内唯一名副其实的首府。君士坦丁麾下的官兵们长年在高卢和不列颠值勤，想必这个时候才第一次亲眼见到首都的威容，就连君士坦丁本人也是第一次踏上首都的土地。不过，传说中阿拉伯裔皇帝菲利普斯·阿拉波斯第一次造访罗马时，就为她的壮丽而感动，忍不住感叹自己居然能在有如此雄伟之都的帝国担任领袖。相形之下，巴尔干地区出身的君士坦丁，则不会有这样的感叹，而且，他是以征服者的身份进入首都的。在这位征服者面前，元老院和罗马市民就好像从没有支持过马克森提乌斯一样，抢着卑躬屈膝。

元老院不仅接受这位征服者下达的每一道命令，甚至还主动作出没有受命的措施。

他们决议将君士坦丁由副帝升任为正帝。

尽管"米里维桥战役"属于罗马人之间的内战，但元老院依然决议要修建凯旋门赠送给获胜的君士坦丁。

马克森提乌斯的两个儿子在君士坦丁入城后，被下令处死。而有马克森提乌斯下令建造、以他的名字命名的公共建筑，自然也要改名，如"马克森提乌斯会堂"，以后要改名为"君士坦丁会堂"，而且在会堂内部还要摆设君士坦丁的巨大坐像。

近卫军团遭到解散，在"米里维桥战役"中，这些人大都阵亡了，所以没有人跳出来反对这项措施。不过这项措施使得由开国皇帝奥古斯都创立、拥有300年历史的精英军团，从此完全消失。

元老院还答应每年向君士坦丁缴纳一项特别税，实质上相当于战争赔款。

君士坦丁将定员600人的元老院议员，按照富裕程度分为四个等级，并规定每一等级缴纳的税金如下：

第一等级——8 罗马磅（libra）金块（约合 2616 克）

第二等级——4 罗马磅金块（约合 1380 克）

第三等级——2 罗马磅金块（约合 654 克）

第四等级——每年 7 枚金币（其中每枚金币中的含金量为 38 克）

自罗马帝国建国以来，在一千多年的历史中，元老院一直是社会的最高阶层，可悲的是，到了公元 4 世纪，已经沦落至此。

在占领罗马期间，君士坦丁对手下官兵的统御能力值得特别一提。包括元老院议员在内的所有首都罗马居民，没有遇到任何暴力相向的事件。而居民一方，也很现实地面对现状，接受了必须服从征服者的事实。

而君士坦丁也没有长时间逗留在气候温暖的罗马准备过冬，在处理完该处理的事情之后，他就离开罗马，前往米兰。因为他与正帝李锡尼的会谈地点就定在米兰。米兰是君士坦丁的根据地，能够让年长 10 岁的正帝李锡尼亲自跑来谈判，可以想象，打败马克森提乌斯这件事，对增强君士坦丁的威望有着多大的贡献。如今 37 岁的君士坦丁，年纪轻轻就已经是帝国西方的第一人，是名义和实质上的正帝。

拼凑的凯旋门

君士坦丁凯旋门建在圆形竞技场旁边，意大利语为“Arco di Constantino”，而古罗马人用的拉丁语则称为“Arcus Constantini”。这是公元 312 年元老院决议赠送给胜利者君士坦丁的凯旋门。这道门直到今天依然完好如初，在 1960 年罗马奥运会时，还被选为马拉松比赛的终点。

元老院决议赠送凯旋门给获胜的君士坦丁，是在公元 312 年的秋末。不过现在他们要赶在公元 315 年时完工。因为这一年恰逢君士坦丁在位 10 周年，预定要在罗马举办庆祝典礼。凯旋门的馈赠仪式，正是一连串活动的焦点。

这样一来，实际施工的时间只剩下两年。罗马人的工程向来以短期集中进行为特色，圆形竞技场、水道桥这样的工程也不过五六年就能完工。因此，仅建造一座凯旋门，有两年的施工时间已足够。不足的，是当前拥有的实力。

君士坦丁凯旋门迄今依然是罗马名胜古迹中最负盛名的景点之一。可是这座建筑的敷衍粗糙，也最能反映公元 4 世纪首都罗马实力的衰落。

首先，既然修筑、馈赠这道门的目的，在于请求君士坦丁原谅他们 6 年来支持马克森提乌斯的罪过，那么修筑的地点必然应该是上好的位置。凯旋门的地点定在由阿皮亚大道进入市中心后，向右转前往帕拉蒂尼山和西里欧山之间的圆形竞技场的路口。然而，这个施工地点并不是经过审慎研究后作出的决定，仅仅是因为这里有一道现成的凯旋门。

最新的研究显示，这个地方最初所建的凯旋门是献给哈德良皇帝的。科学调查的结果也证明，建设这道凯旋门的基础石材，并非成于公元 4 世纪初，而是公元 2 世纪前半期。

罗马人将拱形的建筑式样统称为“门”，这既是他们的发明，也是他们最喜爱的一种建筑形式。在罗马人眼中，门不仅仅是建筑的出入口，不单单是献给胜利者的凯旋门，还是可以在任何地方修建的装饰品。门，可以建在桥梁的两侧作修饰，也可以修在院子的中央，爬满爬山虎，甚至有时候还会突然出现在笔直的大道上，目的是为了给单调的风景增加一点变化。

顺带提一句，拉丁语“Arcus”仅有“门”的意思，“凯旋门”是后人的意译。因此，从罗马人的角度来看，哈德良皇帝在位时，即便没有打过值得获赠凯旋门的胜仗，还是能够得到“门”以资纪念，并不是什么不可思议的事情。那么在君士坦丁凯旋门的位置决定之后，是否要将现有的哈德良皇帝门拆除，再在原地重新修建呢？答案似乎是否定的。他们将哈德良门上不符合目的的装饰品拆掉，重新刻上献给君士坦丁的颂词，以及展示这位皇帝在意大利各地战斗场景的浮雕。不过，光这些还不足以装饰整个一道门，于是，只好又从罗马其他公共建筑物上拆下一些东西拼凑上去。

结果，罗马帝国的最后一项建筑杰作——“君士坦丁凯旋门”，本来应该是公元4世纪初期的作品，现在无论是主体还是装饰，都是由以前的作品集合起来的拼凑品。

图拉真皇帝时代——公元98—117年。

哈德良皇帝时代——公元117—138年。

马可·奥勒留皇帝时代——公元161—180年。

上述三个时代的作品，再加上公元313年到315年上半年完成的工程，就构成了“君士坦丁凯旋门”。

图拉真皇帝时代的雕像——排列在凯旋门正面和背面的最上层，共计8座俘虏达契亚人的雕像。这些雕像想必是从图拉真广场周边的回廊上拆下来再利用的。征服达契亚人的是图拉真皇帝，跟君士坦丁一点关系都没有。

哈德良皇帝时代的作品——门的主体，以及凯旋门正面和背面第二层上8片圆形的浮雕。这些浮雕的来源还没有定论，目前主要有两种说法：第一种说法，这些浮雕是原先立在此处的哈德良凯旋门上的装饰品；另一种说法，这些浮雕来自弗拉米尼亚大道通过弗拉米尼亚门之后通往市中心的路上。这条路现在称为“科索大道”，在路中央有一道纪念哈德良皇帝功绩的“门”，8片浮雕就是从门上拆下来的。

不管这些浮雕来自哪里，总之，跟君士坦丁没有半点关系。在浮雕中，哈德良皇帝或驱马追赶猎物，或为狩猎女神戴安娜举行献祭仪式，还有他将刚猎得的狮子置于脚旁、被一起狩猎的大臣环绕的情景，这些浮雕如同拍摄下来的纪念照片，栩栩如生地刻画出哈德良皇帝的形象。哈德良皇帝不仅是一位冷静的统治者，也是热爱一切美好事物的人。这一点与君士坦丁正好相反。

马可·奥勒留皇帝时代的浮雕——门的正面4片，背面4片，合计也是8片。每一片都刻画了有“哲学家皇帝”美称的马可·奥勒留的生前形象。有他站在讲坛上鼓励士兵的情景，也有他坐在罗马式折叠椅上接见投降的蛮族使者的样子。在这 8 片浮雕中，马可·奥勒留身边总是环绕着罗马军团的旗帜。因为他在与北方蛮族作战期间，病死于帝国前线的基地维也纳，再也无法回到故乡罗马。这些浮雕表现出当时的人们对这位哲学家皇帝的深切缅怀。只不过，这些情况同样与 120 年后的君士坦丁没有任何共同之处。

既然“门”是献给君士坦丁的，只是东拼西凑的作品未免太过失礼，因此，当时又另外制作了展现君士坦丁功绩的浮雕。这些 4 世纪初期制作的浮雕，设置于中央和左右两侧拱门入口的上端。其中刻画的有维罗纳攻防战中驱马向前的君士坦丁，有君士坦丁乘坐四驾马车进入罗马市区时的场面，还有罗马市民前来归顺时获得君士坦丁宽容接受的场景。当然，其中也少不了君士坦丁麾下士兵攻敌作战的描绘。只有这些浮雕才是这次施工时重新制作的作品。

虽说君士坦丁凯旋门是这样草草修建起来的，但还是有足够的资本使其直到今天依然名闻遐迩。最主要的原因就在于，它真的很美。凯旋门位于帕拉蒂尼山和西里欧山两侧中间的空地上，向前可以眺望圆形竞技场。其造型完美，与周边融为一体，仿佛要在这个地点修建建筑物，也就只有这种造型才能符合条件。可以说君士坦丁凯旋门是希腊罗马文明的代表元素之一，也是和谐与匀称美的化身。

不过，当我们走近跟前仔细观察，只怕一定会产生下面的想法，那就是公元2世纪，即五贤帝时代的浮雕和4世纪的作品相比，在造型能力上差距悬殊。五贤帝时代的作品类似于希腊雕刻，相对的，4 世纪时期的浮雕风格，却接近于罗马帝国灭亡后中世纪的作品。后者的特点，简而言之，就是幼稚、笨拙。明明时代进步了，为什么造型能力反而退步了呢?

因为，这种“能力”会受到国力的影响。公元 2 世纪，可以说是贤君辈出的世纪，是罗马帝国最和平、最繁荣的时代。这个时代创造的作品，无论造型美术还是建筑艺术，都能达到最高水平，是因为国力也正处在巅峰时期。而到了公元 4 世纪，罗马帝国已经不具备这种“实力”。这么看来，君士坦丁凯旋门也是能让人联想到国家兴衰的名胜古迹。

君士坦丁凯旋门（从南侧看到的凯旋门）

帝国议事广场
卡匹托尔山
图拉真浴场
朱庇特神殿
维纳斯和罗马神殿
圆形竞技场
提图斯凯旋门
君士坦丁凯旋门
帕拉蒂尼山
罗马大竞技场
西里欧山
阿皮亚大道
N
阿文庭山
0
500m

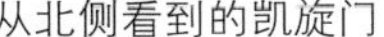

从北侧看到的凯旋门

从西侧看到的凯旋门

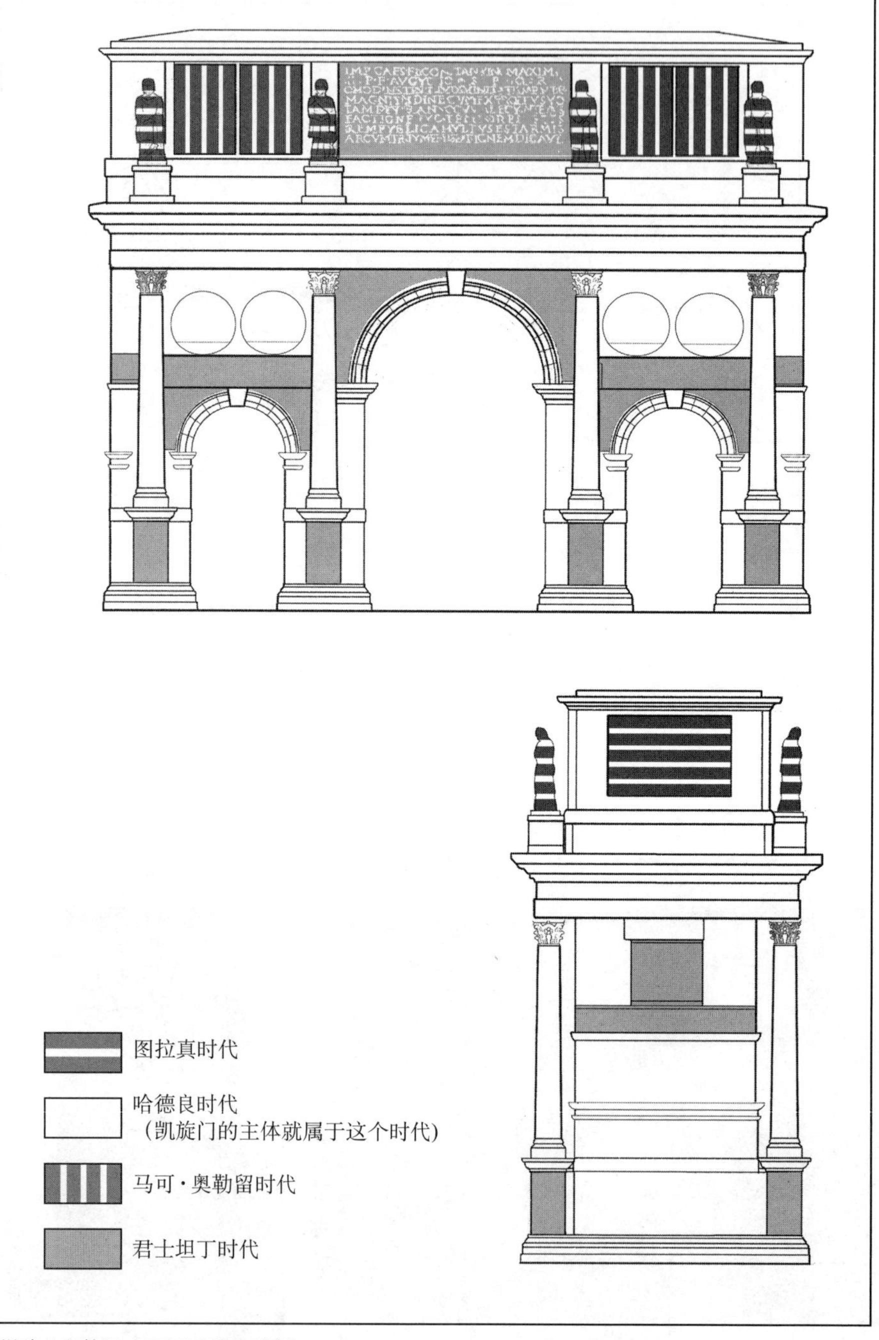

拼凑的凯旋门（不同时期的雕刻）

图拉真皇帝时代的雕刻（达契亚俘虏群像）

① 南面

② 南面

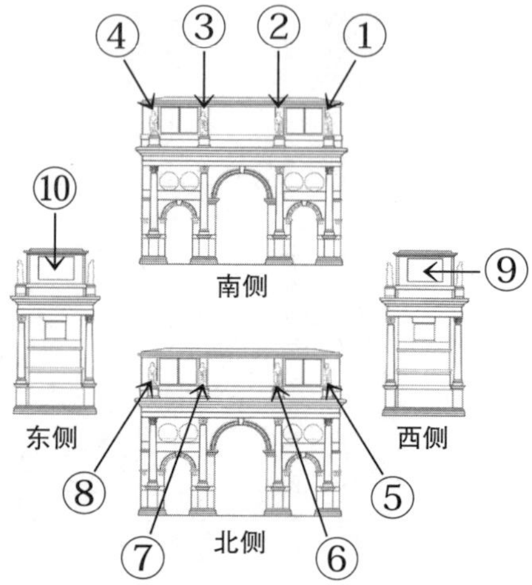

④ ③ ② ①

⑩

南侧

⑨

东侧

西侧

⑧

⑤

⑦

北侧

⑥

③ 南面

④ 南面

⑤ 北面

⑥ 北面

⑦ 北面

⑧ 北面

⑨ 西面

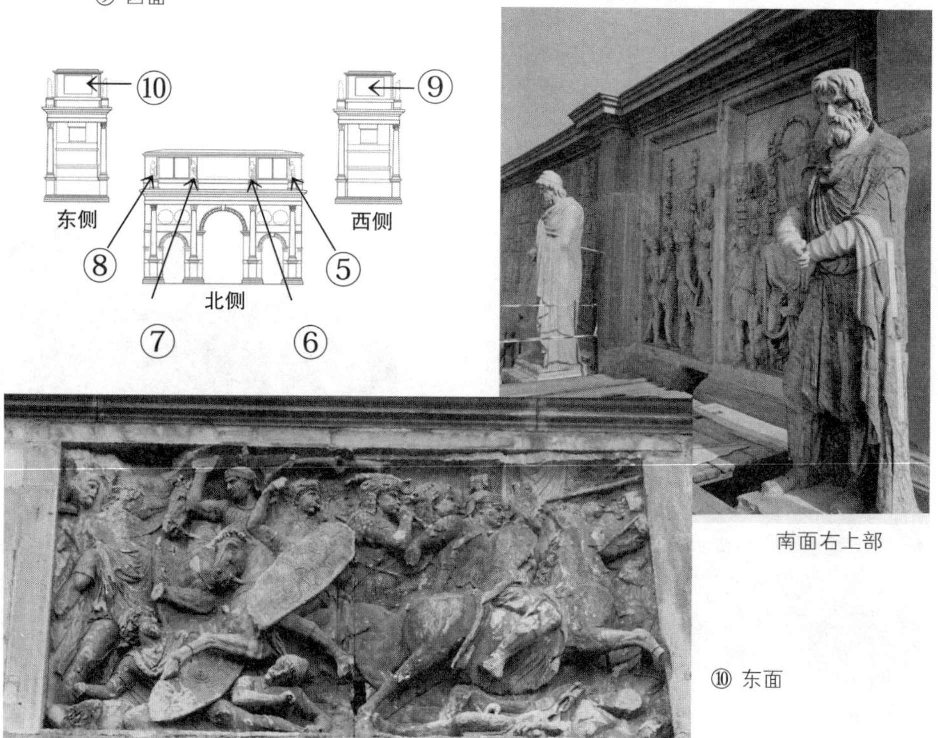

南面右上部

⑩ 东面

哈德良皇帝时代的浮雕

① 出发去打猎的皇帝（南面）

② 森林之神西勒诺斯献祭仪式（南面）

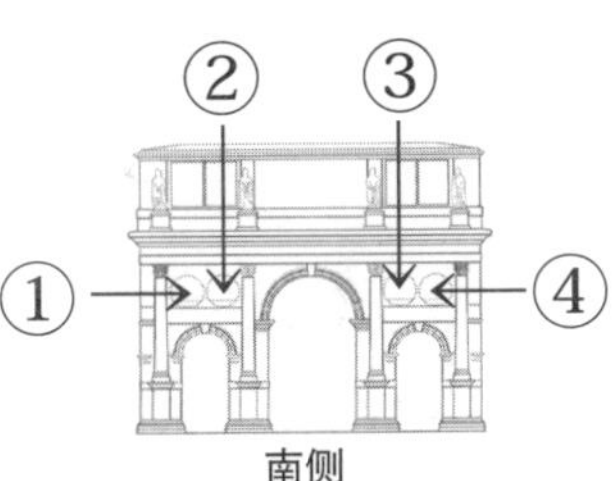

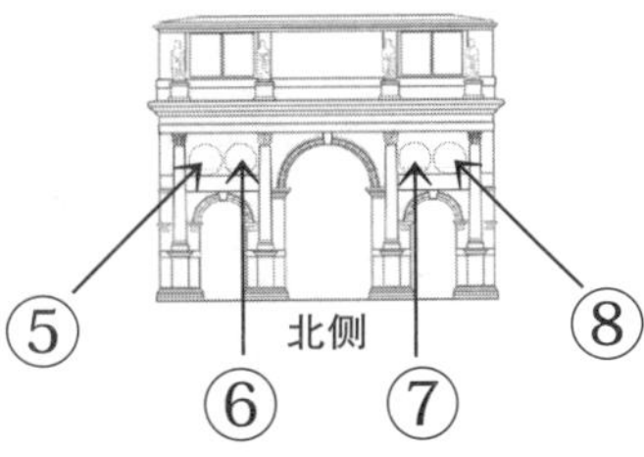

③ 皇帝猎熊的情景（南面）

①—⑧ 依次构成皇帝远征时发生的狩猎和献祭仪式的故事

④ 向狩猎女神戴安娜献祭仪式（南面）

⑤ 皇帝追猎野猪的景象（北面）

⑥ 向太阳神阿波罗献祭仪式（北面）

⑦ 皇帝及其脚下猎获的狮子（北面）

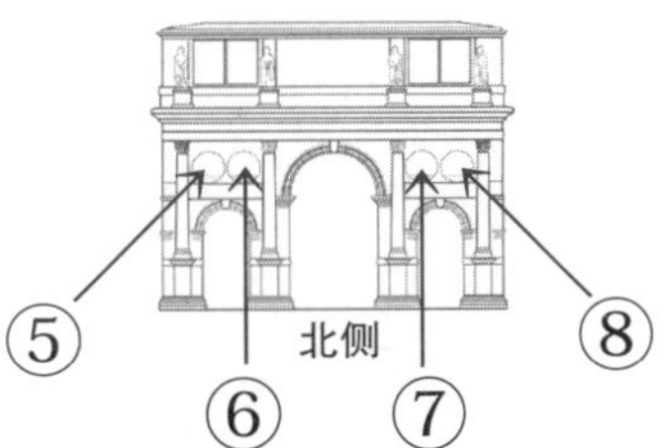

⑧ 向大力神赫拉克勒斯献祭仪式（北面）

马可·奥勒留皇帝时代的浮雕

① 皇帝接见蛮族使者的皇帝（南面）

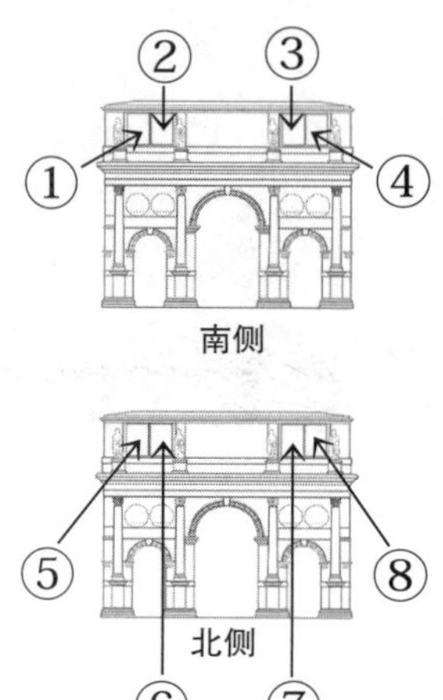

② 皇帝检视蛮族俘虏的皇帝（南面）

③ 演说中的皇帝（南面）

④ 献祭场景（南面）

⑤ 皇帝驾到（北面）

⑥ 皇帝出巡（北面）

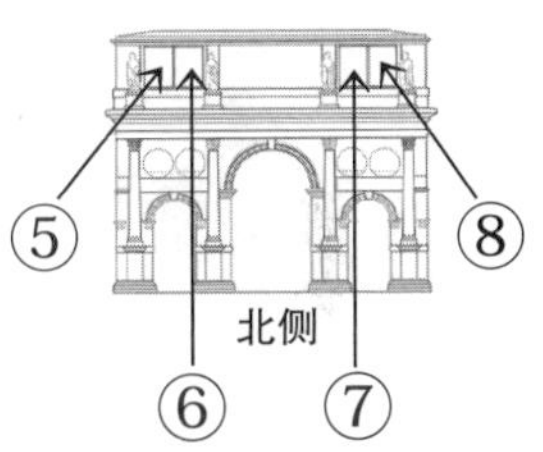

⑦ 宽容的皇帝（北面）

⑧ 投降的战败者（北面）

君士坦丁大帝时代的浮雕

① 米里维桥战役（南面右）

② 维罗纳攻城战（南面左）

③ 在广场演说的君士坦丁（北面右）

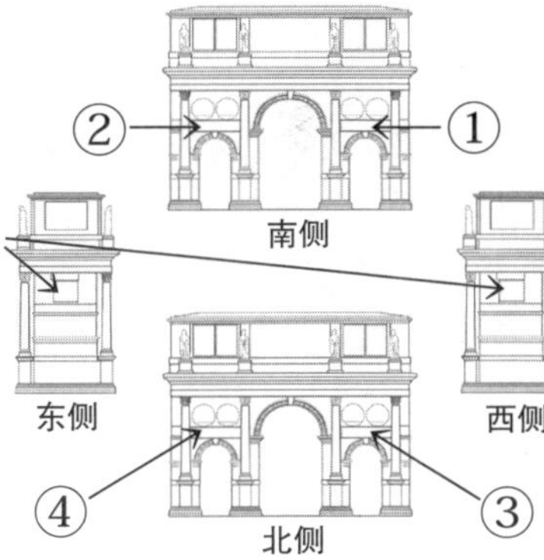

②
①
南侧
⑤
东侧
西侧
北侧
④
③

④ 领取免费小麦的罗马公民（北面左）

⑤ 东面

⑤ 西面

君士坦丁时代的浮雕和过去浮雕的对比

和平祭坛南面部分（公元前 9 年）

图拉真记功柱（公元 113 年）

格兰第·路德维希（Grande Ludovisi）石棺（公元 251 年）

君士坦丁凯旋门（公元 315 年）

在这座凯旋门上，留有献赠者刻下的赞词。赞词位于正面上端，夹在从图拉真广场拆下来的两座达契亚俘虏雕像之间，用拉丁语这样写道：

> 罗马元老院暨罗马市民，为庆祝胜利，特将此门呈献于皇帝·恺撒·弗拉维·君士坦丁·马克西穆斯（伟大的）·帕亚斯（慈悲为怀的）·腓力克斯（幸运的）·奥古斯都。并特此记录该皇帝以如同神灵般的敏锐感觉和伟大的意志力，率领军队展开正义之战，消灭了暴君。

这段话让人真切地感受到了什么叫“败者为寇”。昨天还是“皇帝”，今天就成了“暴君”。

承认基督教

对于喜欢历史的人来说，有些“年份”是非记不可的，公元 313 年就是这样的年份之一。不过这并不是因为这一年名义上和实质上皆为西方正帝的君士坦丁，与帝国东方正帝李锡尼在米兰进行了会谈；也不是因为这一年李锡尼遵守密约，在马克森提乌斯战败后，与君士坦丁同父异母的妹妹举行了婚礼；而是因为，这一年罗马帝国的皇帝公开承认了基督教的合法地位。

不过，公元 313 年，并非罗马皇帝第一次承认基督教。两年前的公元 311 年，帝国东方正帝伽列里乌斯已经承认过了。尽管如此，罗马帝国皇帝承认基督教的时间，还是被认定为发布“米兰敕令”的公元 313 年 6 月。

这是不是因为基督教徒想把功绩归到至今依然被称为“大帝”的君士坦丁身上呢？

亦或是，虽然伽列里乌斯的承认和君士坦丁发布“米兰敕令”之间只有两年的间隔，但是内容上有明显的差异？

关于这一点，我想将两道敕令翻译出来进行一番比较。不过在这之前，我觉得有必要谈一谈两巨头在米兰会谈的过程。因为这场会谈带来了承认基督教这一具有划时代意义的结果。每一个历史现象的产生，必然有其特定的背景。而且，这一年的米兰会谈，也提供了很多线索材料，为研究日后的罗马史主角君士坦丁提供了依据。

马克森提乌斯败亡于公元312年的10月末。之后，君士坦丁以征服者而非胜利者的姿态进入了首都罗马。据说他在罗马滞留的时间不足两个月，那么，想必在公元313年初，就已经到达了米兰。2月上旬，李锡尼也到了米兰。想必李锡尼与君士坦提娅的婚礼也在不久之后很快就举行了。因为李锡尼与君士坦丁共同签署的“米兰敕令”是在6月15日发布的，而在这份敕令发布的三个月之前，李锡尼就匆匆返回了东方。由此也可以看出，君士坦丁不是一位容易被胜利冲昏头脑或者贪图享受的人。换句话说，他懂得趁热打铁。君士坦丁在战场上擅长快攻，想必在政治上亦是如此。另一方面，他也具有等待时机成熟的慎重心态。

公元306年时多达六名的皇帝，在7年后的313年只剩下了三名，他们分别是君士坦丁、李锡尼，以及守卫帝国最东边的副帝马克西米努斯·代亚。罗马帝国处于一分为三的统治状态。不过，想必君士坦丁不会满足于现状。但是，现在趁着打败马克森提乌斯的气势去攻打李锡尼，并非良策。原因有两点：

第一，李锡尼麾下拥有罗马军中最负盛名的多瑙河防线守卫部队，这些人现在都只服从李锡尼的调遣。

第二，虽然李锡尼和马克西米努斯·代亚向来不合，但如果选择此时攻打李锡尼，很可能会迫使这两位帝国东方的正、副帝联手合作。

公元313年，李锡尼和君士坦提娅在米兰结婚后，李锡尼获益的不仅是迎娶了皇室成员，还为自身的势力镀了金。新娘是君士坦丁同父异母的妹妹，这一年应该刚满18岁。新郎虽然已经48岁左右，但在当时这种年龄差不算什么。

不过，身为公主，到这个年纪还未出嫁的倒是少见。有可能是同父异母的哥哥君士坦丁，长期留着妹妹作为政治筹码。因为对巴尔干地区出身的贫民皇帝来说，与公主结婚，是将自身地位合法化的重要条件。

正因为如此，当君士坦丁和李锡尼先后都获得这项优势条件之后，马克西米努斯·代亚着急了。

马克西米努斯·代亚在慌乱之下，看上了两年前去世的伽列里乌斯皇帝留下的寡妇瓦莱里娅。她是“四帝共治制”的开创者戴克里先的独生女。马克西米努斯·代亚认为，只要能与她结婚，就可以和李锡尼、君士坦丁处在同等的政治条件下。但瓦莱里娅拒绝了他的求婚。恼羞成怒的马克西米努斯·代亚立刻派兵，不仅将这位先帝遗孀，还有恰巧在这个时期来探望女儿的戴克里先夫人一起逮捕，关进了大牢。

当时戴克里先身在亚得里亚海的海滨宫殿中，当得知这个消息后，立即派遣使者来到副帝跟前。除了对妻女所受到的待遇表示抗议外，还要求副帝把两名女性交出来。副帝虽然将两人释放，却没收了一切财产，并流放东方。

马克西米努斯·代亚是戴克里先在公元305年退位时提拔为副帝的人，这样的行为真是恩将仇报。戴克里先退位释出权力，也才过了8年的时间。在公元308年第四轮“四帝共治制”开始时，戴克里先还能在人事方面发挥影响，事隔5年，权势却衰落至此。我们实在不知道，当时已68岁的戴克里先，是如何承受这种明知妻女在外过着流浪生活却无计可施的日子。这时已经没有任何人再理会退位老皇帝的意见了。

李锡尼仓促办完与公主的婚事后就急忙离开米兰的原因，在于马克西米努斯·代亚因为对李锡尼和君士坦丁结盟感到紧张，所以率军侵占了本属于李锡尼势力范围的小亚细亚。李锡尼一路向东行军，沿途不断与紧急召集的各路军团会合，身边还带着新婚的妻子。也许李锡尼的这一举动，是打算以公主为人质，阻止君士坦丁在西方的动作。不过君士坦丁可不会在这个大好时机轻举妄动。这一次轮到君士坦丁隔山观虎斗了。

匆忙离开米兰的李锡尼，一边与沿途召集的部队会合，一边向东疾行。当他进入小亚细亚时，已经是公元 313 年的 3 月末。马克西米努斯·代亚所率领的军队人数有 7 万，相形之下，李锡尼的官兵人数只有 3 万。不过，最后获胜的是李锡尼。这并不是双方指挥官的水平有差异，而是巴尔干地区出身的士兵和东方长大的士兵实力差距太大造成的。马克西米努斯·代亚在战败之后，逃到了位于小亚细亚东南方的塔尔苏斯。同年 8 月，不知是自杀，还是被手下官兵暗杀，总之马克西米努斯·代亚退出了人生舞台。曾经多达 6 人的皇帝，就这样一个个退出了政治舞台，如今只剩下两个人。不过，没有人会认为，这样的“两帝共治制”状态会延续下去。不，应该说，两位皇帝自身比谁都更清楚这一点。

帝国东方副帝马克西米努斯·代亚的退场，在历史上虽然不是大事，却牵连出一场悲剧。当时遭马克西米努斯·代亚流放的瓦莱里娅和母亲普里斯卡认为，帝国东方由正帝李锡尼统一以后，自己的命运也会跟着好转。对前皇后瓦莱里娅来说，李锡尼是获得瓦莱里娅的丈夫伽列里乌斯、父亲戴克里先的同意，才在缺乏副帝经历的情况下，一举登上西方正帝的人。李锡尼至今继位才 5 年，与伽列里乌斯又交情甚笃。这两名女子期待李锡尼能将她们遭没收的财产返回来，并护送她们回到戴克里先的身边。当时李锡尼正趁着战胜马克西米努斯·代亚的气势向东行军，计划将整个东方国土牢牢控制在自己的掌心。这两名女子也前去参见李锡尼。

结果李锡尼根本就不打算接见这两名应该算是旧识的女人。无奈之下，这对母女只好继续流亡。为了尽可能地接近戴克里先，两人来到了希腊的塞萨洛尼基。而李锡尼派了一队军人在此，手里拿着死刑判决书在等她们。统领罗马帝国 20 年、创立“四帝共治制”的戴克里先的妻子和独生女，就在面对爱琴海的塞萨洛尼基中央广场被处死，尸体直接让人丢进了大海。我们不知道戴克里先在亚得里亚海海滨的斯普利特宫殿中接获消息时，心中会作何感想。

遗憾的是，没有任何关于记录戴克里先晚年心境的资料留存下来。在历任罗马皇帝中，戴克里先是唯一亲眼看着自己多年构建的政策陆续崩溃的人物。仅就基督教问题而言，从最初的强制镇压和迫害，10年后政策已经发生了180度的大转变。至于“四帝共治制”，帝国中已经没有人相信它的好处。唯一幸运的是，这些年帝国内部没有遭到北方蛮族以及东方大国波斯的入侵。然而掌权者却借此大肆争斗。至于戴克里先究竟在公元313年的何时过世，专家们迄今依然无法给出统一的答案。因此，我们不知道他是否知道公元313年6月15日公布的“米兰敕令”的内容。不过，即便他没有活到6月15日，但是两年前伽列里乌斯公布敕令时，他应该已经察觉到帝国对基督教政策转变的征兆了。也就是说，早在两年前，他就应该知道，自己推动的基督教政策即将崩溃。这一年公布的“米兰敕令”，只是彻底毁掉原有政策的最后一击。

公元311年4月，正帝伽列里乌斯颁布的敕令全文如下：

> 朕订立政策时，向来以帝国及居民之利益为基准。实施政策时，以恢复罗马传统与秩序为期望。基于上述观点，面对抛弃传统信仰的基督教徒时，朕尝试各种方法，以期他们能够再度回到我等身边。然而这些人并未停下固执愚蠢的行为，不但未予继承罗马伟大祖先之行止，反而自行订立社会规范，于帝国各地游说，成功聚集很多徒众。
>
> 因此，我等（戴克里先和伽列里乌斯）为了让这些人回归祖先的传统，决意采取强硬措施（此处指公元303年戴克里先颁布的一系列镇压基督教徒的敕令），使许多基督教徒改宗弃教。
>
> 尽管如此，却依然有很多固执己见、拒不弃教者存在。而弃教者当中，亦有相当多的人是为政策所逼，不得已而为之，而非心悦诚服地放弃基督教。结果，他们虽然不再信仰基督教神灵，但也未因此回复信仰罗马传统诸神。而此等现状，与我等罗马人传统中，认同所有人生活方式的宽容精神不相符。
>
> 朕之期望，在于恢复罗马人的传统与规律。经再三思考，朕得出结

论，应将罗马人之宽容精神推广至基督教徒身上。

因此，从今日起，朕允许基督教徒重建其共同体（亦即允许信仰）。但在此要明文规定，必须在不违背帝国国法之限度内。

从基督教徒的角度来看，伽列里乌斯皇帝认可的信仰自由，简而言之，根本就是语焉而不详。在罗马社会中，传统的罗马诸神依然占优势。而所谓的信仰自由，并不是完全的自由，还追加了“不违背国法”的条件限制。

不过，在公元3世纪后半期，上台又下台的众多皇帝中，有些镇压过基督教徒，有些则没有。即使那些没有镇压、迫害过基督教徒的皇帝，他们心中对基督教徒的想法只怕也跟伽列里乌斯相同。

早在共和制时期，罗马就是一个多人种、多民族、多文化、多宗教的国家。即便在军队这样一个理应着装统一的地方也不例外。上了战场，罗马军中也常常能看到打着赤膊上阵的日耳曼士兵身旁，站着身穿长衫的东方士兵。这是因为罗马人尊重各个民族在风俗习惯上的差异。

罗马人思想中的“宽容”（clementia）是，身为强者，也不将自己的生活方式强加给弱者，尊重弱者有自己的生活方式。

罗马皇帝对基督教徒的镇压时有时无，即使进行也不彻底，原因就出在这种思想上。唯一彻底镇压的例子，就是戴克里先发起的镇压政策。但这项政策真正严格执行，也只有两三年的时间。因为上至皇帝，下至地方上的行政长官，连这些罗马的行政人员，心中也不认同仅针对基督教徒信仰发起的镇压和迫害。

罗马人是多神教民族，而多神教是一种互相认同不同宗教信仰的生活方式。因此，认同其他神灵，唯独不认可基督教的想法，违反了多神教的精神。即单独排斥基督教徒的想法，违反了罗马人“宽容”的思想，因此不符合罗马人的性格。这是那些即使不信仰基督教的罗马人，也无法彻底镇压基督教徒的原因所在。而反过来，罗马人承认基督教时，也会语带含糊的原因也就在这里。

但是，仅仅在这道敕令颁布两年之后，君士坦丁发布了“米兰敕令”。不过，这道被公认为史上第一次承认基督教的“米兰敕令”，其内容恐怕也无法让基督教徒觉得十分满意吧。因为就连这道敕令，也是立足于罗马的“宽容”思想上的。

由君士坦丁和李锡尼两位皇帝共同签署，于公元313年6月发布的“米兰敕令”，全文如下：

> 很久以来，我们二人（君士坦丁与李锡尼）始终认为信仰自由不应受到限制，每一个人都应该根据自己的信念和愿望，信奉自己所选择的宗教。因此，在我们所管辖的帝国西部，基督教早已得到承认，并允许他们为加深其信仰而举办有关仪式。然而，这种意愿在法律实施时给执行者带来了困惑和混乱，为此，我们认为有必要将此问题作明文的规定。
>
> 我们，正帝君士坦丁和正帝李锡尼于米兰相聚，共商帝国大事。我们一致认为，在所有事关万民的大事中，首先应该作出规定，保证尊重对神的信仰。
>
> 无论基督徒或信奉其他宗教的国民，个人选择宗教信仰的权利皆应得到完全的认可。无论哪一方天神，都应得到崇拜和尊重，只要它能为作为统治者的皇帝及其臣民带来和平与繁荣。从有利而且明智的角度出发，我们一致同意，我们二人属下的所有臣民，都应该得到宗教自由的权利。
>
> 自今日起，无论是基督徒还是其他教徒，都可以自由无条件地保留其虔诚的信仰，以及举行相关的宗教仪式，不受任何干扰和干预。无论是何等神明，我们都期望它以至高无上之存在，普降幸福于万民，引领帝国全体走上和平与融合之路。

从下文开始，敕令的内容从宣布国家新政转为具体指令，是给那些负责实际贯彻落实的帝国各地的行政长官们：

以上是我们二人之决定。故自今日起，以往颁布的有关基督教的所有法律规定（主要是指戴克里先皇帝制定的镇压基督教的诸法）一概无效，凡基督教信仰者可以无条件地保留其信仰，不受任何干扰。

给予基督徒的信奉其宗教的绝对自由，同样也适用于信奉其他宗教的教徒。我们认为，全面承认宗教信仰之自由，有利于帝国的和平。而且，任何神明和宗教，其名誉和尊严都不容遭到诋毁。

基督徒曾饱受不平的待遇。在此特别规定，基督徒之前被没收的聚会祈祷的场所，必须立即予以归还。另外，那些曾经属于教会或者教区的资产，也即刻物归原主。依照上述规定，对那些以拍卖方式购买了教会财产的人，在交还财产后，国家将以公平的价格补偿其经济损失。

读完“米兰敕令”，我们可以清楚地知道，发布命令的这两位皇帝中，君士坦丁并未表示要改信基督教。此外，这道敕令也没有给予基督教有别于其他宗教的特别优待。这只是一道全面认可罗马帝国公民享有宗教信仰自由，并公之于众的法令。

尽管如此，“米兰敕令”依然有充分的理由被人们认定为具有划时代意义的历史文献。因为在公元 313 年，这道法令颁布后，罗马人持续了一千多年的传统宗教观念被彻底打破了。

在这之前，罗马要求属于“共同体”（Res Publica）的公民，不论个人信仰何种神灵，都必须对“共同体”的守护神——传统的罗马诸神，保持一定的敬意。在罗马军中，无论信奉基督教、密特拉教，还是太阳神，那都是官兵的个人信仰自由。但每年的 1 月 1 日，官兵必须聚集在军团基地的中央广场上，在举行给罗马诸神的献祭仪式之后，对身兼最高司令官的皇帝宣誓忠诚。这时就要求大家暂时将个人信仰放在一边，全体行动一致。

而在“米兰敕令”颁布以后，就再也没有这个必要了。“敕令”中，承认个人有完全的信教自由，却完全没有提到国家“共同体”的宗教。也不像伽列里乌斯敕令那样，在认同基督教徒信教自由的同时，也注明“必须在不违背帝国国法之限度内”一条。因此，“米兰敕令”是“无条件地完全认同”宗教信仰自由。

纵观从“米兰敕令”到今日的历史，由于宗教信仰自由是尊重人权的重要表现，我们甚至可以说，这道敕令为18世纪传遍欧洲的启蒙主义开辟了先河。特别是“米兰敕令”的前半段，让人觉得好像在听伏尔泰或狄德罗的言论。

罗马帝国要比启蒙思潮早1400年，即便到了后期，依然是多人种、多民族、多宗教、多文化的帝国。在这个繁杂多样的大帝国内部，依靠着“罗马法”、“罗马皇帝”以及“罗马宗教”这个宽松的框框，才能保持统一。曾有英国学者评价，罗马帝国和第二次世界大战后诞生的联邦国家很相似。

“米兰敕令”一颁布，就把“罗马宗教”这个框框给去除了。这道敕令从内容上来说合情合理，无可批判，就连18世纪的启蒙主义者也必定会赞不绝口。问题是，提倡这项思想的君士坦丁本人，是否真的认为没有了宗教约束后照样有办法统治整个帝国呢？

而且，既然“米兰敕令”已经承认宗教信仰自由，为什么1400年后的启蒙主义学者，又要跳出来大力主张呢？

答案很简单，因为相当长的岁月里，宗教自由根本没有得到保障。

而让社会走上宗教信仰自由得不到保障这条路的，就是君士坦丁本人。

虽然君士坦丁和李锡尼两位皇帝共同在“米兰敕令”上署名，但两人的同盟关系在马克西米努斯·代亚败亡后，很快就面临危机。整个帝国版图出现了西方由君士坦丁、东方由李锡尼统治的“两帝共治制”局面。虽然形式上都为“两帝共治制”，但实际上与公元285年的“两帝共治制”差了很多。

戴克里先与马克西米安的“两帝共治制”能够维持8年，是因为两位皇帝的权力和权威并不对等。负责西方事务的马克西米安，虽然形式上是戴克里先的同事，但帝国统治的主导权一直在戴克里先手里。这种状态下，帝国能够发挥统治机制，在于武夫型的马克西米安对比自己年长5岁、政治判断精准的戴克里先心悦诚服，毫无二心。

相形之下，公元313年的“两帝共治制”，内情完全不同。公元313年，李锡尼48岁，君士坦丁38岁，两人相差10岁。两人之间，可不像戴克里先和马克西米安那样，经常有人情味浓厚的感情交流。尽管李锡尼年长许多，在政治、军事才能上却无法获得君士坦丁的尊重。这样的两人关系，仅仅是双方势力的对峙。因此两人形成的“两帝共治制”局面，维持不到两年的时间就出现裂缝，也就不足为奇了。

事情的导火索，是君士坦丁的亲戚惹祸以后逃到李锡尼之下，而李锡尼拒绝了君士坦丁的引渡要求。据说李锡尼的拒绝并非针对引渡，而是因为君士坦丁提出要求的方式太过傲慢。不管怎么说，君士坦丁因此获得了对李锡尼作战的正当理由。

如此一来，罗马帝国虽然成功阻止了外敌入侵，但在短短7年的时间里，却发生了三场内战，致使大片国土荒废，经济也一再衰退。而且公元315年的内战，是君士坦丁手下守护莱茵河防线的高卢兵，对阵李锡尼麾下守卫多瑙河防线多年的巴尔干部队。这可是两支罗马军队中数一数二的精锐部队的正面冲突。当然，短期内还无法看出战斗的结果。

公元315年初秋发生的第一场战斗，地点在多瑙河附近，潘诺尼亚地区的小镇西巴莱。潘诺尼亚地区属于李锡尼的管辖区域，而西巴莱位于李锡尼的宫殿所在地塞尔曼西北70公里处，很明显是君士坦丁主动发起的攻击。当时李锡尼能动员的兵力有3.5万人，而君士坦丁只有2万人兵力。

君士坦丁要想以少胜多，尽早掌握战斗的主动权就显得尤为重要。当时君士坦丁亲自率领骑兵军团冲进敌军阵营，让人忍不住联想起当年亚历山大大帝如何率领大军冲向5倍于自己的波斯大军的情景。不过，罗马士兵的战斗力可

色雷斯及其周边

不是波斯军所能比的。这场激战一直持续到日落。君士坦丁能始终占据战场优势，倒不是因为官兵个人战斗力特别强，主要还是指挥者能力存在差距。

到了夜晚，李锡尼及其军队拔营向东逃走，当时李锡尼对士兵宣称是撤退而非败逃，可他甚至连首都塞尔曼都弃之不顾，就直接一溜烟地逃到了色雷斯地区。底下的士兵对局势自然也是心知肚明。途中部队人数从 3.5 万人减少到 2 万人，倒不是部下背叛，而是官兵抛弃了他们的首领。

第二场战斗，发生在色雷斯与其南边的马其顿交界的山区。

据说这一仗打得比第一场还要激烈。只不过，要想让有逃跑之意的官兵回心转意，并带来战斗的胜利，就必须要有万中选一的高级将领才行。敌军光是占据追击的立场，就已经处于优势地位。一如所料，第二场战斗李锡尼又落败了。

此时，两年前与李锡尼结婚的君士坦提娅，以当时妇女少见的意志和胆识，出来调停丈夫和兄长之间的斗争。可能是调停有效吧，两位皇帝在这一年的 12 月达成和解，条件是李锡尼必须退到小亚细亚以东。虽然不知道能维持多久，但罗马人之间的内战至少算是暂时平息了。

不过，君士坦丁不忍拒绝妹妹的恳求而选择和谈，这只是表面上的姿态，实际上，应该是君士坦丁盘算这次谈和对自己绝对有利才作出的决定。一旦李锡尼退到小亚细亚以东，就意味着他退出了多瑙河防线的守卫工作。不负责多瑙河防卫工作，也就代表他放弃了多瑙河部队的作战指挥权。

如此一来，君士坦丁麾下就拥有了莱茵河防卫部队和多瑙河防卫部队这两支罗马军中最强的军事力量。相对的，因为讲和而捡回一条命的李锡尼手下，只剩下向来因软弱而被轻视的东方部队。现在李锡尼已经算不上是危险的竞争对手了。

君士坦丁的性格不是那种喜欢趁势一鼓作气爬到楼层最顶端的人，他具有每到楼梯口就停下脚步，回顾确认成果，之后再向下一个目标挺进的特质。这时他才 40 岁，不用担心健康问题，可能他也认为不必急于成事。恐怕君士坦丁这个人，是与“躁进”一词最没有缘分的人。

而不躁进，意味着这个人在不适宜仓促行事时，会一步一个脚印踏踏实实地为日后作准备。君士坦丁在公元 306 年刚刚登上权力舞台时，根据地位于莱茵河的支流摩泽尔河上游的特里尔，现在德国的最西边。在公元 312 年战胜马克森提乌斯之后，他把根据地迁到了意大利的米兰。在公元 315 年战胜李锡尼之后，他的根据地又移到了罗马帝国后期多瑙河防线的关键要地、靠近多瑙河的塞尔曼，现塞尔维亚和黑山共和国的米特罗维察。这些举动给人的感觉是他一步步将棋子向东方移动。也许仅从这件事情就可以推测出君士坦丁脑海中是如何勾画罗马帝国的形态的。但是，君士坦丁优秀的地方在于，树立大目标之后能将完成这一目标的路径分成很多小步骤，然后一步一个脚印认真执行完毕。

在与李锡尼暂时讲和之后，公元 316 年到 322 年这 7 年时间里，君士坦丁忙于击退北方蛮族的进攻。这段时间里，莱茵河东岸的法兰克和阿拉曼两个部族，以及多瑙河北岸的哥特人，时隔多年后再次突破了防线，攻入罗马境内。如果此时君士坦丁继续专注于对李锡尼的围剿，继续不断地向东进军，只怕蛮族会深入欧洲大陆内部，进行惨无人道的烧杀劫掠。就算君士坦丁真这么做，把李锡尼逼上绝路，登上唯一最高权力者的宝座，人民也不会忘记以排除异己为优先、容许蛮族入侵掠夺的事实。

身为罗马皇帝，首要职责是保障帝国及其边境居民的安全。正因为如此，皇帝才身兼罗马全军最高司令的职务，并享有凯旋将军含义的“Imperator”称号。在罗马人的心目中，不管内政多么出色，任由外敌入侵的人是称不上“皇帝”的。

直到公元 317 年，君士坦丁才作好反击的准备。虽然北方蛮族突破防线的事情发生在前一年，但是要集合符合皇帝御驾亲征规模的大军，不是三两天就能完成的事情。一直到五贤帝时代为止，帝国的安全保障政策都是以强化防线牢固为核心，努力构建一旦某处防线遭到突破，立刻会有其他防线兵力驰援的体系。但是，自从戴克里先即位之后，帝国安全保障的主力不再是沿着防线密集布置的军团驻军，而是由每位皇帝直接率领的游击部队。而且既然是皇帝亲自率领，部队规模自然也要高达数万。就算在现代，大批兵力会合也需要相当长的时间，这一点在古代也是一样。

由于这些因素的影响，反击战直到公元 317 年才正式开始。君士坦丁把战线分为莱茵河和多瑙河两处，并将莱茵河交由长子克里斯普斯负责，自己则负责多瑙河地区。这是因为突破莱茵河防线的敌军入侵了高卢地区，而突破多瑙河防线南下的敌军闯入了巴尔干地区。

克里斯普斯是君士坦丁第一次婚姻时所生的长子，后来为了与具有皇家血统的法乌斯塔结婚，而与克里斯普斯的生母离婚。克里斯普斯作为君士坦丁与离婚的前妻之间所生的长子这一点，与君士坦丁年轻时相同。不过，君士坦丁将重责大任交给年轻的克里斯普斯，并非因为想起自己年轻时的遭遇，对儿子产生同情。这纯粹是因为当时在皇室中，只有克里斯普斯能够协助承担御驾亲征的任务需求。君士坦丁与法乌斯塔之间所生的儿子，这时都还是幼儿。

此外，这个时期，克里斯普斯已经从父亲君士坦丁手中接下了“恺撒”的称号。这个时候的“恺撒”，不能像“四帝共治制”时期那样，译为“副帝”。“副帝”具有独立判断、发起军事行动的权力，而君士坦丁可没有给克里斯普斯这样的权力。因此，在“四帝共治制”之后的“恺撒”，应该回复到公元2世纪元首制时期，是“帝位继承者”或者“皇太子”的含义，并依此进行翻译。君士坦丁会将克里斯普斯定为继承人，是因为与前妻所生的克里斯普斯已经年满20岁，而与具有皇家血统的法乌斯塔之间所生的孩子，长子才1岁，次子刚出生。

不过，克里斯普斯与君士坦丁相似的地方，还不只是出生和生长环境。虽然他才20岁出头，但领兵打仗已经颇有其父之风。

不过，这名年轻人和父亲不一样，是个表里如一的人。不知道是不是因为这一点，他一上战场就像猛虎出笼，显得特别威猛。克里斯普斯不但擅长快攻，还懂得运用谋略来有效推动战场形势。仅就战场上的才华来讲，也许还在其父之上。法兰克人和阿勒曼尼人一遭到克里斯普斯的反击，马上就兵败如山倒。

不过，五贤帝时代的皇帝，特别是哈德良皇帝，会坚持以强化防线来扼制蛮族入侵，自然有充分的理由。这是因为一旦让蛮族侵入帝国内部，再要赶出去就不是那么容易的事情了。

因为这些蛮族并不像罗马军队那样，有组织和有纪律。他们一旦突破防线入侵之后，会为了获得更多的财物而四处活动。如果面对的是有组织的军队，只要击破其集团就可以达到目的。而对象是蛮族的话，这种作战方法就不管用了。唯一的办法，就是彻底搜寻分散在各地的蛮族小集团，逐一进行击破。而在完成各个击破任务之后，又轮到罗马军渡过莱茵河攻进对方的根据地。为了让蛮族刻骨铭心地记得入侵罗马会有什么样的下场，有时还必须做些残酷野蛮的行为。而在罗马的政策中，如果有任何部族愿意对罗马表示恭顺，愿意提供兵力构筑友好关系的话，罗马方面也会欣然接受。这也就难怪克里斯普斯要恢复高卢地区的和平，将不愿停止敌对行为的蛮族赶入莱茵河东岸远处，需要花费五年的时间。尽管如此，在这五年的时间里，从来没有发生过需要父亲君士坦丁出兵支援的情况。作为年轻将领，第一次领兵打仗，可以说打得极为漂亮。

多亏有了克里斯普斯的英勇善战，君士坦丁才能将注意力集中在多瑙河地区。至于这条战线上的战斗究竟是何时开始的，没有明确的记录。但是这条战线上的敌人，是北方蛮族中最为庞大、彪悍的哥特人。但也正因为如此，哥特人和其他蛮族不同，军队是有组织的行动。说不定哥特人和君士坦丁率领的罗马军队作战时，会采用两军在平原布阵会战的方式。

虽然说开战的年份不详，但结束战争的年份却留下了记录。据说一直到公元 322 年的夏天为止，君士坦丁及其大军在多瑙河南岸的反击战中始终占据优势，而到了 11 月时，虽然要面临不利于战斗的季节，他们还是着手准备进攻多瑙河北岸。

所谓的准备，就是要让 200 多年前图拉真皇帝在多瑙河上修建的、长达 1 公里以上的石桥恢复通行。这座“图拉真桥”的 20 个桥墩是用坚固的石材建造的，但由石墩支撑的供应人马车辆通行的桥面，则是木结构。在公元 3 世纪后半期，罗马帝国放弃达契亚行省时，木造部分已被拆毁。由于罗马帝国撤出由图拉真皇帝征服并行省化的达契亚地区（现在的罗马尼亚），这一地段的多瑙河再次恢复边界最前线的地位。因此，军方出于防卫需求，将河流上的桥梁拆除。

君士坦丁计划的攻打多瑙河以北的方案，必须要让大军渡河才能实现。因此，必须要建造桥梁。公元322年的准备工作就是征集大量的木材，投入大量官兵，将图拉真桥恢复到公元103年完工时的模样。不过工程本身肯定要比200多年前简单随意得多。毕竟，现在只要求这座桥能通行就行。等到在对岸击败哥特人、渡桥回来后，这座桥还是要当场放火烧掉的。

攻打多瑙河北岸的战斗最后胜利结束，被击败的哥特人，只得向罗马求和。君士坦丁以将4万名哥特男子编入罗马军队为条件，答应了对方的和谈。这样，到公元322年，君士坦丁总算脱离了7年来纠缠不休的北方蛮族问题。这也意味着，对君士坦丁来说，从最后一个楼梯口一跃登上楼层最顶端的机会来了。

公元324年，李锡尼59岁，君士坦丁49岁。年轻10岁的君士坦丁再向李锡尼开战时，再也不需要打着什么幌子或者寻找借口了。这时他已经不需要隐瞒为争夺皇位而发动战争的事实。

李锡尼也早料到这一天迟早会来，所以他趁着君士坦丁集中精力与北方蛮族作战时，集结好大军严阵以待。

李锡尼在陆地上的兵力，包括15万名步兵，1.5万名骑兵。海上的军力，包括从埃及调来的130艘，塞浦路斯岛和叙利亚·巴勒斯坦各110艘，共计350艘的三层桨帆船。

相对的，君士坦丁这边的兵力，骑兵步兵合计有12万人。数量上虽然不占优势，但这些都是刚刚与蛮族作战过的士兵，可谓是久经沙场，战斗力非比寻常。除了这些陆上兵力，还从意大利和希腊召集了200艘三层桨帆船。

攻防双方都准备了军用桨帆船，是因为李锡尼的势力范围在小亚细亚以东，而君士坦丁的势力范围在巴尔干以西。双方势力的分界线，正好是分隔欧洲和亚洲的博斯普鲁斯海峡、马尔马拉海，以及通过达达尼尔海峡向南可以看到的爱琴海。由于地势因素的影响，这场争夺帝国霸权的战斗，成为了一场海路联合的大型作战。君士坦丁决定亲自指挥陆上作战，海上作战的指挥权，则交给儿子克里斯普斯。

公元 324 年 7 月 3 日清早，双方部队在现代土耳其的主要城市之一的埃迪尔内附近相遇。这座城市是由哈德良皇帝兴建，所以在古代称为哈德良堡。埃迪尔内是这个名字转成土耳其发音之后的称呼。虽然位于色雷斯地区的最东边，但这个城市还在欧洲境内。第一场战斗发生在埃迪尔内附近，这说明是李锡尼一方攻入了君士坦丁的势力范围内。只是，不知道为什么，李锡尼没有让部队从哈德良堡继续向西前进。这一点，使得君士坦丁有时间在希腊的海港塞萨洛尼基将陆上与海上兵力集结完毕。当部队集结完毕、接受君士坦丁的命令后，陆上部队取道东北，向哈德良堡进发。海上军队则从爱琴海北上，通过达达尼尔海峡前往马尔马拉海。

虽然敌我双方在广阔的平原上布好了阵型准备开打，但双方分别投入 16.5 万人和 12 万人的大军，这么宏大的规模不可能布阵完毕马上就进入全面冲突阶段。最初几天，双方都只是派出少量部队观察局势。后来君士坦丁领先对手一步，率先将试探性的交战转换成了全面的决战。

君士坦丁在这次作战中，依然采用亲自率领骑兵团冲散敌军阵型的粉碎式战法。他虽然大腿中箭，但依然毫不退缩。官兵们看着总司令亲自在战场的正中央冲锋陷阵，士气也变得更为高昂。

不过，君士坦丁虽然是一位勇敢的武将，但不是能在求取胜利的同时，将敌我损失减至最小的战略好手。这天他虽然获胜，但战斗一直持续到太阳下山，尸横遍野。李锡尼一方阵亡人数达到 3.4 万人。君士坦丁这方的损耗虽然要少一点，但是也已经无法立刻追击败逃的李锡尼大军。在这种情况下还能够大获全胜，只能说李锡尼的战略战术实在太差劲。

在战斗前制订战略战术时，应该只订立几项基本的行动纲领，其他细节问题要等到上了战场，根据战况的发展随机应变。如果事先将细节都规定好，那么真正作战时就会缩手缩脚，无法应对战场上常常发生的突发意外。李锡尼可

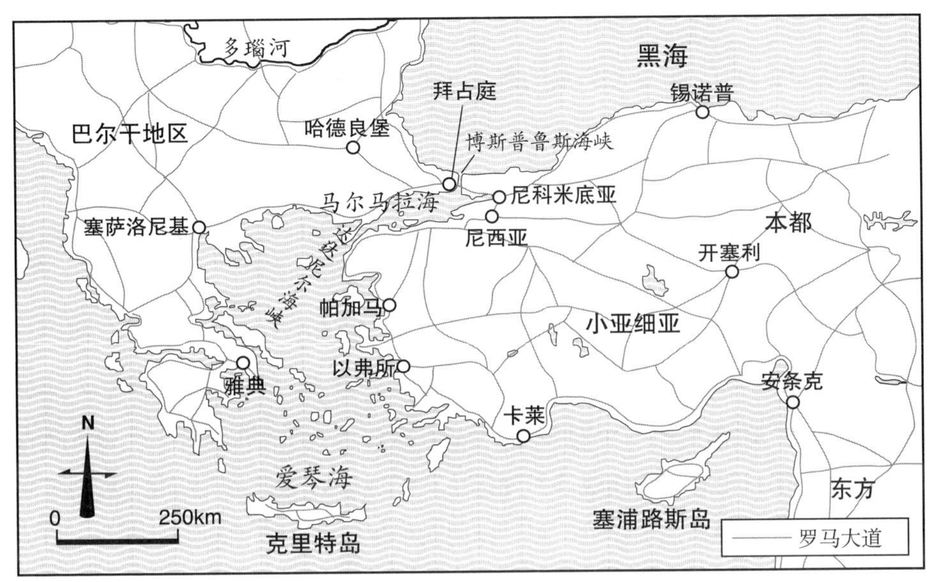

巴尔干、小亚细亚及其周边

能是没有担任副帝的经历就直接升任正帝的缘故，缺乏战场经验。即使担任正帝以后，也是一再回避武力冲突。在生死攸关的决战之前，他应该也制订了细致的作战计划，但毕竟只是纸上谈兵。他率领的是多达16.5万人的大型军队，而且他还要求如此大规模的军队，必须按照事先制订的详细作战要求行事。在容易陷入混战的战场上，官兵们自然手忙脚乱，无所适从。一旦行动被限制，战士的直觉也就无法发挥作用。在这种情况下，数量上的优势，反而会变成缺点。眼看败局已定，士兵们纷纷逃离战场，躲进附近的山里。后来他们没有追随李锡尼逃往拜占庭，而是选择了毫无反抗地投降。这次，李锡尼又被部下抛弃了。

这座位于博斯普鲁斯海峡出口位置的三角形城市，最初名叫“拜占庭”，后来改称“君士坦丁堡”，现在叫做“伊斯坦布尔”。这座城市两侧靠海，只有一侧是陆地，可以说是天然的要塞。李锡尼逃进拜占庭之后，一开始君士坦丁似乎打算采用海陆夹击的方式进攻。但后来实际战斗的地点却是在海上，因此，第二场战斗的主角是克里斯普斯。

这场350艘对200艘桨帆船的海战结果，将决定拜占庭外围两侧的海洋制海权的归属。李锡尼手下的350艘战船以小亚细亚一侧的港口为基地，而克里斯普斯率领的200艘战船则以欧洲一侧的港口为基地。双方犹如隔着海洋，一左一右地摆阵对峙。而且，两军的战舰在日出时分同时离开基地，朝对方疾驰而去，在海的正中央展开激战。

与帆船比，桨帆船作为军用船只的历史更为悠久。这是因为帆船只能依靠风吹动，而桨帆船除了帆以外，还配备了作用犹如马达的桨，能够按照人的意愿移动。而一般情况下，在战场上，无论有风没风，都会把帆降下，仅依靠人力划桨控制船只进行移动作战。另外，桨犹如现代的马达，所以没有风的时候也能驱动船只。如果遇上顺风，则可以同时使用帆和桨两种动力，进一步增加船速，增强对敌船的冲击力。

在拜占庭南部海面进行的第一场海战，敌我双方都没有遇到顺风。由于双方都靠桨驱动船只，因此局势一直对船只数量占优势的李锡尼军有利。不过虽然敌我双方损失都很惨重，但第一场战斗并没有分出胜负。

等到第二天早上第二场战斗开始时，克里斯普斯似乎发现拜占庭附近海域的风向有两种：靠近欧洲一侧的海域主要刮东南风，而进入亚细亚一侧的海域，则主要是由博斯普鲁斯海峡吹来的西北风占主导。

于是，克里斯普斯命令麾下的战船比前一天提早出港，天还没亮就出发。如此一来，就可以将海战的战场推到接近亚细亚一侧的海域。一切都如计划中想的那样，当双方开始战斗时，克里斯普斯的战船不仅顺风满帆，而且全力划桨，其冲击力比起在逆风中只能依靠摇桨移动的李锡尼军的战船要强数倍之多。从正面承受这股冲击力的敌军战船招架不住，只有被撞沉的份儿。最后，李锡尼军的沉船数量超过130艘。加上前一天损耗的船只，不知道李锡尼方面到底损失了多少船只。不过可以确定的是，制海权完全掌握在了君士坦丁的手中。

丧失制海权，对于两面环海的拜占庭来说，也就意味着补给通路被切断。李锡尼悄悄地离开处于孤立状态下的拜占庭，渡过博斯普鲁斯海峡，逃往小亚细亚。不过，这也没有争取到多少时间，君士坦丁率领的陆上部队很快就渡海来到了亚细亚。李锡尼手上最后一张牌，就是在亚细亚地区展开陆战。可惜，这场战斗又是由君士坦丁获胜。这场战斗李锡尼损失了 2.5 万人的兵力。

尽管局势恶化至此，李锡尼还是逃到了尼科米底亚。尼科米底亚位于马尔马拉海的小亚细亚一侧，是戴克里先皇帝长年视为首都的地方，也是李锡尼 8 年来的根据地。李锡尼逃入这座城市，打算争取作战时间。不过，君士坦丁已经决定要在这里将所有问题作个了结。

李锡尼的妻子，君士坦丁同父异母的妹妹君士坦提娅，这时再一次出面。至于胜利者和战败者这一次在哪里举行了会谈，我们不得而知。不过，据说李锡尼在妻子陪伴下，向君士坦丁下跪，并当面脱下了象征帝位的紫色披风。君士坦丁拉着李锡尼的手扶他起身，并提出之前与妹妹约定好的和谈条件。从今以后，李锡尼必须正式退位，进入自己的引退生活。这是饶李锡尼一命的条件。不过，李锡尼不得自行选择引退地点，君士坦丁规定他必须在塞萨洛尼基与妻子一起过着引退生活。这就是当年 60 岁的李锡尼的余生。

只不过，这个余生连一年都没能维持。第二年，突然有一队士兵闯入可以眺望爱琴海的塞萨洛尼基隐居地，声称李锡尼私下与哥特人联络，密谋反叛君士坦丁，然后在未经审判的情况下，将李锡尼处以死刑。还是少年的儿子也遭到杀害。据说，李锡尼的妻子君士坦提娅后来跟君士坦丁依然关系良好，但不久就改信基督教了。据说君士坦丁的母亲海伦娜也已经改信基督教，所以君士坦提娅成了皇室中第二个改信基督教的人。在“米兰敕令”发布以后，男性皇族成员基于政治上的原因，还难以接纳基督教，而女子则没有这个问题。至于改信基督教后的前皇后，在何处如何度日，后人无从知晓。

唯一的最高统治者

很多历史学家在叙述罗马史的时候，到君士坦丁时代就戛然而止，其理由是，此时的罗马帝国已经名存实亡。

的确，经过共和、帝政时期而形成的很多罗马“特征”，在君士坦丁统治之后，可以说是“彻底地”丧失了。但是，这些特征早在公元3世纪就开始崩溃，经过戴克里先改革之后，最终陷入无法挽回的境地。而君士坦丁的举措，只是将罗马“特征”彻底葬送而已。如果从这个意义上来说，继续叙述罗马史的确没有什么意义。

但是，即使在罗马社会变得越来越不“罗马”的时代里，罗马人当中依然有很多崇尚罗马“特征”的人存在。而我要写的，正是这些“罗马人”的历史，而非罗马的历史。因此，只要有这类罗马人存在，我就有理由继续写下去。

此外，在君士坦丁时代，信仰基督教的人毕竟还是少数。除此之外的大多数人，在自由选择的前提下，依然属于尊重罗马传统诸神的人。正因为这部分人占了大多数，君士坦丁才有必要巧妙而坚决地将这部分人变得非罗马化。

君士坦丁

君士坦丁是个知道需求不仅会自然产生，也可通过人为唤起的“战略家”。而“strategy”（战略）一词的词源来自希腊语的“Strategos”。

公元324年，是君士坦丁历经18年权力斗争后取胜的一年，也是他开启未来13年专制统治的第一年。如果从公元284年，即戴克里先即位那一年算起，是帝国重隔40年之后，再一次回到由一位皇帝进行统治的时代。

君士坦丁在历经千辛万苦得到最

高权力之后，究竟想要实现什么样的理想呢？

那就是一个由新首都、新政体、新宗教构成的新罗马帝国。这称得上是一场革命，而他完成的方式，主要分以下三种：

第一，在既有事物中，能够利用的事物或体系保留原样，继续使用。

第二，遇到不方便继续沿用的事物或者体系，则按照君士坦丁的构想进行改造，再继续使用。

第三，对于不方便继续使用而又无法改造的，则另创新的事物或体系。只不过，这种情况下，既有的不会遭到破坏，而是让其与“新生”体系并存，待到“既有”事物的人才或能量被“新生”体系吸收殆尽后，让其自然衰竭。

以下要叙述的君士坦丁的各项政治举措，很多实在难以按照年代顺序一一叙述。因为这些政治举措，大部分都是并行推动的。不过，在细细推敲其中的详细内容之后，我们不难发现，这些举措都可以归类到上述三种革命方法中去。

建设新首都

我们不知道，君士坦丁为什么会选择无论在希腊史还是罗马史上都籍籍无名的拜占庭（希腊语称为拜占提欧）作为帝国的新首都。由于君士坦丁本人并未留下任何言论，同时代的人也未留下任何这方面的记载，所以只能通过后世的罗马史专家进行推测。而后人最容易想到的，就是地理上的优势。

拜占庭是个易守难攻的天险之地。三角形的一边面向马尔马拉海，另一边对面是被后世称为金角湾的海湾，只有剩下的最后一边连接陆地。在那个时代没有防止空中袭击的顾虑，两面都对着难以发起大军进攻的大海，是个很大的优势。金角湾受到从博斯普鲁斯海峡南下的潮流守护，只要用铁链连到对岸封锁港湾，受敌船袭击的风险也就接近为零。在这样的地形条件下，只要将主力投向连接陆地的一边即可。

只不过，防御再怎么完美，如果让人围得水泄不通，来个瓮中捉鳖可就惨了。但幸好拜占庭不是伸入大海中的孤岛。拜占庭与小亚细亚的距离较近，足以趁夜摸黑以小船往来，不大容易让人切断补给，落入瓮中捉鳖的困局。

而一旦脱离了以防御为重的战时状态，在平时，可以充分发挥海港城市的优势。拜占庭北通黑海沿岸一带，西往色雷斯地区，东面有小亚细亚，向南可以通过爱琴海诸岛直达埃及。有这样得天独厚的地理优势，一旦将周边海陆地区纳入掌中，就可以形成四面八方海陆物产和通商贸易的一大集散地。

不过，如果拜占庭的优势只有这些的话，也就无法解释君士坦丁在选择首都时，为什么会看中这样一座历史上从来没有作为重要城市出现过的地方。想必除了地理条件得天独厚之外，拜占庭还有其他在君士坦丁看来特别重要的优势存在吧。

这项优点，只怕是因为罗马帝国原是拉丁语和希腊语并存的双语帝国，而拜占庭属于希腊语圈。首都罗马，不用说，自然是拉丁语圈的中心。《新约圣经》在一般民众中普及，也是在翻译成希腊语之后。而基督教徒也大多身在罗马帝国东方的希腊语圈之内。在十二使徒时代，神职人员还都是犹太人，现在则是希腊人占了大多数。而且，拜占庭不像叙利亚的安条克那样完全属于东方，而是位于古代人心目中欧洲和亚洲的分界点上。这样，在君士坦丁看来，拜占庭正是最适合做新生罗马帝国首都的城市。

只不过，当君士坦丁将首都定在拜占庭之后，随之产生了一项让他烦恼、有时甚至要发发牢骚的问题，那就是帝国的中枢机构，开始由喜好议论的希腊人掌控。如果说罗马人是“多做少说”的话，希腊人则是典型的“先说再做”的民族。

君士坦丁看上拜占庭的另一个原因，恐怕正是因为这座城市以前不是罗马世界中的重要城市。帝国的每一个重要城市，其城市结构都极力模仿罗马，让人觉得好像是缩小版的罗马市。比如在城市内部构造上，各个城市除了都建有称为“forum”的大型公共广场、圆形竞技场、大竞技场、半圆形剧院、大浴场等公共建筑之外，最多的就是各类神殿。由于罗马人属于多神教民族，每一个神灵都要修建神殿，所以在城里放眼望去，映入眼帘的马上就是多得手指都不够数的神殿。由于当时还是非基督教徒占多数，如果胆敢拆除这些神殿修建教堂的话，肯定会遭到强烈的反对和抵抗。按照君士坦丁的个性，他在言行举止上会尽可能避免刺激与自己意见相左的派系。从他的眼光来看，拜占庭只是一个小型的地方都市，神殿数量不多，即使拆除也不会引起大的反对，实在是一个上好的定都地点。

一个原先就没有传统建筑可言的地方，正适合用来重新建设。这些建设，不仅包括神殿，也涵盖其他公共建筑。换句话说，拜占庭实质上就是一大片空地，君士坦丁可以按照自己的意愿，将拜占庭建设成一座新首都。在罗马市，罗马传统诸神的存在感毕竟太过强烈。在君士坦丁施政后期，也曾经在“异教”圣地罗马市建设教堂。不过，这些教堂都位于市郊。因为“异教”的神殿占满了市区的中心位置。在这个时代，拆除神殿在政治上还是不明智的做法。

据说新首都君士坦丁堡的建设工程，开始于公元 324 年。如果这项记载属实，那么开工时间应该是在打败最后一名对手李锡尼前后。建设新首都的计划，恐怕老早就在君士坦丁脑海中成形。而且，君士坦丁严命部下，必须突击赶工，尽快完成。最终，庆祝新首都落成仪式是在公元 330 年 5 月 11 日举办。如此算来，新首都的建设仅仅用了 6 年的时间。

为了建设新首都，君士坦丁从帝国各地征调建筑师、建筑工以及雕刻匠等必需人员。不过，他并没有采取强制征召的方式，而是利用提供工作、报酬，甚至提供可供全家居住的大房子这样优惠的条件来招贤纳士。一座新城市能否发展，与这座城市能吸引多少人才定居息息相关。正因为有优惠的政策，与帝国其他城市公共建设日益衰减的情况相反，新首都及其周边反而引发了一场小型的建筑潮。只因为君士坦丁要建设一座不输给首都罗马的新城市。永远的首都罗马，是建国千年以来人们一点一点建设而成的。几年的突击赶工不可能赶得上千年的成果。而拜占庭之所以能建设出一个及格的模样，在于专制君主强韧的意志，以及无上限的资金投入。

现存的一份记录记载着新首都之中存在哪些建筑物。不过，这份记录的记载时间是新首都竣工百年后的公元5世纪初期，因此，不能拿来说明君士坦丁时代的城市模样。不过，还是可以窥探出下面几点结论：

第一，君士坦丁将这座新首都命名为“君士坦丁堡”（Constantinopolis），意为“君士坦丁的首都”。从这一点可以看出，罗马是罗马人的首都。相反，君士坦丁堡（英语 Constantinople），则纯粹是皇帝君士坦丁个人的首都。

在罗马，皇帝公私两用的住处占满了整座帕拉蒂尼山丘。在共和时期，那里只是高级住宅区，进入帝国时期之后，皇家又花费一百多年的时间并购改建，才有了现在的规模。而新首都君士坦丁堡修建的第一座建筑就是皇宫。皇宫位置设在离陆地一面的城墙最远的地方，也许是认为面海的一带最为安全吧。实际上，这座城市在公元1453年落入伊斯兰势力手中之后，这一带就改建成了土耳其苏丹的宫殿。虽说新首都建设于罗马国力日渐衰落的公元4世纪，不过依旧按照以基础设施为重的罗马风格进行修建，从上下水道到市区道路，都规划得井井有条。现在可以追溯到的君士坦丁堡的市区地图，同样出自公元5世纪。而君士坦丁当时建设的首都，只有公元5世纪一半的规模。

尽管如此，新首都还是和罗马一样，将市区划分为14个行政区。内部既有元老院，也有带长廊、被称为“forum”的广场，更有叫做“thermae”的公共浴场。当然，也少不了买卖日常生活品的大型市场。

要说罗马有而君士坦丁堡内没有建设的建筑物，自然首推神殿。其次就是通称为“Colosseum”的圆形竞技场和长方形的大竞技场。还有就是半圆形的剧场。

没有神殿的原因，在于每一座神殿都是市民个人献给多神教诸神的建筑物。“米兰敕令”颁布以后，虽然给予所有宗教同等的地位，然而，这只是为了避免急剧变化而试图先营造一段灰色地带的策略。君士坦丁当时的真正意图在于振兴基督教。就算他允许以罗马为首的各大城市维持神殿的现状，但由他自己兴建、并冠以他个人名号的新首都，自然不允许修建献给希腊、罗马、叙利亚以及埃及诸神的神殿。一神教的最显著特征，就在于不承认其他神灵的存在。

包括罗马在内，帝国各主要城市都必定建有圆形竞技场、竞技场和半圆形剧场，而这些设施在君士坦丁堡也是看不见的。倒不是因为君士坦丁厌恶角斗士比赛、体育竞赛以及音乐剧之类的活动，而是这些娱乐活动虽然为大众所喜爱，但同时也是献给诸神、与诸神同乐的活动，因此在君士坦丁看来，这些活动与多神教、特别是希腊罗马诸神的关联性实在太强了。就好比古希腊的奥林匹克运动会，就是献给天神宙斯的活动。

君士坦丁堡虽然没有罗马市内战车竞速比赛用的“竞技场”（circus）、田径比赛用的“运动场”（stadium），但建有构造与“竞技场”完全相同的“hippodromus”。“hippodromus”是希腊语“赛马场”的意思。这座建筑不用拉丁语，而是用希腊语来命名，想必是建在希腊语圈内的缘故吧。当然，我们不知道这座建筑是真的仅仅作为赛马场来使用，还是兼做罗马时代最受欢迎的双驾马车、四驾马车的赛场。不过，这一类竞赛，因为是古代奥林匹克运动会的比赛项目之一，所以也算是一种献给多神教神灵的活动。可能因为娱乐性比较强，也就不予计较了。在这座急速成形的新首都当中，到处可以见到这种模棱两可、不予计较的现象。

在搭建好公共建筑这个“外壳”之后，还需要一些装饰品来点缀。罗马人最喜爱的建筑装饰，就是在两侧立着圆柱，中间竖着雕像。由于新首都是突击赶工建设起来的，没有时间去雕刻数量如此庞大的雕像，于是君士坦丁皇帝一声令下，官员们开始在罗马境内征集现有的雕像。而这些征集的雕像，大多来自对这种征调行为抵触较小的东方地区。尽管如此，这些从神殿、公会堂和竞技场征集来得雕像中，并不包括罗马共和时期、帝政时期的执政官、皇帝、名将的雕像。既然新生的罗马帝国要以基督教为支柱，这些人物的雕像也就没有存在的必要了。

0
500
1000m
N
君士坦丁皇帝时代的君士坦丁堡
布拉海鲁尼的圣马利亚大教堂
科拉教堂
阿斯帕鲁蓄水池
埃提乌斯蓄水池
博斯普鲁斯海峡
狄奥多西二世城墙
君士坦丁城墙
圣使徒教堂
瓦伦斯水道
大道
马尔西安柱
莫休斯蓄水池
阿卡迪乌斯圆柱
公牛广场
阿卡迪乌斯广场
圣安德烈教堂
狄奥多西港
圣米那修道院
圣约翰大教堂
（下图为放大图）
殉教纪念堂
马尔马拉海
金门
克劳狄乌斯·哥特库斯圆柱
公牛广场
卫城
卡鲁克布拉提亚的圣马利亚教堂
狄奥多西纪念门
圣爱内尔教堂
君士坦丁广场
里程碑
圣索菲亚人教堂
君士坦丁圆柱
查士丁尼骑马像
费洛克赛努斯蓄水池
奥古斯提欧
狄奥多西剧院
元老院
赛马场
布克雷翁宫
圣塞尔吉乌斯与巴克乌斯教堂
查士丁尼宫殿
0
250
500m

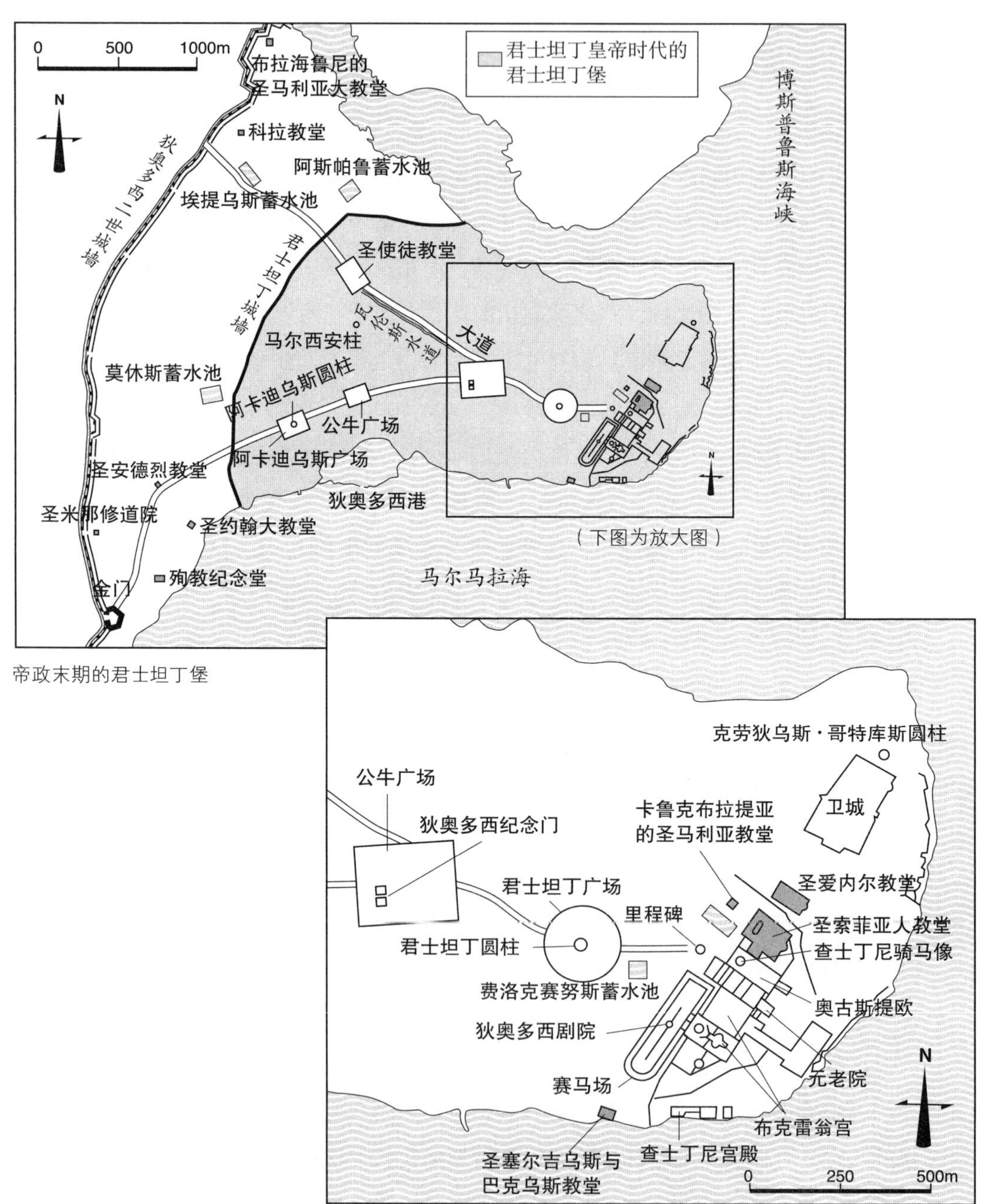

帝政末期的君士坦丁堡

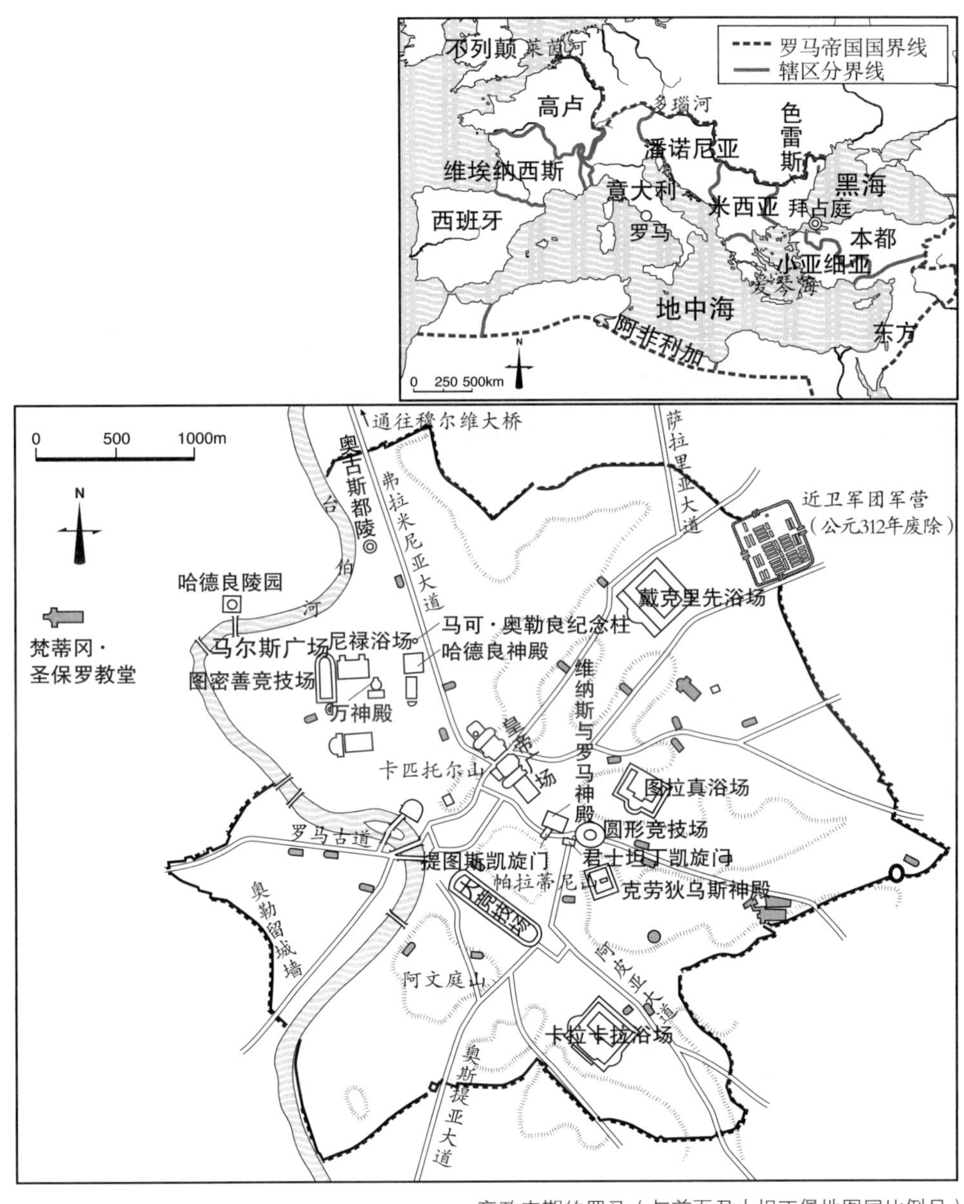

帝政末期的罗马（与前页君士坦丁堡地图同比例尺）

如此一来，能够利用的就只剩下诸神与传说中的英雄人物裸体、半裸体雕像。如今这些雕像也已经不再是信仰或者崇拜的对象，而仅仅是建筑物的装饰品。这些雕像如今依然被人视为艺术品，君士坦丁可以说是开创这种观念的第一人。不同的地方在于，现代人连基督教的信仰对象也当成艺术品看待。

君士坦丁的这一做法或许还有这样一个作用，那就是淡化了人们对教会取代神殿这一时代变化的感觉。毕竟在新首都当中，除了与工程相关的建筑师和工人以外，还要有发挥首都功能所不可或缺的其他职业人士定居。想必乍看之下，新首都君士坦丁堡给人的感觉跟旧首都罗马很相似。就连皇帝君士坦丁本人都声称，这是“新罗马”。新首都之中甚至连元老院都设置齐备，只不过性质已经完全不同了。

领导层的变化

“元老院”（senatus），和罗马大道一样，其最初的形态均出自其他民族，只是在发展过程中逐渐演变成罗马特有的事物。比如说，在波斯帝国老早就有一条石板铺设的大道，但却是罗马人将它发展成道路网，变为向帝国各处输送血液的大动脉。在斯巴达和犹太，也有长老会议，只不过罗马的元老院后来发展的方向与它们截然不同。

在王政时期，罗马还是数量众多的部族联合体。当时的政府聚集了多达 300 人的部族酋长，设置了对国王提议或者劝谏的机构，这就是罗马“元老院”的起源。因此，元老院的历史要从罗马建国的公元前 753 年开始起算。

但是，到了公元前 509 年，罗马进入共和制时期后，元老院的作用也就完全不同了。带头废除王政的正是元老院的权威议员，因此在新的共和政体下，元老院也就必须担任主角。

此时的元老院已经不是聚集不同部族代表的长老机关，而是转变成有如现代国会的组织。只不过，不同的是，这个组织并非由选举产生的人选组成，而是来自权贵之后或者士绅家族。这些人只要年满30岁，无论身为贵族还是平民，都能取得元老院的席位。以维护平民权力为职务的护民官，在任期结束之后，也可获得元老院议员的席位。这是因为罗马不希望像雅典那样，形成平民和贵族两大政党对立的体系，因此，以通过吸收反对派系来维持政局稳定为优先政策。

如此一来，罗马元老院又多了一项储备人才之机构的含义。在共和时期，无论军政民政都是由公民大会选举产生，而候选人全都是元老院议员。这种情况类似于现代国会议员组成政府的政体。

除了上述功能，元老院还具有立法机构的功能。法案提出之后，要经过元老院表决通过，才能正式定为国家法律。

另外，元老院议员是没有薪水的。因为当时社会上普遍认为，在出身、财产和才能上享有优势的人，有义务借此为“共同体”奉献。所以，担任要职为国家无偿工作的行为，被视为一项“光荣职务”。在罗马与迦太基展开殊死搏斗的布匿战争中，与古代首屈一指的名将汉尼拔对阵还能获胜，就是因为，即使一般士兵只需轮班服役一年，但那些被选举出来的元老院议员出身的将领们，始终坚持战斗在最前线。而且，他们中大多数都没有机会活着看到战争获胜。结果，司令官一级的折损率，反而比士兵一级的战死率还要大，着实令人惊讶不已。但是，最重要的是，元老院把这个现象视为理所当然。共和时期的罗马，在任何方面，无论政治、军事还是伦理方面的问题，都是由精英荟萃的“元老院”主导。

不过，任何组织都难免僵化变质。罗马在布匿战争获胜之后，走上地中海世界霸主的道路。这时，元老院作为即得权力阶层的性质进一步强化。想必布匿战争的成功经验，也产生了一些负面的作用。而且在这个时期，拥有选举权的罗马公民的人数开始激增，每年在首都聚会一次，选举产生国家要职的共和制根基，开始出现松动迹象。毕竟选举制度要受到选民阶层规模的影响。

此外，在统治能力方面，600人（前不久已从300人扩充到600人）合议的统治体系，也开始不适于治理日益庞大的领土。元老院主导体制适合于意大利半岛的统治，却不适合统治将领土扩大至整个地中海周围的罗马帝国。

局势发展至此，罗马人决意跨越“卢比孔河”，从共和制转为帝政，即罗马开始从元老院主导的时代，逐渐转型为皇帝主导的时代。

只不过，罗马继承了“共同体”的观念，转型成帝政并不代表国家成为皇帝的私人物品。罗马依旧是以罗马公民和元老院为主权者的“国家”，皇帝只是主权者委托治理国家的领袖而已。由开国皇帝奥古斯都创立，贯穿公元1、2、3世纪的罗马帝国政体——元首制（principatus），就是由罗马公民权拥有者，即主权者当中的“第一人”（princeps，亦称“第一公民”）承担统治的最高责任。“第一公民”也称为“皇帝”，是因为其身兼军队最高司令一职。

政体转换成由元首或者皇帝立于统治体系顶端之后，在寡头政治这种金字塔式统治体系下，元老院的角色也不得不发生改变。从某种意义上来说，是回到了王政时期那种对统治的最高责任人提出建议或者忠告的机构。

不过，元老院在长达500年的共和时期里发展出来的特质，并没有因为转变为帝政体制就完全废止。尽管现在政体由元老院主导转换成了皇帝主导，但如果因此将“元老院”化为乌有，那就是在否定整个罗马史。当初尤里乌斯·恺撒打着反对元老院主导体系的旗号渡过卢比孔河时，反对的是“主导”而不是“元老院”。如果一项事务没有非变不可的必要，罗马人是不会去改变的。从这种意义上来说，罗马人可以说是个保守的民族。

进入帝政时期之后，元老院的作用如下所示：

第一，为国家培育、储备足以担当国家要职的人才。

第二，具有立法机构的功能。皇帝可以自由地制定法律，但这只能作为临时措施法。如果要让法令成为长期的国策，则必须经过元老院表决通过。而元老院通过的法律，即国策，最终将以“senatus consultum”，直译为“元老院劝告”的名义发布。元老院还具有货币铸造权，市场上流通量最大的塞斯特斯铜币的背面，刻有S和C两个字母，也就是“senatus consultum”的首字母。

皇帝要治理国家，少不得有才华之人的辅佐，因此，必然要大力利用具有人才培育、储备功能机构的元老院。这并不表示皇帝在选派行省总督、军团长、救灾委员会负责人时，会仅止于利用出身于元老院世家、30岁就能获得元老院议席的议员。在罗马社会中，因出身于社会底层，因而进入讲求实力的军团，在那里出人头地后获得皇帝推荐，进入元老院积累政治经验后，再回到前线工作的军人，比比皆是。这些苦熬出头的人，在经历元老院议员的工作之后，回到前线必然会进一步升职。

如此，罗马帝国的领导阶层在文武官职之间来回调动。换句话说，这是在培养“全能人才”。元老院作为培育这类人员的“场所”是最合适不过了。正是有这样的运用目的存在，使得帝政时期的元老院存在理由更为充足。

当然，皇帝和元老院之间关系恶化的时候也不少。但这并不表示元老院是帝政体系的反对者，相反，这正好说明元老院肩负着帝政监督机构的功能。就连向来仰慕共和制的史学家塔西佗也表示，要统治广大的帝国，还是帝政最为合适。元老院内的演讲和讨论，向来以“patres conscripti”为开头，这一惯例也象征了元老院的存在意义。“patres”，意为建国的前辈，是对出身元老院世家议员的称呼。相对的，“conscripti”则是指新取得元老院议席的人士，罗马人将这些人称为“Homo novicius”，即“新贵”。元老院常常借由这种吸纳新议员的方式，来为自己输入新的血液。这样一来，既可以维持组织的稳定，又可以避免僵化，一举两得。

经历共和制、存续到元首制时期的元老院，失去其固有功能的第一步，是公元260年加里恩努斯皇帝制定法律，禁止元老院议员调任军团司令官。

当时罗马面临现任皇帝遭波斯俘虏的空前国难，帝国随即陷入一分为三的局面。当时加里恩努斯皇帝为应对困境而焦头烂额，也难怪他会认为军事专家要比全能人才更重要。不过这项法律只是禁止外调司令官一级的人员，并非全面禁止议员转调军职。但实际上，元老院议员外调军职时的职务，往往是在接近帝国边境、具有重要军事地位的边界行省担任总督兼军团司令。因此，加里恩努斯的法律，实际上就剥夺了文官精英累积军事经验的机会。

同时，在军团苦熬出头的人员，从此也失去了进入元老院积累政务经验的机会。在前途茫然的公元3世纪，那些上台又下台的军人皇帝，之所以在位时间都不长，原因只怕是他们虽是军事人才，却不懂得政务这一点吧。“全能人才”如果没有培育的机会，也就无从培养起。

比加里恩努斯皇帝的法律更彻底的，是戴克里先的帝国改造政策。由此规定的军务和政务完全分离的政策，使得元老院议员就此与安全保障这一国家头号事务完全搭不上边。当然，也就再也看不到在军中一路发展起来的人员进入元老院的事情。

此外，元老院作为立法机构的功能，也形同虚设。皇帝的想法不再通过元老院表决形成国策，而是以“敕令”的形式直接作为国策。拉丁语的用词虽然一样，但在元首制时期翻译为“临时措施法”的政令，现在则要译为“敕令”才符合实际。而且既然皇帝一个人能够决定国法，那么当皇帝觉得不合适时也可以自由地废除。从法治国家这个角度来说，罗马正在逐渐走向中世化，即非法治国家化。

在戴克里先的改革事项中，可以为自己所用的，君士坦丁也都沿袭下来，其中之一就是元老院政策。就好像虽然建设了新首都君士坦丁堡，但依然保持罗马首都般的地位一样，君士坦丁在新首都也任命了元老院议员，为他们修建了名为“Curia”的议事厅，不过却没有拆除罗马的“Curia”。

因为此时的君士坦丁已经没有必要使出强硬的手段。只要剥夺了权力，其功能以及伴随这种功能而产生的自豪感，都会自然地消失。而现在只剩下“在战车竞速赛场上挥动白手帕宣布比赛开始”这项功能的元老院，只要放置不管就可以应对了。

此外，新首都君士坦丁堡的元老院，虽然也称为“元老院”，但实质已经完全不同。现在的元老院议员只是君士坦丁皇帝任命的、毫无实权的名誉称号而已。而元老院的情况也是最能象征后期罗马帝国的实例。要知道，罗马的元老院，不仅在共和时期，就连帝政时期，也能按照罗马人的理念建构并发挥功能，在这一点上，等同于罗马这个国家本身。因此，专门研究罗马史的学者们认为，从戴克里先开始，到君士坦丁奠定基础之后的罗马帝国，已经不再是罗马的理由也正在此。

军队的变化

安全保障体系的变化，也是另外一项“罗马不再是罗马”的例子。

早在与北方蛮族斗争激烈的公元3世纪，罗马军方为了对抗以骑兵为主力的蛮族，不得不将军队主力由传统的重装步兵改为骑兵。这是因为虽然罗马军团兵在平原对阵展开会战时，具有绝对的优势，可是面对神出鬼没的蛮族，难以预料对方何时、何地来袭，相较之下，机动性要差很多。步兵一天的行进距离是30公里，而骑兵的速度却是步兵的3到5倍。

如上所述，为了应对时代的需求，罗马军内骑兵的重要性与日俱增。而一直到戴克里先时代为止，只要一说到“防线”（limes），罗马人马上就会想到边境的防卫力量，可见罗马人对其的重视程度。虽然戴克里先时期，皇帝直属的机动军团的重要程度日益攀升，但是守卫防线的各个基地，其功能依然发挥着应有的作用。戴克里先也从未放松过连接各基地的军用道路的修整工作。

到了君士坦丁时代，边境军事力量和皇帝直属军力的比例才完全逆转。

这时，被称为“limes”的国境边防兵，已经完全沦为农民农闲时的兼职。在公元2世纪的哈德良皇帝时代，也有叫做“numerus”的兼职兵存在。但这些士兵的任务仅仅是在防线外修建的碉堡或要塞中监视敌军动态，并非冲锋陷阵的战斗人员。当时的战斗人员依旧是构成罗马军主力的军团兵。除了军团兵，军队里也有协同作战的辅助兵。这些辅助兵，在农闲时由基地附近的农民兼职，对当地农民来说不失为一个赚外快的好机会。哈德良皇帝将这一习惯定为政策，也有助于稳定周边农民的生活。要知道，国防安全不是仅靠军事力量就可以一劳永逸的。

从这个角度来看，君士坦丁登基之后，边境警卫部队的兼职化，显示出罗马帝国安全保障体系发生了重大的变化。这种兼职化，必然带来边境守卫部队素质的下降。这一点，说明作为罗马帝国安全保障最高责任人的罗马皇帝，已经放弃了由元首制时期的皇帝们建立的、在帝国边境上阻止敌人入侵的安全保障理念。换句话说，现在的安全保障思路，是要在敌人突破边境防线之后，才由皇帝率领军队击退入侵的敌人。

在这个时期，得益于君士坦丁本人卓越的军事才能和他麾下英勇善战的皇家直属部队的战斗能力，这种新观念下的帝国国防，基本也能取得令人满意的成果。只不过，即使在军力强大的君士坦丁时代，击退敌人的时机也要等到敌人突破边境防线大肆劫掠，当地居民，主要是农民遭受重创之后。

肩负边境防卫重任的人，大多兼职农耕和兵役两项工作的话，那么首先会出现的现象就是士兵的高龄化。实际上，关于服役期满20年即退伍的记载，在这个时代已经完全消失。当然，由开国皇帝奥古斯都创立的、在古代史无前例的退休金制度，也找不到记载了，估计这时也中断了。人员高龄化，再加上待遇下降，必然带来士兵素质低下的结果。而另一方面，与守卫边境的驻军相比，犹如机动部队的皇帝直属军，则因为待遇良好，聚集了一大批青壮年士兵。有一种说法认为，这些机动精锐部队中的人员在年满45岁退休时，虽然不再领取退休金，但取而代之可以获得耕地作为补偿，这样他们就转型成了半农半军的国防守卫兵。不管怎么说，在公元4世纪时，这些兼营农耕和军务的落魄男人，就是曾经被视为帝国国防安全的脊梁、将死守防线视为对“共同体”之职责、拥有无上荣誉的军团兵。虽然帝国要在百年之后，才因蛮族入侵而灭亡，但在边界线就击退敌人进攻、象征国防安全的“防线”，早在百年前的这个时期，就实质处于弃守状态了。在这个时期以后，元首制时期人们心目中的“limes”也就消失了。

对“国防”的理解，与对作为居民共同体的“国家”的理解，是一回事。

为什么这么说呢？因为国防是在个人能力所不及的情况下，由国家代为负起责任的头等大事。罗马人即使在帝政时期，依然对代表共同体含义的“res publica”这一概念情有独钟。整个帝国是一个大家庭，居住在里面的人都是罗马帝国这一大家庭（familia）中的一员。我倒觉得用“命运共同体”来代表罗马帝国更贴切，可惜罗马人的拉丁语中没有这个词，他们只是以“familia”来称呼。

如今，帝国对防线的弃守，意味着去除了守护家门外围的栅栏。在君士坦丁皇帝眼中，对于跨过围墙侵入家中的敌人，将从房屋中央戒备森严的高塔中派出士兵，进行剿灭。至于这个过程要花多长时间，以及这段时间内将产生多大的损失，都不在考虑范围内。

这样一来，“res publica”的理念也就失去了存在的意义。原先是一个大家庭的罗马帝国，换句话说，属于公共财产的罗马帝国，现在让皇帝转为私人物品了。如今国家保卫的对象不再是帝国的国民，而是掌握帝国的皇帝。从这个层面来讲，中世纪是从君士坦丁开始的。

到了罗马帝国后期，不仅军事人员专业化，就连行政人员也跟着专业化。换句话说，罗马帝国正在走向官僚大国的道路。在君主专制统治下，协助治国的人，只要对君主唯命是从即可。在帝国后期，教授法律的私塾数量急剧增多，大家不是要学习法律当律师，而是因为对国家公务员来说，具备法律知识对以后的升迁比较有利。在皇帝的敕令等同于国法的时代里，以前用于各类审判的公会堂，现在顶多当成商业会谈的场所使用。

在戴克里先推行的改革当中，君士坦丁几乎照搬了其中关于行政和税制的改革方案。因为当时的行政改革适合于现在的绝对君主专制政体，而税制方面，不是按照税有多少就做多少事的观念，而是反过来，根据国家有多大需求就征多少税的理念来征收。显然，后一种理念对专制君主君士坦丁来说，是再好不过了。

只是，这个时期以后的税制详情，后人完全不得而知。也许是税制没有像元首制时期那样维持固定的税率，国家随需求金额征税，税率本身也随之一再变动的缘故。现存的资料中，偶尔会发现非全国性的而仅是针对某个地区的征税记录，而税率之高让人禁不住怀疑是不是眼睛出了问题。虽然如此，但目前关于帝国后期税制的研究还没有确切的成果呈现，因此这些资料的真伪还有待商榷。唯一可以确定的是，元首制时期的税收，绝对比较低。

不过，在货币政策上，君士坦丁可就完全与戴克里先分道扬镳了。在当时，银币的价值正在无限度地向下探底，政府必须要拿出一套根本性的改革方案。在这个方面，君士坦丁可以说是发起了强势的革命。按现代的说法，就是将银本位制换成了金本位制。

贫富差距

自开国皇帝奥古斯都建制以后，罗马帝国的货币 300 多年以来一直维持银本位制。这是一项以第纳尔银币为轴心货币的制度。帝国内所有的物产和服务，都是以"第纳尔银币"或者"塞斯特斯铜币"来标价，就足以证明这一点。

被称为奥里斯的金币，并非市场上常见的流通货币。因为是纯金打造，意义相当于现代的金条。而奥古斯都在确立帝国的货币制度时，也将各类货币之间的汇率固定为 1 奥里斯金币 = 25 第纳尔银币 = 100 塞斯特斯铜币 = 400 阿斯小铜币，并由国家负责监督，维持实际价值和面额价值的一致，以使汇率能够保持稳定。而在元首制时期的帝国，也有这个经济实力来维持实际价值和面额价值的一致。然而，这股经济力量只能维持到公元 1 世纪和 2 世纪的 200 年间，到了公元 3 世纪之后就不可避免地衰落了。其结果就是造成货币的实际价值和面额价值的差距日益扩大。

从公元前 2 世纪布匿战争结束之后开始，到公元 2 世纪这 400 年的漫长岁月中，说到罗马的货币，首先想到的就是第纳尔银币，而且，这种银币的信用度，要比古代其他国家发行的银币高得多。对罗马来说，东方出产的香料向来是大量进口的商品，而从原产地印度起，罗马以东挖掘出来的货币，大多数是第纳尔银币。这一点足以证明上述观点。到了公元2世纪末的五贤帝时代末期，银币的信用开始下滑，即面额价值和实际价值之间开始产生差距。总而言之，货币价值开始下滑。而下滑速度进一步加快则是发生在称为“迷途帝国”的公元3世纪。作为罗马帝国轴心货币的第纳尔银币的实际价值，含银量低至5%。所谓的银币，已经沦为仅是镀银的货币。

此时的皇帝并未置之不理，只是他们大多数忙于应对蛮族入侵的燃眉之急，分身乏术。不过，各位皇帝还是再三设法来改善货币问题，只是，高含银量的优良货币铸造出来后，一投向市场就消失得无影无踪，就好像含金量100%的奥里斯金币一样，被民众当成宝物收藏了。在现代的古币市场上出现的奥里斯金币或第纳尔银币，大多数看不出有使用过的痕迹。即使是最新的，距今也有1700多年的历史，可是看上去就好像昨天刚从铸造厂拿出来一样。每当拿起这些古币，给人感觉就好像拿着公元3、4世纪的罗马人的“私房钱”一样。

不过，这些明明是流通的货币，罗马人却藏在家中不拿到市场上去使用，这说明罗马人不再信任自己国家的货币。如果放任这种现象不管，就等于是放任帝国经济衰退。因此，从卡拉卡拉皇帝开始，到戴克里先皇帝为止，百年来历任皇帝都努力尝试恢复第纳尔银币的信用，遗憾的是通通都失败了。这些历史让君士坦丁认识到，如果继续执着于银币，就无法重建一套强势的轴心货币体系。

于是，君士坦丁皇帝舍弃了罗马传统的“银本位制”，转换成了今日所谓的“金本位制”。他决定将之前因为没有在市场上流通、含金量能维持在100%的金币作为帝国货币制度的轴心。对于试图建设新帝国、新首都、新宗教的君士坦丁来说，想必新的轴心货币也是一项听起来极为悦耳的事情。不知道是不是这个原因，新金币也从含义为光辉的“奥里斯”（aureus），改为“苏勒德斯”（solidus）。“苏勒德斯”的含义为稳固或者安定。

君士坦丁的货币改革，特色在于以苏勒德斯金币来代替以往第纳尔银币强势时所占据的主导地位。虽然金币取代了曾经的银币，但至少成功复兴了强势的轴心货币，为稳定货币制度奠定了基础。

罗马帝国金币、银币汇率变动

	奥古斯都（公元前23—）	尼禄（公元64—）	卡拉卡拉（公元215—）	加里恩努斯（公元265—）	戴克里先（公元295—）	君士坦丁（公元325—）
金币	奥里斯 7.8克（纯金）	奥里斯 7.3克（纯金）	奥里斯 6.5克（纯金）	奥里斯 6克（纯金）	奥里斯 5.4克（纯金）	苏勒德斯 4.5克→4.0克（纯金）
银币	第纳尔3.9克（纯银）	第纳尔3.4克（银93%铜7%）	安东尼5.5克（银50%铜50%）	安东尼3克（银5%铜95%）	阿根图斯3.4克（纯银，因投入市场即消失而闻名）	阿根图斯3.4克（银，日益减少）
汇率	1金币=25银币		因处于危机四伏的3世纪而汇率不稳		1奥里斯金币=1200银币	1苏勒德斯金币=4500银币（4世纪前半期）=3000万银币（4世纪后半期，据某派说法）

只不过，既然金币要作为广泛流通的首要“货币”，如果面额太高就无法发挥作用。因此，必须尽量小型化。如上表所示，金币的重量削减至4.5克，之后又进一步减至4克。这就是说，苏勒德斯金币稳定后，重量约相当于奥古斯都时期的奥里斯金币的一半，而且含金量也没能维持100%。现在的黄金制品有24K金和18K金之分，当时的苏勒德斯金币似乎也掺入了这个比例的杂质。一来掺入少量杂质可以增加金币的硬度，再者当时的金币已经不是保值用的金条，而是以市场流通为目的的货币。

拿起元首制时期的奥里斯金币、君士坦丁以后的苏勒德斯金币以及千年后佛罗伦萨共和国的弗罗林金币、威尼斯共和国的杜卡特金币进行比较可以发现，在重量上，苏勒德斯金币比较接近中世纪文艺复兴时期的弗罗林金币，威尼斯的金币反而不像古罗马货币。研究硬币的专家表示："由君士坦丁皇帝转换的金本位制，要比奥古斯都皇帝确立的银本位制更长寿。"而我们从货币的触感上也可以感觉出这一点。在纸币出现以前，金币一直是欧洲的轴心货币。即便现在，人们依然还会购买金条来保值，而除了加工用途外，恐怕没有人会购买银条。从这一点上来说，君士坦丁成功确立了在稳定货币制度上不可或缺的"强势货币"。

不过，君士坦丁将货币制度转为金本位制，却给公元4世纪罗马帝国的社会和经济带来诸多弊害。虽然君士坦丁成功将金币定为强势货币，但对于对金币以外的银币、铜币的换算汇率，却放任为"变动制"，这将会造成怎样的后果呢？

比如，有一部分人领取的薪水是金币，这些人在购买日常必需品时，就需要把金币兑换成银币或铜币。而相对的，一些销售商和提供服务的人，获得的报酬却是银币或者铜币。这部分人在缴纳规定必须以金币支付的税金时，就必须前往兑换所将手头的银币或铜币换成金币。这种经济机制使得前者与后者的经济力量产生大幅差距。而且，时间越长，差距越大。这也是君士坦丁转型为"金本位制"带来的最大弊端。研究人员也表示，君士坦丁的改革直接冲击到社会中下层阶级。然而，问题还不仅如此。

薪水以价值稳定的金币给付的人，首推军事人员，尤其是皇帝直属部队里的官兵。如今守卫边界的虽然都是兼营农业的士兵，但领导这些农民兵的将领一级，还必须是专业人员。这些专业人员的薪水，想必也是用金币支付。

与军人相同，行政官员应该也属于领取金币当薪水的阶级。也就是说，军队和行政官员这类国家公务员，是领取价值下滑风险低的金币做薪水，属于经济条件相对优渥的阶层。

除了这些人以外，为军方或政府输送物资的生产者，也属于条件优渥阶层。因为他们可以用实物来缴纳税金。特别是在军队里，如果军粮等军需用品供给不稳定，影响重大。因此早在银币沦为镀银铜币的公元3世纪后半期，军需用品生产者就已经获准可以拿生产的货物来缴纳税赋。

上面所说的这些人，在银币、铜币价值不断下跌的罗马社会中，形成富裕阶层。相对的，那些没有成为国家公务员的人，则变得日益穷困。既不是军人也不是官僚，生产非军需品的业者，以及一般的民众，则形成了社会的贫困阶层。这些人无论多么努力地工作，到手的银币或铜币的价值还是在不断地萎缩。

于是农田被弃置，未遭弃置的则被大庄园吸收，商店陆续倒闭，手工业者纷纷转行生产军需用品。如今已经不需要蛮族袭击掠夺，金本位制已经代替蛮族将一切搜刮殆尽。在经济层面上，“共同体”的观念已经成为历史，只有苏勒德斯金币还在闪闪发光。就像帝国大多数民众贫困不堪，只有皇帝一个人富有一样。

家庭悲剧

看上去光芒耀眼的君士坦丁，却与家庭内部众多流血事件关系紧密。

首先，公元 310 年，他害死了岳父、前正帝马克西米安。两年后的公元 312 年，又逼使大舅子马克森提乌斯败亡。而在公元 325 年，他在打败异母妹夫、正帝李锡尼之后，以密谋通敌的罪名将其处死。只是这三次事件中，虽然致死的对象分别是岳父、大舅子和妹夫，但同时这三个人也是和他争权夺利的对手。在你死我活的权力斗争中，即使对手是亲人，也要一一铲除。

然而，公元 326 年发生的这起事件并不属于这一类别。不知道是否因为如此，君士坦丁这边并未千方百计找出密谋通敌或图谋篡位之类可以名正言顺诉诸武力的理由。君士坦丁对于这起事件的态度只是沉默。

公元 326 年，副帝克里斯普斯突然遭到逮捕，并被秘密投入大牢。牢房位于亚得里亚海的伊斯特里亚半岛前端的波拉镇。在这间牢房里，日夜进行残酷至极的拷问，但被告始终坚持自己无罪。

公元326年，是君士坦丁将最后一名对手李锡尼处死、自己成为罗马帝国名副其实的唯一一名正帝的第二年，因此，这个时期的副帝克里斯普斯，在罗马帝国的地位可以说是一人之下，万人之上。如果在元首制时期，他是不可能遭到拷问的。因为那个时候，不仅皇位继承人和元老院议员，法律规定只要是非奴隶身份的公民，在审案时都不得采用拷问手段逼其坦白。但是，到了绝对君主专制政体下，除了专制君主以外，从某种意义上来说，其他所有人算是一律平等了。所谓的君主专制政体，就是“皇帝和其他人等”构成的社会。因此，就算身为副帝，而且是正帝的亲生儿子，只要正帝不干涉，就要接受比元首制时期的奴隶还要残酷的拷问。

克里斯普斯的罪名，是与皇后法乌斯塔私通。如果真是这样，为什么当克里斯普斯遭到逮捕、在波拉的监狱中遭受严刑拷打时，皇后在皇宫内的生活却一点变化也没有呢？既没有被打入牢房，也没有软禁在宫中，只是，当克里斯普斯在波拉的监狱中喊叫着冤枉、结束29岁的生命时，对皇后的处置也定案了。

皇宫内的浴室是为皇帝及其家人修建的，因此，规模不会像卡拉卡拉浴场里的公共浴池那么大。而这个时期，新首都君士坦丁堡的皇宫还在修建当中，因此行刑的地点应该是在塞尔曼或者尼科米底亚的皇宫。这样一来，皇帝用的浴室，应该和元首制时期富翁别墅里的设备差不多。将浴池里的温水烧成冒着蒸汽的热水，再让蒸汽充满整间浴室，应该不需要太长的时间。

当皇后发觉情况不对，平时在浴室内伺候的女奴也不见踪影时，打算走出浴室。可是浴室的大门已被反锁。不久政府发出公告，表示君士坦丁的皇后法乌斯塔于入浴时身亡。

也许皇后与继子之间真有不伦的情事发生也说不定。从兄长马克森提乌斯的年龄来推测，皇后法乌斯塔当时应该在40岁左右。她与政治婚姻的对象君士坦丁生有三个儿子。只是，与她生有三个儿子的丈夫，为了争夺政治权力，杀死了她的生身父亲与哥哥。法乌斯塔将一切痛苦深埋心底，以君士坦丁妻子的身份过了近 20 年。如果年轻 10 岁的克里斯普斯同情法乌斯塔皇后、温柔相待的话，又会发生什么事呢？中年女人的恋情，不像年轻女孩那样充满幻想，而是多数源自绝望。即使当事人知道，如果事情曝光就只有死路一条。

不过，克里斯普斯应该深知自己微妙的立场。虽然是君士坦丁的儿子，但生身母亲身份低微。公元 317 年，君士坦丁打败马克森提乌斯，成为西方首脑没多久，即任命克里斯普斯为副帝。因为当时克里斯普斯年满 20 岁，而君士坦丁与克里斯普斯的母亲离婚，迎娶具有皇家血统的法乌斯塔后所生的长子此时才 1 岁。在当时，幼儿的死亡率很高，从君士坦丁的角度来说，具有充足的理由任命年满 20 岁的克里斯普斯担任具有皇位继承人意味的副帝。此外，一时间多达 6 人的正副帝权力抗争，在这时尚未结束。实力最强的竞争对手李锡尼，当时正统治着帝国的东半部。而且，当时的局势，还不允许君士坦丁疏忽身为皇帝的最大职责——派兵对付入侵的蛮族。

在这种情况下，既有军事才华又深受官兵爱戴的克里斯普斯，对君士坦丁而言，是个极为方便使用的人才。实际上，当任命克里斯普斯为副帝之后，君士坦丁就将自己在副帝任内肩负的以莱茵河为前线的高卢地区的防卫责任，交给了克里斯普斯。而这个年轻人也出色地完成了任务。克里斯普斯不仅在防卫作战时发挥出色，在公元 324 年与正帝李锡尼的决战中，指挥海军的克里斯普斯虽然年仅 27 岁，却能在关键性海战中获胜，为父亲君士坦丁东征作出贡献。而他因私通后母的罪行被处死，却是在短短两年后。

的确，从立功到处死，仅仅两年。可是由皇家出身的法乌斯塔所生，即由血统高贵的妻子所生的三个儿子，这一年分别是 10 岁、9 岁及 6 岁。这个时代虽然幼儿死亡率很高，但社会普遍认为，脱离了幼儿期以后就可以顺利成长。而作为父亲的君士坦丁此时才 50 岁出头，身体健康，估计再活 20 年也没有问题。

虽说只有短短两年，但这两年有着重大的意义。

第一，最重要的是，经过多年权力斗争，君士坦丁终于打败所有对手，成为罗马帝国唯一的最高统治者。可以想象，在长年权力斗争后存活下来的人，对于可能成为新的竞争对手的潜在威胁，神经会特别敏感。而君士坦丁和克里斯普斯之间的年龄差只有22岁。

第二，对君士坦丁而言，此时的“副帝”已经不再是左右手，而是象征着继承自己帝位的人选。既然如此，10岁的少年也没有什么不好。

第三，在让人加上私通罪名时，皇后法乌斯塔只怕已经过了能替君士坦丁继续生孩子的年纪。而且，通过她而获得的具有皇家血统的三个儿子，又已过了幼儿夭折率较高的危险年龄。对君士坦丁来说，法乌斯塔从某种角度来说，与克里斯普斯一样，都是失去利用价值的棋子。

这对母子是否真的产生恋情？还是两人都只是君士坦丁残酷阴谋下的牺牲品？真相已经无从得知。当时的记录均出自基督教徒之手。这些人正忙着感激，给君士坦丁加上“大帝”的称号。这些人面对有损大帝形象的事物时，即使是事实，也会选择忽略不计，更别提去追根究底了。因此，这一事件直到今天依然是悬案。

不过，有一件事可以确定，那就是克里斯普斯在大牢惨死，法乌斯塔在浴室遇害后不久，君士坦丁与法乌斯塔之间所生的三个儿子中，较年长的两个，10岁和9岁的儿子，被父亲任命为“恺撒”。而三个儿子中最年长的君士坦丁二世，以10岁的幼龄，获得高卢司令官的职位。君士坦丁打造的新王朝，正在一步步成形当中。

从君士坦丁的角度来说，也许克里斯普斯那段幼年生活和自己如出一辙的、生母遭父亲遗弃的悲惨经历，也完全是不值一提的小事。

传说君士坦丁皇帝牛高马大，身材魁梧。与手下官兵在一起时，身高上也要高出众人一头，再加上他讨厌朴素的着装，从不放过任何一个可以穿着华丽衣服的机会。这让他无论身处何地，总是一个颇引人注目的存在。在元首制时期，只有东方王侯们才会穿戴的华丽服装和镶满宝石的皇冠，自戴克里先皇帝引入罗马后，现在成了君士坦丁的最爱。

不过，引起我注意的是另外一件事，那就是在雕像或者货币上刻画的君士坦丁头像，没有一幅是描写他年老时的样子。这个人登上历史舞台是 30 岁出头，去世时应该是 65 岁左右。这样在雕像或货币上刻画肖像的年龄层，按理应该贯穿青年、壮年、老年三个时期。但是，不仅我们后人，就连当时的人们也只能看到君士坦丁三十五六岁时的模样。当然，他身边的人自然可以看到他随着年龄的增长而渐渐变老的样子。我这里想说的，是他的“官方样貌”。另外，自哈德良皇帝以后，罗马帝国的皇帝肖像上都留有胡须。但到了君士坦丁登基之后，好像又回到了开国罗马皇帝时代那样，恢复了刮胡子的习惯。顺带说一句，把胡子刮干净的男人看起来显得年轻。

这让我想起了不到 35 岁就在罗马成功建立帝政、直到 77 岁去世、一个人统治罗马帝国 40 多年的开国皇帝奥古斯都，他也只给我们留下了青年时期的面容。

只是奥古斯都这么做，有着明确的理由，他是尤里乌斯·恺撒的养子。当初尤里乌斯·恺撒登上政治舞台的时间比较晚，雕像或货币上的肖像都是 50 多岁的模样。而奥古斯都想要用一切方法向世人展示他是恺撒的养子，是名正言顺的皇位继承人这一点。奥古斯都在恺撒遭暗杀后，能在残酷的权力斗争中胜出，首要原因就在于他是让深受民众爱戴的尤里乌斯·恺撒收为养子并定为继承人的青年。奥古斯都尤其注重在人们日常使用的银币、铜币上，宣传自己是神君恺撒的儿子。

但是，君士坦丁应该有自己的理由。他同样只留下介于 30 岁到 40 岁之间的容貌，似乎是在强调自己与只留下壮年时期蓄须面容的戴克里先皇帝不同。因为，对公元 4 世纪的罗马人来说，20 年前的罗马帝国最高统治者戴克里先，要比公元 1 世纪时的奥古斯都皇帝印象更为深刻。人们看到雕像或货币上年轻的君士坦丁之后，与奥古斯都比较之前，应该会先想到当时依旧四处流通，因而经常有机会看到刻有戴克里先肖像的货币。相形之下，若是人们对君士坦丁的年轻印象深刻，那也意味着君士坦丁的形象作战成功了。

第三章

君士坦丁和基督教徒

将帝国首都君士坦丁堡献给圣母马利亚和幼儿耶稣的君士坦丁皇帝（伊斯坦布尔的圣索菲亚大教堂的镶嵌画）

君士坦丁被视为罗马史乃至世界史上的伟人，首要原因就在于他为振兴基督教作出了巨大贡献。提到中文译为“大帝”、英语称为“the Great”的历史人物，我们马上可以举出三个人来：他们分别是亚历山大大帝、君士坦丁大帝和查理曼大帝。

除了生于公元前 4 世纪、希腊名字为亚历山大的年轻英雄之外，公元 4 世纪的君士坦丁和公元 9 世纪初期的查理曼，都与基督教有着很深的关联。君士坦丁是承认基督教合法地位的人物。查理曼是法兰克人的国王，法兰克人是罗马帝国存续时期，北方蛮族的一支。公元 800 年，查理曼从罗马教皇手里接过象征神圣罗马帝国王位的皇冠。在罗马帝国灭亡后，欧洲陷入无法摆脱的黑暗的中世纪。神圣罗马帝国的创设意图，是要建设一个高举基督教旗帜的强大帝国。法兰克国王查理曼之所以会让人加上“大帝”的称号，是因为对当时的基督教教会来说，这个人是唯一的希望。现在位于布鲁塞尔的欧盟总部大楼也叫查理曼，不知道是不是和这件事有关。

神圣罗马帝国最终没有形成帝国就瓦解了，如果查理曼仅仅因为创始人的身份就可以尊为“大帝”，那么君士坦丁就更有资格被封为“大帝”了。试问，如果君士坦丁没有大力扶持基督教教会，基督教还会有后来的蓬勃发展吗？对于这个问题，相当一部分史学家的回答是，基督教教会因为内部无休无止的教理争论而萧条衰败，最终沦为一种地方性宗教。

这里我想按照时间顺序来论述君士坦丁和基督教的关系。这个方式也许不能马上得出结论。但是，探讨历史时，论述的问题越重大，越适合按照时间顺序一步一步接近中心。

潜伏期

实际上，君士坦丁确切的出生年月，至今无从考证，后世有很多说法可供参考，但至今并无定论。在本书中采用的公元275年出生的说法，只是随机采纳的众多说法中的一种。这一点还请读者见谅。毕竟，当年君士坦提乌斯只是巴尔干地区贫民出身的众多百人队队长之一，妻子又是小酒馆老板的女儿海伦娜。两个人所生的小孩，便取“小君士坦提乌斯”之意，命名为“君士坦丁”。这个时期包括戴克里先在内的各位皇帝都出生年月不详，即使后来被尊为“大帝”的君士坦丁也不例外。

据说君士坦丁出生于现代塞尔维亚和黑山共和国境内靠近保加利亚边境的尼什。在罗马时代，这是一个叫做耐苏的小镇，因为位于罗马大道主干道沿线而获得发展。这条主干道起于多瑙河附近的塞尔曼，穿过辛吉杜努姆（现在塞尔维亚和黑山的首都贝尔格莱德）、塞尔蒂迦（现在保加利亚的首都索非亚）、哈德良堡，经由拜占庭（后改为君士坦丁堡，自公元1453年起成为土耳其的伊斯坦布尔）到达小亚细亚，是连接帝国东西方的要道。由于这里也是行军必经之路，所以某位百人队队长和小酒馆老板的女儿谈起恋爱也就不足为奇了。

君士坦丁出生于耐苏，想必是因为父亲的驻地调动频繁，母亲只好在娘家生产。幼年期也可能基于同样的原因，也是在耐苏度过的。不过作为父亲的君士坦提乌斯似乎是个正直的人，没有到处拈花惹草给家里增加人口。幼年的君士坦丁就在父母的呵护关爱之下成长，是个标准的独生子。

父亲君士坦提乌斯不仅个性正直，而且富有军事才华。随着独生子的成长，父亲的仕途也是步步高升。

自公元285年开始，帝国内开始实行“两帝共治制”，戴克里先负责东方，马克西米安负责西方的防卫事务。君士坦提乌斯作为马克西米安的手下将领，从这一年起驻地也固定为以高卢为中心的帝国西方。由于马克西米安皇帝的根据地位于可以直达莱茵河防线的特里尔，按理皇帝手下将领们的妻小也应该被召集到那里同住。如果真是这样，那么君士坦丁应该从10岁开始，就移居到了摩泽尔河上游，现在德国的西部，开始了每天听着军马嘶鸣、看着官兵往来的少年生活。只不过，这种生活到了18岁，就发生重大的变化。

“四帝共治制”开始于公元293年。所谓“四帝共治制”，是在帝国东西方正帝之下各设一名副帝，由四个人分担帝国国防安全体系。恰巧，君士坦丁的父亲君士坦提乌斯被任命为“副帝”，协助“正帝”马克西米安处理帝国西方国防事务。只不过，“四帝共治制”的创始人戴克里先针对副帝开列了一项条件，就是必须与正帝的女儿结婚。

被任命为帝国东方“副帝”的伽列里乌斯，依照计划与“正帝”戴克里先的女儿瓦莱里娅结婚。而已经成婚的君士坦提乌斯为了迎娶马克西米安的继女狄奥多拉，只能与君士坦丁的母亲海伦娜离婚。

由于正帝马克西米安将首都移到了意大利的米兰，于是改由升为副帝的君士坦提乌斯继续留守特里尔。既然将根据地设在交通直达莱茵河防线的特里尔(罗马时代名为奥古斯都·特里尔罗姆)，显然副帝君士坦提乌斯的首要任务，就是守卫整个高卢地区不受蛮族侵略。此时，君士坦丁虽然年龄已经超过可以服兵役的最小年龄17岁，却不能留在特里尔，在父亲手下积累军事经验。由于迎娶了正帝的女儿、具有皇家血统的狄奥多拉为妻，特里尔已经没有离婚后的海伦娜的栖身之地。而新的婚姻连带会造成添丁的机会，前妻的小孩君士坦丁也同样没有在特里尔栖身的机会。

这对母子走投无路时，是东方正帝戴克里先伸出援手收留了他们。也有可能是无法将前妻和儿子留在身边的君士坦提乌斯，委托上司代为照料。没有任何史料显示，这位父亲在离婚后就忘记了妻子和儿子。

戴克里先的首都位于小亚细亚西部的海港城市尼科米底亚。从18岁到30岁，君士坦丁在尼科米底亚度过了12年的时光。不过，既然他已经达到了服兵役的年龄，肩负帝国东方防卫重任的戴克里先，不可能让这个年轻人游手好闲。虽然没有确切的史料记载，不过君士坦丁似乎参加过在埃及的战斗。特别是由副帝伽列里乌斯担任总指挥的两次对波斯的战斗，他是肯定参加过的。这样，君士坦丁的军事经验，不是在父亲跟前，而是在戴克里先手下积累起来

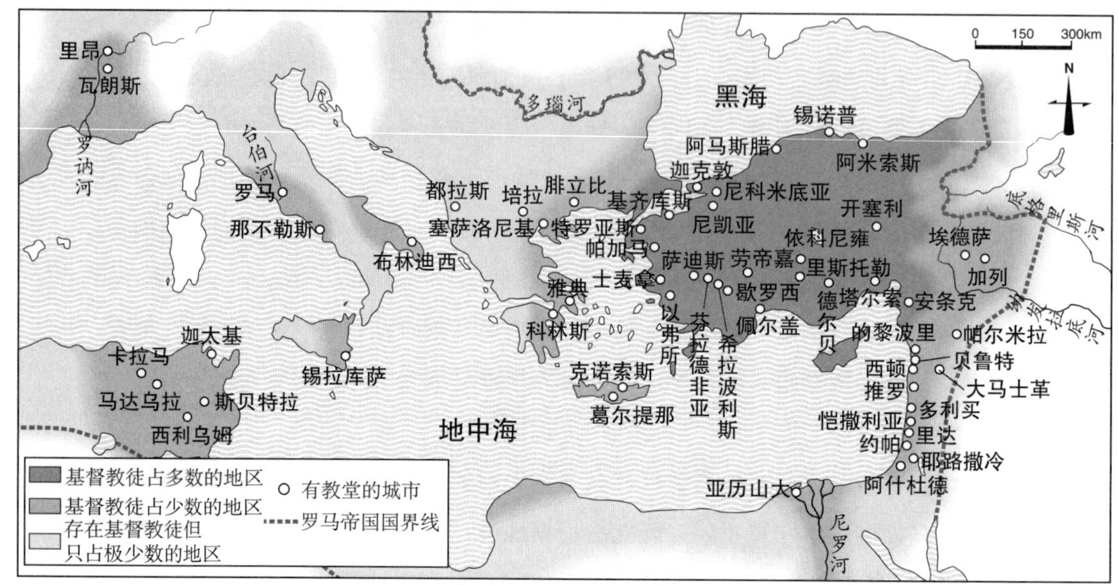

罗马帝国基督教徒分布推测图（公元3世纪末期）

的。18 到 30 岁，正是一个人为将来打基础的黄金学习期。顺带说一句，这个年轻人与收留他的皇帝之间，有 30 岁的年龄差。

青年时期的君士坦丁待在戴克里先身边，还积累了另外一项经验，那就是亲眼看到这位最高统治者接连不断地发布敕令，一反罗马传统，系统而彻底地镇压基督教。公元 303 年起连续发布的敕令，使得基督教教会及其所属的信徒陷入迫害的风暴中。尼科米底亚位于小亚细亚。从小亚细亚到叙利亚—巴勒斯坦地区，从地图上可以清楚地看出，正是基督教势力最为强盛的地区。有人甚至说，这一带的基督教势力已经构成了国家中的国家。这一带，即戴克里先的脚底下，镇压和迫害工作也进行得最为严格，原因就在于这一带的新兴宗教势力比帝国其他任何地方都要强大。要知道，尼科米底亚的主教官邸，就隔着广场盖在皇宫的正对面。话虽如此，我们其实并不知道当时 28 岁的君士坦丁是如何看待这些镇压和迫害基督教的政策的。

浮出水面

在12年的潜伏期之后，戴克里先再一次间接决定了君士坦丁的命运。公元305年，戴克里先以在位届满20年为由表达了退位的意图。不仅如此，还马上付诸了实践。西方正帝马克西米安也同时退位，由此进入了第二轮“四帝共治制”时期。在两名正帝退位之后，两名副帝随之升格为正帝。当时西方副帝，君士坦丁的父亲，就登上了西方正帝的位置。得知消息的君士坦丁，向戴克里先申请前往身为正帝的父亲身边任职，并获得了准许。据说当时做父亲的满心喜悦地迎接长大成人的儿子。

公元305年这一年，君士坦丁离开长期居住的东方前往欧洲投靠父亲的这一决定，不仅正确，而且还是一个极其幸运的选择。虽然没有人预料到君士坦提乌斯会在一年后去世，但正是这一年在父亲手下出色的表现，使他能够在君士坦提乌斯驾崩后，获得其手下官兵们的拥戴。官兵们都知道，无能的指挥官只会让手下白白送命。30岁那年回到父亲身边的君士坦丁，在保卫帝国西方安全的官兵们眼中，不仅是正帝之子，也是获得官兵一致认可的优秀指挥官。

正因如此，在君士坦提乌斯猝死之后，官兵们立刻毫不犹豫地推举君士坦丁即位。如果君士坦丁继续留在尼科米底亚的皇宫任职，想必也不会有日后飞黄腾达的生涯。各位读者不要忘记，君士坦丁的父亲虽然是帝国正帝，但他的母亲没有贵族血统。在无法忽略血统优势的情况下，君士坦丁唯一的生存之道，就是凭实力获胜。而在这比拼实力的过程中，君士坦丁也一直以冷静巧妙的方式进行。他在30岁出头的年纪，就获得了帝国西方“副帝”的地位。下一个目标，就是对付逼迫西方“正帝”塞维鲁自杀从而控制意大利和北非的马克森提乌斯。

公元308年秋天，三年前退位的前任正帝戴克里先、马克西米安与现任正帝伽列里乌斯三巨头在位于多瑙河沿岸的前线基地之一卡农图姆（现在的佩特罗内拉）进行会谈。这次会谈正式承认了君士坦丁“副帝”的合法地位。在父亲去世后，官兵们拥立君士坦丁为“正帝”，而非“副帝”。“君士坦丁，奥古斯都！”的欢呼声仍在耳边回响。因此，君士坦丁完全可以借此对卡农图姆“峰会”的决定提出抗议。但君士坦丁接受了这项降职任命。当初戴克里先构思设置“四帝共治制”，就是为了避免公元 3 世纪时官兵肆意拥立上司，导致短命皇帝频现的弊端。如今戴克里先虽然已退位，对政治却依旧有影响力，想必不会轻易承认君士坦丁没有“副帝”的经历就由官兵直接拥立为“正帝”。因此，年仅 33 岁的未来“大帝”，决定要一步一步稳扎稳打，而不是一鼓作气登顶。话说回来，既然要一步一步稳扎稳打，那么为了达到最终目标，眼下就必须用上可以使用的一切手段。

从公元 308 年正式担任“副帝”起算，到与通往“正帝”宝座上的最大障碍马克森提乌斯进行决战的公元312 年为止，中间隔着 4 年的时间。这 4 年里，君士坦丁尝试了许多在基督教徒眼中无法理解但对我这个非基督教徒而言很容易明白的措施。

尝试之一，声称自己的祖先可以追溯到当年的克劳狄乌斯皇帝。克劳狄乌斯皇帝，公元 268 年至 270 年在位，当时正值公元 3 世纪后半期，帝国处于风雨飘摇的迷茫状态。克劳狄乌斯皇帝因为征服北方蛮族之一的哥特人有功，获得元老院授予的“Gothicus”（哥特库斯，“哥特征服者”之意）称号。在公元 3 世纪后半期，有相当多的皇帝出身于古代称为伊利里亚、后来叫做巴尔干的北部地区。而“哥特征服者克劳狄乌斯”正是其中的领头羊，他是第一位出身于巴尔干地区的军人皇帝。他与其他军人皇帝不同的地方在于，虽然仅仅在位一年半的时间，但并非因为手下官兵发起政变，也不是遭到亲信暗杀，而是得了当时流行的瘟疫。就连这最后一点，都适合君士坦丁拿来冒充自己的祖先。

尝试之二，公开表示信仰太阳神。众所周知，继承克劳狄乌斯之位的皇帝，遭到亲信暗杀的奥勒良，信仰的就是太阳神。这位皇帝虽然仅在位 5 年，但他将因为时任皇帝沦为波斯俘虏的巨变而一分为三的帝国重新统一起来。由于他的军功卓越，谢世之后依然长久得到官兵的尊敬。在罗马帝国，皇帝个人享有充分的宗教信仰自由。但因为同时要身兼国家大祭司的职务，所以在国家官方祭典上，履行向罗马传统诸神献祭的义务。不仅奥勒良，就连君士坦丁也没有放弃“大祭司”（pontifex maximus）的职务。

刻有“不败的太阳”的硬币

这个时期的君士坦丁想要复兴奥勒良皇帝以来的太阳神信仰的意图非常明显。首先，他发行了刻有“不败的太阳”（soli invictus）的货币。其后又规定，在太阳神的祭日，也就是后来的星期日，法院停止审理案件。站在犹太教、基督教等一神教的立场上来看，罗马人和罗马皇帝这种对个人信仰和国家宗教存在差异也不以为然的态度，叫做“诸神混乱主义”，应该大力批判。而这个时期的君士坦丁，恐怕完全算得上是个诸神混乱主义信徒。

这个时期的君士坦丁，无论是将哥特征服者克劳狄乌斯列为祖先，还是推广奥勒良皇帝信仰的太阳神，真正的意图恐怕都是为了拢聚麾下官兵的人心。4 世纪的罗马帝国，军队主力的位置由巴尔干地区出身的人占据，而克劳狄乌斯、奥勒良都是巴尔干地区出身的军人皇帝中的杰出人物。同样出身于巴尔干地区的君士坦丁，为了实现成为帝国唯一皇帝的终极目标，正在实行计划的第二个阶段，即由“副帝”升级为“正帝”。对他来说，完成目标必不可少的因素就是部队官兵的支持。为了确实地取得支持，就算称呼没有血缘关系的人为祖先，或者公开表示信仰太阳神，都不是什么难事。在决战前的 4 年里，想必君士坦丁一直都在准备和发展手头的军事力量，而且，这种“准备”还不仅是武器和训练方面。

“米兰敕令”

历史性的时刻，公元312年终于来临了。这一年，无论对君士坦丁，还是罗马帝国，都是决定未来命运的一年。

这一年，君士坦丁经过名为“米里维桥战役”的决战，取得胜利。

第二年，即公元313年，登上帝国西方正帝宝座的君士坦丁，与东方正帝李锡尼在米兰会晤。在两位首脑会谈之后以类似联合公报发布的，就是有名的“米兰敕令”。这道敕令发布以后，虽然当时社会还处于诸神混乱的状态，但基督教已经能成为罗马帝国公认的宗教之一。对于信奉基督教的人来说，这是具有划时代意义的重大事件。

只是，在“米兰敕令”中也明确标识了以下内容：

> 自今日起，无论是基督徒还是其他教徒，都可以自由无条件地保留其虔诚的信仰，以及举行相关的宗教仪式，不受任何干扰和干预。无论是何等神明，我们都期望它以至高无上之存在，普降幸福于万民，引领帝国全体走上和平与融合之路。

这段内容给人的感觉简直就像是18世纪启蒙主义人权宣言的先声。即使身处过了启蒙主义时代300多年的21世纪，读了这段话还是令人感慨万分。真想让那些打着宗教旗帜争斗不休的人好好看看这篇文章。而且，不知道是不是为了贯彻这项主旨，在“米兰敕令”后半篇，向身处帝国各地担任地方行政的长官下达指示的段落中，又重复强调了一遍：

> 对基督教徒认可之全面的宗教信仰自由，亦同样适用于信仰其他神灵之国民。只因我等（君士坦丁与李锡尼）判断，这一全面认同宗教信仰自由之决策，对帝国内部和平有所助益。而且我等认为，不论何等神灵、何

等宗教，其名誉与尊严皆不可侵犯。

这简直就是自由精神的升华，无懈可击的理论。如果这种精神能够维持到现在，虽然民族间、国家间还是会有纷争，但至少不会打着宗教的旗帜进行。如果没有宗教这面冠冕堂皇的旗帜，那么所有的纷争将仅限于人与人之间的、单纯的利益冲突。而当双方发现争斗本身会带来更大的利益损害时，自然就会停手。但如果以宗教为旗号，问题只会越来越复杂。

总而言之，如果“米兰敕令”的含义仅限于字面上的内容，还不至于让罗马帝国大幅转向。毕竟这道敕令只是承认基督教的合法地位，而不是把它定为国教。问题是公布这道敕令之后，君士坦丁的言行举止却让人觉得“米兰敕令”只是表象，其实他另有居心。君士坦丁的真正目的隐藏在敕令的最后部分，即规定归还由戴克里先镇压基督教徒时没收的教会资产这一段当中。内容如下：

若资产在没收后被拍卖，于归还资产之同时，国家将给予原收购者正当价位之补偿。

在公元3世纪后半期上台又下台的皇帝当中，有镇压基督教的皇帝，但没有镇压的占多数。在后者登基亲政之后，经常会将镇压基督教徒时没收的资产归还给基督教相关人员。但是，即便在这种情况下，国家也没有对竞标拍卖时买到这些资产的人作过补偿。但“米兰敕令”不同，皇帝，即国家，保证会作补偿。这样通过竞拍获得这些资产的人，自然乐意遵从归还命令。

同时，基督教的教会人员想必也能发觉这条法令中隐藏的重大意义。因为这样的政策，只有真正理解教会资产对基督教教会的重要性的人，才会颁布。

在一神教的宗教里，教祖的言行就是最重要的教理。但是这些教理必须通过专人解释说明，才能传达给一般的信徒。没有教理存在的多神教中，没有专业的祭司或神职人员。而一神教中，这类神职人员不可或缺，原因就在这里。

教会资产的必要性之一，在于培养维持这些神职人员的存续。第二项必要性，当然就是为困难人群提供帮助。早在基督教渗透到社会之前，罗马人就有对他人提供帮助的慈善行为，他们称之为“卡里塔斯”（caritas）。直到现在，基督教相关人员依旧称呼这种非营利事业为“卡里塔斯”。

总而言之，对教会而言，资产是左右教会活动的重要且不可或缺的因素。对于这些资产，君士坦丁不仅提出归还命令，还明文规定国家将作出补偿。如此一来，基督教徒的内心自然偏向了君士坦丁。

“米兰敕令”是由西方正帝君士坦丁和东方正帝李锡尼共同签名发布的。但是无论是基督教史还是世界史上，似乎都将这道具有划时代意义的敕令归到了君士坦丁一个人名下。这是因为在施政时，君士坦丁比李锡尼做得更为热心和彻底。原因可能是在他势力范围下的帝国西方，基督教势力渗透度不高，因此需要进行国家补偿的金额也不多。正如本书第 230 页的地图所示，在公元 4 世纪初期的罗马帝国内，基督教势力的分布，东方较强，西方较弱。在西方普及率较高的地区，是以北非迦太基为中心的一带。君士坦丁发出的国家补偿也集中在这个地区。

因此，如果李锡尼也以同样的态度来执行这项政策，那么帝国东方的国家补偿金额会比西方高出很多倍。没有任何史料显示，李锡尼乐于执行基督教资产归还的政策。也许李锡尼与热心于教会资产归还的君士坦丁的差异，就在于他把基督教问题当成宗教问题看待，而君士坦丁却把它凌驾于宗教问题之上。说白了，他是作为统治问题来看的。正因为如此，当君士坦丁在朝着罗马帝国唯一的皇帝这一目标一步步前进时，在处理基督教问题上，也是稳扎稳打，以争取人心的方式进行。从某种意义上来说，这是他在为将来的政治铺路。另一方面，也可以看成是他在遥远的帝国西方，向尚未进入自己统治范围下的帝国东方的基督教徒们招手。也正因为如此，他等不及在公元 324 年将最后一名竞争对手李锡尼打败，成为罗马帝国内唯一的皇帝，就迫不及待地制定了一系列相关政策并付诸实施。

基督教扶持政策

君士坦丁在“米兰敕令”颁布后不久，很快就推出了第二套与基督教相关的政策。这套政策对于提振帝国内基督教势力，同样具有莫大的助益。那就是，君士坦丁将皇帝的私有财产捐赠给基督教教会。这里说明一下，在推行帝政300多年后的当时，伴随着自耕农的衰败，皇帝手中所吸纳的农耕地已经广袤无边。换句话说，罗马皇帝已经是帝国内最大的地主。

但是，皇帝将资产捐赠给基督教教会的行为，彻底违背了“米兰敕令”的宗旨。敕令之中只是承认基督教和其他宗教一样，享有信仰和宗教活动的自由，并未将它列为国教。而皇帝的私有财产，是在其登上罗马帝国皇位之后才被赋予使用之权力的，而不是个人可以随便处理的私人财产。正因为如此，从开国皇帝奥古斯都以后，皇帝的资产都是由下一任皇帝继承。换句话说，资产是与罗马皇帝这一地位捆绑在一起的，而不是皇帝个人的财产。在3世纪前半期，曾经出现过一位利用皇帝资产热心扶植特定宗教的埃拉伽巴路斯皇帝，人们纷纷抨击其滥用职权的行为，不仅如此，最后埃拉伽巴路斯还惨遭谋杀。

因此，君士坦丁将皇帝资产赠与基督教教会的行为，不仅违反“米兰敕令”，也违反了罗马皇帝身为公共人物应有的行为准则。问题是，他现在已经是事实上的最高掌权人。即使明知这个人玩起表里不一的两面手法，公元4世纪的非基督教徒也已经没有力量和气魄来指责了。

对于基督教教会来说，虽然教堂是向天神祈祷时用的场地，但是要让教堂运作起来，可不是光靠祈祷就能办到的。姑且不论祈祷与否，光是弥撒之类的宗教仪式，还有救济贫民的各项活动，就需要一大笔钱。当然，获取金钱比较理想的方式是一般信徒的捐赠。不过，如果有人愿意提供大型的经济基础作为后援，对于创造良好的信仰环境是再好不过的。这些经济基础，可以是教会周边广阔的农耕地、农地里饲养的家畜家禽、生产商品的工厂以及销售商品的店面等等。

总而言之，即便是宗教组织，不，也许正因为是宗教组织，资产的作用尤为重要。如果不能理解这一点，也就无法理解当君士坦丁将皇帝的资产捐赠给基督教教会时，当时的基督教教会人员为什么不仅感恩戴德，还永世不忘。知道了这一点也就不难理解，为什么君士坦丁会获得了“大帝”的尊称。

有一项绝好的证据可以证明，君士坦丁的捐赠行为是如何长期停留在基督教教会人员的记忆中的，这就是《君士坦丁捐赠书》。这份文书在漫长的中世纪，长期束缚着欧洲君主王侯们的行动。因为这里面明确记载，君士坦丁皇帝已将整个欧洲捐献给了罗马教宗。天主教会举着这面金牌对王侯们表示：“你们所谓的领土，实际上都是由君士坦丁大帝捐赠、由基督教教会持有的资产。你们只是受教会委托统治的人员而已。如果你们有任何忤逆土地真正所有人基督教教会的行为，罗马教宗将有权立即收回委托权。”

一直到公元1440年，这份文书才被证明是彻底的伪造品。在文艺复兴时期，精通希腊文和拉丁文的人，被成为“人文主义者”。意大利出身的“人文主义者”洛伦佐·瓦拉在一字一句对行文整体进行严密的考查之后，得出一个惊人的结论：这份捐赠书并非出自君士坦丁在世的公元4世纪，而是10、11世纪基督教教会内部人员伪造的赝品。这项发现使得世俗君主摆脱了束缚在身上一千多年的枷锁。而这件象征文艺复兴精神的实例也告诉我们另一项事实，那就是有这样一件伪造文件出现，说明皇帝资产赠与基督教教会的行为，对于基督教教会来说，意义是多么重大。顺带说一句，这份伪造品，《君士坦丁捐赠书》的原版，现在就收藏在巴黎国立图书馆里。

“米兰敕令”以后，君士坦丁将表里不一展现得淋漓尽致。除了由国家补偿没收的资产、捐赠皇帝资产给教会外，还有一项意义重大、给后世带来深远影响的政策，那就是皇帝极力支持神职阶层的独立。

这一项政策也是以敕令的形式实施的。具体来说，就是承认决意将一生献给基督教神灵的人，有权不承担任何公务，包括国家公职、地方自治体政务，以及军队中的军务。换句话说，“神职人员”今后只要专心从事宗教事务即可。这意味着，罗马皇帝这一最高权力人正式承认了基督教神职阶层的独立。

基督教的神职人员，意大利语叫“clero”，来源于拉丁语“clerus”。不过“clerus”一词直到帝国后期才出现，语言学上也把它归入了“后期拉丁语”之列。要知道，无论是共和时期，还是进入帝政之后，在罗马人使用拉丁语的一千多年历史里，都只有“祭司”（sacerdos）一词，而没有“神职人员”（clerus）一词。因为罗马虽然有主持宗教仪式的人，但没有以传达神意给人民为职业的神职人员。既然没有实体存在，自然也就没有表达的名词。从“神职人员”一词开始出现在罗马社会中也可以看出，君士坦丁想要建立的帝国，和以前的罗马帝国完全不同。

对于免除神职人员一切公务的施政理由，君士坦丁自己是这么表示的：

> 神职人员应该不受其他诸多事务烦扰，专注于神圣之事业，方能对国家提供无法衡量之贡献。

4世纪的基督教徒自然对这项政策表示热烈欢迎。在君士坦丁时代，虽然基督教徒的信仰自由得到了承认，但其他的宗教依然存在，特别是罗马诸神依旧作为国家宗教而存在。在这个时代，从就任公职的立场上来说，必须常常参加官方祭典。对于决心仅向基督教唯一真神祈祷的信徒来说，参加献给罗马传统诸神的祭典本身就是一种痛苦。尤其在场的，不是被比喻为羊的一般信徒，而是以引导羊群为己任的牧羊人，即神职人员，那就更痛苦了。因为基督教的神与其前身犹太教神灵一样，是“一”而非“多”。作为一神教，拒绝承认唯一真神以外的其他神灵存在，正是其宗教的存在理由。

而君士坦丁所谓的“应该不受其他诸多事务烦扰”，等同于“应该不受其他诸多神灵烦扰”。这些“牧羊人”自然会欢天喜地地接受这项政策。

君士坦丁本人，既然身为罗马皇帝，也就身兼罗马宗教的领头人——“大祭司”。在官方祭典中，不仅要参加，还有领头率领众人举行仪礼的义务。姑且不论其内心作何感想，至少他并非基督教徒，也没有接受过洗礼。

政策也好，施政也罢，常常会在立案人意想不到的地方产生效果。这一道免除基督教神职人员公务的敕令，产生了一个恐怕连君士坦丁本人也未曾预料到的额外效果，那就是罗马社会的中间阶层，特别是其中文化层次较高的那一类人，开始纷纷涌进基督教教会。

公元 4 世纪的罗马社会，列位皇帝相继推出的一连串政策，直接冲击了在元首制时期作为社会骨干的中产阶级，使他们没落至崩溃的边缘。

戴克里先皇帝推出的税制改革，将一直以来以间接税为主的税制，转变成了以直接税为主，结果最受重税之苦的就是中产阶级。

君士坦丁直接继承了上述的税制，而且他还把传统的银本位制改成了金本位制。在这项改革之后，罗马社会分成了以价值稳定的金币为收入来源和以汇率不断变动的银币为收入的两类人。除了能以金币给薪的国家公务员和军方人员以外，其他划到中间阶层的中产阶级，则被划为了后者。

在这样的背景下，大家自然想到去从事国家行政事务或者去服兵役。但是，虽然伴随行政机构扩大而增加不少公务员，但既然是可以领取金币的热门职业，门槛自然很高。至于服兵役，由于当时是由巴尔干地区出身的人掌握大权，想必有人不愿意入门受欺凌。

也许有人会说，要成为神职人员，不是牵涉到宗教信仰问题吗？这里向大家说明两个现状：

第一，面对国势、威望日趋衰落的罗马帝国，罗马人悲叹他们已经被罗马诸神的抛弃。在这个时代，即使对基督教没有皈依想法的人，罗马传统诸神的信仰也淡化了。而一神教的危害要到一年多以后才清晰地显现出来，多神教思想下的古罗马人根本不可能想象得到。对这些人来说，要应征基督教教会的神职人员，心理上自然也不会有太大的抵触。

第二，现实生活的困窘。人们一旦迫于需要而无计可施时，信仰问题就会摆在其次。实际上，为了挣一口饭吃而改信基督教的人不少。而且，在君士坦丁大力振兴基督教之下，这些人的数量还在不断地增多。

而且这种现象还蔓延到罗马社会中属于上层中产阶级的地方议员阶层“decuriones”。只是，这些人转行为神职人员，并非纯因经济需要。由于所有的职业都转变成了世袭制，这些人也被绑在了地方议会的议席上。而在后期的罗马帝国，这项工作不仅没有任何乐趣可言，而且还要背上沉重的经济负担。在中央集权高度集中的罗马帝国后期，地方自治体以前所能享受的诸多权力均被剥夺。元首制时期被誉为帝国“细胞”的地方自治体和殖民城市，如今都沦为单纯的地方行政区。身为地方议员之子，也没有选择职业的自由，只能继承家业，而且被视为富裕阶层，课以重税。这些税还必须兑换成金币缴纳。而每兑换一次，资产就要减少一分。

一旦成了神职人员，这些问题就会全部消失。最大的好处，在于君士坦丁免除了神职人员纳税的义务。不仅如此，生活费用上也会得到教会的资助。这也是教会需要资产的原因所在。

可能有人会说，禁止结婚的规定不会阻碍一般民众转变成神职人员吗？这里要说明的是，基督教教会的神职人员必须履行单身义务的规定，是进入中世以后才开始的。耶稣基督之下的十二使徒，大多有家室。初期基督教教会的主教也大多有婚姻关系。也就是说，这一点不会成为人们专心基督的阻碍因素。

就在这个时期，君士坦丁皇帝颁布敕令，将古代对单身人士不利的制度作了改正。很多研究人员认为，这也是扶持神职人员阶层的政策。但从另一个角度来说，这会不会是在给民间日益增多的转业神职人员的热潮踩刹车呢？因为在君士坦丁在位早期，就颁布了神职人员数量限制措施。无论主教或祭司，除非有空缺，否则不允许添加新人。

优西比乌主教在其著作《基督教教会史》中痛心地写道："很多人入教是为利益而非信仰"，深刻揭示了当时的现状。不过，基督教教会一方，却因为这一世俗的现象而获益，那就是神职人员素质因此大幅提高。以前的主教或祭司大多由出身社会底层的人担当，现在这个阶层文化层次提高很多。当时的基督教教会得到君士坦丁这个难得的支持者，正在向罗马帝国中枢渗透。这个现象又使得教会获得操纵语言的有效才能，成为一项有力武器。《圣经》上不是有这样一句话嘛："起初，先有语言。"

公元324年，君士坦丁打败最后一名竞争对手李锡尼之后，从这一年到公元337年的13年间，一直是罗马帝国唯一的最高统治者，独揽大权。这意味着他之前在帝国西方实行的基督教振兴政策，从此也开始适用于帝国东方。基督教势力原本在东方就很强大。从小亚细亚到叙利亚—巴勒斯坦，整个帝国东方的基督教教会，自然会把君士坦丁看成十二使徒一样的存在崇拜。这种情况下，罗马帝国越来越像基督教国家了。而君士坦丁发出的第一弹，就是在打败李锡尼之后马上开始的新首都君士坦丁堡的建设。

君士坦丁为了吸引人口，在新首都除了实行很多之前叙述过的振兴措施外，还要加上一项在他独揽大权后才能实行的新政策，那就是将埃及产的小麦全部转运到新首都。以前埃及产的小麦都是首先确保首都罗马和意大利本土的需求，载着埃及产小麦的运输船，大多数由地中海向西航行。如今虽然同样经由地中海运输，只不过航行的方向改成了向北。君士坦丁为了保障在新首都君士坦丁堡定居的社会底层阶级的福利，决定在此恢复以前在罗马和其他城市实施过的小麦免费配给政策。据说在君士坦丁堡免费领取小麦的人数有8万人。在开国皇帝奥古斯都时代的罗马，这个人数为20万。据此推断，新首都的规模大约是原首都罗马的四成。埃及产小麦与帝国全境小麦产量的比例，也是四成左右。不管怎么说，光从这件事就可以看出君士坦丁对于新首都付出的极大热情。而热情越大，与付出对象之间关系也越深厚。如此，对基督教振兴付出极大热情和心血的君士坦丁，与基督教教义关系密切，也就不足为奇了。

尼西亚公会议

在尼西亚召开的公会议中，主教们如众星捧月般地将君士坦丁大帝围在中间的画面，正是中世纪已经开始的最佳象征。

这句话引自一位专门研究罗马帝国后期历史的英国学者的著作。众主教聚集在小亚细亚最西边的尼西亚召开公会议的时间，是公元325年，距离罗马帝国灭亡还有150年。

之前主教们也经常聚会，但并非由皇帝召集。西尼亚公会议是第一次由罗马皇帝正式召开的公会议。为什么君士坦丁要做出这样史无前例的行为呢？在这里要再重复一次，当时的基督教，虽然有最高统治者在背后大力支持，但依然只是诸多宗教之一。

一提到霸权国家，很多人脑海中就会浮现一个超级大国任意欺压其权下小国的场景。然而，无论是霸权国家，还是霸权皇帝，拥有霸权的同时，也伴随着责任和义务：第一，身负保卫霸权下的国家和人民的责任；第二，具有调解霸权下国家、民族间矛盾的义务。因为世间的很多纷争，往往当事双方因为争执不下而迟迟无法解决，这时就需要一个拥有足够权力或权威、且双方都信服的第三者来调停，才能有效地解决争端。

那么，对君士坦丁而言，非要在尼西亚召集主教来解决的问题，又是什么呢？

这个问题起源于七八年前的阿里乌斯派与亚达纳西派的教理之争。君士坦丁曾派心腹何西乌主教前往调停，可惜徒劳无功。

如果仅仅只是神职人员围绕教理展开争论，那问题不需要皇帝介入，大可听之任之。可为什么君士坦丁要插手这件事情呢？因为如果置之不理，君士坦丁曾经大力扶持、现在依然努力协助的基督教教会，有可能会走上分裂的道路。如果允许一次分裂，就会产生更多的分裂。其结果就是基督教最终走上凋敝没落的结局。

一般人可能会认为，君士坦丁位于世俗权力的顶端，他与宗教世界的分裂或灭亡，可是八竿子打不着的关系，但当事人并不这么想。

为什么君士坦丁不这么想呢？这个问题远非三言两语就能说清楚。因为这个问题的答案与君士坦丁为什么如此热心地扶持基督教的问题答案相同。

尼西亚公会议在历史上意义重大。在基督教史上的地位就不用说了，作为世界三大宗教之一，这次会议在世界史上也是一件大事。因为尼西亚公会议上决定的基督教“形式”，一直延伸到现代，形成现今世界三大宗教之一的“基督教”。

也正因如此，光是近现代，研究这次公会议的文献就数不胜数。不过我要写的是罗马史，而非基督教教会史，所以在此仅作简略叙述。总之，君士坦丁因为偏袒基督教，而卷入了历代皇帝都不会介入的“教理”争端。

多神教就是人们去祭祀诸神以得到神灵的守护，因此没有“天神教诲的真理”，即“教理”（dogma）的存在，也不足为奇。然而以指导人类生存方式为目的的一神教，“教理”本身的存在正是宗教存在的理由。教理如此重要，因而对教理的解释仁者见仁，智者见智，也是很自然的事情。只是如果放任解释的差异而不进行调整，宗教组织就会冰消瓦解。而召集主教召开公会议，目的就在于调整解释内容之差异，避免组织崩溃。

那么谁拥有公会议的召集权呢？

由于罗马皇帝身兼大祭司职务，自然拥有这项权力。后来这项权力就落在了主教中有威望的人士身上，即由罗马教区主教接手，一直延续到今天。因此公会议的召集权在罗马教皇手中。从这一事实可以看出，公会议在教会史上的重要性从未减少过。毕竟“教理”是由活着的人来解释，一千个人就有一千种解释，因人而异再自然不过。而且，“教理”还有另外一个麻烦的特点，那就是解释还会随时代的变化而有所不同。

话题转回到尼西亚公会议上，逼着君士坦丁必须亲自召开公会议来处理的“教理”争议，简单来说，就是上帝与其子耶稣是同质还是不同质的问题。

事情的开端是在埃及的亚历山大地区做牧师的阿里乌斯，主张不同质的说法。阿里乌斯认为，上帝相当于哲学上的“单子”，是构成实体的最高心理的物理因素，是不可知的存在。而上帝之子耶稣基督既不与人同质，也不与神同质。也就是说，相对于上帝这一崇高、不可知的永恒存在，有着出生、成长、在十字架上死亡这一系列经历的耶稣，就不是神灵。

在我看来，这个学说很有意思，但是基督教教会向来主张“三位一体”理论，即上帝、圣子耶稣、圣灵三者同质，因此属于一体。从教会的角度来看，阿里乌斯的学说属于异端邪说。因此，阿里乌斯的上司，三位一体派的亚达纳西主教，开除了阿里乌斯，并将他驱逐出了亚历山大教区。

可是阿里乌斯在流亡途中，陆续获得了许多支持者。比如说，巴勒斯坦地区主要城市恺撒利亚的主教优西比乌就是其中一位。这个人后来著有《基督教教会史》、《君士坦丁传》等。虽然他后来又转变成三位一体派，但一开始他是阿里乌斯派的支持者。

不过，阿里乌斯派最强有力的支持者是另一位同名主教——当时在信徒中拥有绝对影响力的尼科米底亚主教优西比乌。在帝国东方主教区中，势力最大的是埃及的亚历山大、叙利亚的安条克和这里的尼科米底亚三大教区。亚历山大的主教和尼科米底亚的主教意见相左，意味着帝国东方的基督教势力分成了阿里乌斯派和亚达纳西派两个派系。情况演变至此，已经不是争论教理的问题，而是升级为教会分裂的危机。召集两派人物前往尼西亚，试图消除因教理解释不同而产生的对立局面，已经成为君士坦丁无法回避的责任。

据说当时在小亚细亚的地方城市尼西亚聚集的主教人数接近300人，其中

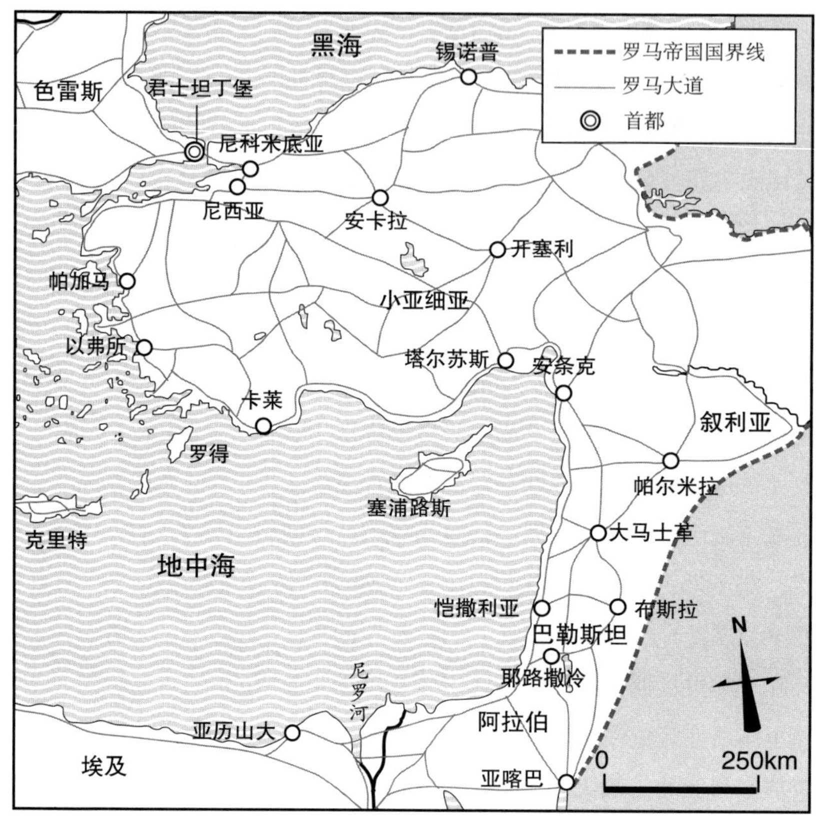

罗马帝国的东方

帝国西方的主教仅有 10 人不到，其他均来自帝国东方教区。仅从这一点就可以看出帝国东西方基督教势力差距有多大。而且，正因为如此，出席尼西亚公会议的主教们，大半是希腊人后裔。不知道是不是这个原因，主教们在皇帝面前大发议论，争执不休，迟迟无法得出最终结论。因为希腊人一直都有好辩论的习惯，常常让罗马人觉得受不了。

最终，作为会议主席的君士坦丁，不知是以某种回馈为条件，还是仅凭皇帝的权势施压，总之，他让会议达成了发表“联合公报”的共识。公报中再一次肯定了“三位一体”理论的正确性。从后来君士坦丁的言行推测，他本人似乎更认同阿里乌斯的观点。只不过若推翻一直被视为基督教教会正统思想的“三位一体”学说，必然会在基督教内部引发地震狂潮，动摇基督徒的信念。君士坦丁当时最为重视的，应该是基督教教会组织的统一。

不过，一直到最后，阿里乌斯与追随他的两名神职人员都拒绝在联合公报上签名。于是，君士坦丁将这三人流放至远离东方的莱茵河畔。但几年后，又取消了这个处分。这一事实说明，在公元325年举行的尼西亚公会议中，基督教教会并非全部支持“三位一体”理论。其后，又经过了多番波折，特别是后来阿里乌斯派在北方蛮族中传教成功，使得这两派之间的争执持续了好几个世纪。

从理论上来说，宣称上帝与耶稣基督不同质的阿里乌斯学说更有说服力。就算最终死于十字架上，一个爱护人类、追求真理的耶稣，形象不也很完美吗？

话虽如此，虽然我不是基督教徒，但是可以体会基督教的神职人员选择三位一体学说时的心态。因为人活着，并不满足于追求真理，他们更希望通过外力获得心灵的救赎。说到追求真理的人，历史上已经有一位苏格拉底。如果说耶稣死于十字架上就宣告一切的终结，那么在为真理献身这一点上，喝毒酒而亡的苏格拉底和耶稣没有区别。但是，死于十字架上的人耶稣，后来又复活升天，成为救赎的象征。耶稣要复活升天，成为“不可知”的存在，才能成为救赎的象征，即为那些希望获得救赎的人点燃希望。相反，苏格拉底则没有达到救赎的境界。因为他自始至终都是个“可知”的人。

由柏拉图所著、介绍苏格拉底思想的《对话篇》和《新约圣经》同样都是畅销书。但在2000年的历史里，其销售数量有着无法估量的巨大差距。这种差距也体现了对一般善男信女而言，追求真理的大道和期望获得救赎的需求之间的差距。

对于以信仰为基础的宗教组织而言，人们信奉与否的重要性要远高于真实与否。因此，公元4世纪时的基督教教会，摒弃阿里乌斯的观点，选择“三位一体”论，是一个贴切的选择。不，应该说，正因为基督教采用了“三位一体”说，才打开了通往世界宗教的大门。而这一决断的形成，也要归功于君士坦丁召开的尼西亚公会议。

具体是谁不记得了，但有人说过这样一句话：

“罗马人曾经三次统治世界：第一次以军团，第二次以法律，最后则是以基督教。”

我认为说得很有道理。军事力量和罗马法是众所周知的史实，而基督教也在罗马人经手之后，才获得了“国际竞争力”。耶稣基督和十二使徒都不是罗马公民，而是受罗马人统治的行省民。但是，自卡拉卡拉皇帝废除了罗马公民和行省民的差别后，曾经的“行省民”也就成了“罗马公民”。出席尼西亚公会议的君士坦丁与诸位主教，从这个层面上来说，都是“罗马人”。罗马人采用了圣子耶稣与上帝同质的“三位一体”说，因而确立了死后救赎的观念。也就是把基督教改造成了我们现在所看到的样子。即使这与当初耶稣基督的理念不同。

那么，君士坦丁为什么要花费这么大的力气去扶持基督教教会呢？

基督教方面经常以“在基督教诲下醒悟”的说法，来形容入信基督教的人。如果套用这种说法，根据目前专家的推论，在遭受戴克里先皇帝彻底镇压、后又由君士坦丁转而大力扶持的公元 4 世纪初期，“在基督教诲下醒悟”的人，仅占帝国全部人口的 5% 左右。不过，也有学者表示，这个比例应该仅限于大城市，如果范围扩大到帝国全境，比例肯定会大幅度下滑。而且这里所谓的大城市，只是指小亚细亚的尼科米底亚、叙利亚的安条克，以及埃及的亚历山大这一类帝国东方城市。同时是大城市，在基督教徒眼中的异教圣地罗马，是难以达到 5% 的成绩的。

基督教方面，以一神教徒惯有的看法，将与自己持不同信仰的人统称为“异教徒”。中文“异教徒”一词，在原文拉丁文中称为“paganus”。研究人员称，是住在意为“村庄”的“pagus”里的人，也就是“村民”的意思。这也可以证明，公元4世纪时，基督教徒还是城市里多，乡下则比较少。

为什么城市里的基督教徒多，而乡下比较少呢？第一个原因，应该是城市里容易形成追求新事物的潮流，而相对的，农村地区比较保守，这也是一个古今中外都相通的现象。其次，从公元3世纪开始，罗马帝国产生一个特殊的现象，即由于蛮族入侵而导致的乡下人口流失，城市人口过度集中。至于这一现象为什么会跟基督教势力扩增产生关联，我在《罗马人的故事12·迷途帝国》最后一章“罗马帝国与基督教”中有详细的论述，这里就不再重复了。不管怎么说，本书中所提及的公元3、4世纪中，“在基督教诲下醒悟”的人，占罗马帝国人口的比例仅为“绝对少数”，是毋庸置疑的事实。

那么，既然基督教徒只占“绝对少数”，为什么戴克里先还要这样彻底进行镇压呢？

在戴克里先心目中，帝国的安全防卫是他下定决心、不惜一切代价也要实现复兴的目标。具体来说，就是要阻止蛮族突破帝国防线，严防其深入帝国内部进行烧杀抢掠，将帝国居民从担惊受怕的状态中解放出来。要达成这一目标，设立帝位，保证领导层同心协力的体制固然重要，帝国内一般民众一起保卫“共同体”的心意也是不可或缺的。坚决认定蛮族是敌人的思想，才是真正能稳固国家安全的“基础”。

可是在一神教当中，尤其在热心于对异族传教的基督教当中，有一股认同信仰同一宗教的信徒，更胜于认同住在同一社会的同胞的倾向。换句话说，比起幼时一起长大的朋友，基督教徒更注重临时拜访，信仰相同的信徒，类似于这样一种心境。

如此一来，对居住在罗马帝国的基督教徒来说，比起同住在帝国内的同胞，如果蛮族信仰基督教的话，这些人反而会是更加亲近的同胞。“同胞”一词，除了“同一国家的人民”之意以外，还可以表示兄弟姐妹的意思。而在基督教世界中，所谓的兄弟和姐妹，代表的是虽然没有血缘关系，但是有共同的信仰的人，是一种相当重要的关系。

戴克里先害怕的，并非基督教徒的实际数量，而是担心基督教普及之后，帝国的“防线”会被侵蚀。如果敌我不分，防卫对象也就不再明确，“防卫”的功能也就无法发挥。从这个意义上来说，戴克里先继承了元首制时期的列位皇帝对基督教的观念。很多研究人员将戴克里先定位为罗马帝国的最后一位皇帝，也是从这个角度得出的结论。

另一方面，虽然中间隔着一段争权夺势的时期，但戴克里先的继任者实际上还是应该视为君士坦丁。只是，君士坦丁不仅转而承认基督教的合法地位，更成为第一位大力扶植基督教的罗马皇帝。话说回来，在君士坦丁时代，帝国内基督教势力依旧是“绝对少数”的状态。不仅如此，在戴克里先大力镇压之后，数量比以前还要稀少。尽管如此，君士坦丁还是把前任皇帝的政策来了个一百八十度的大转变。为什么？

研究人员努力地、一字一句地研究君士坦丁遗留下来的文件和书信，试图探寻这个人在“米兰敕令”之前是否对基督教信仰持有亲近的态度。另外还举出在戴克里先向基督教宣战、发布的数次敕令发挥效力的时期里，君士坦丁的父亲君士坦提乌斯统治的帝国西方，几乎没有镇压基督教的史实为证，说明从其父亲开始，君士坦丁家族一直对基督教保持宽容的态度。进而研究人员认为，受此影响，君士坦丁在政治上偏袒基督教，是理所当然的结果。换句话说，君士坦丁对基督教的偏袒，最终还是归结于他自身的信仰。

确实，在公元 324 年成为唯一的最高权力者之后，君士坦丁就建设了一个只有基督教教堂、没有多神教神殿的新首都君士坦丁堡。就连在多神教圣地罗马，君士坦丁也修建了包括圣彼得大教堂在内的、留存到现代的很多重要教堂。不仅如此，他还在基督教圣地耶路撒冷，修建了对基督教徒而言无比重要的圣墓教堂。

可是，君士坦丁虽然如此公然地表露出亲基督教的行为，但同时也是按照传统罗马皇帝的风格行事的人。他发行的货币正面是他本人的侧脸雕刻，背面则跟历代罗马皇帝一样，刻着罗马诸神图案。而且，他也没有禁止举办官方祭典。后来他的儿子继位，颁布禁止官方祭典的敕令时，声称这是父亲的遗志。问题是，这种没有任何佐证的“遗志”，是最靠不住的史料。总之，君士坦丁虽然偏袒基督教，但至少表面上还是遵守着“米兰敕令”中宣称的宗教平等。这个人在位期间，帝国依然是“诸神混处”的状态。从这个意义上来说，罗马帝国依然是当初的罗马帝国。

阅读君士坦丁遗留下来的书信后，我发现，就连反对派也很难从字里行间挑出毛病。

虽然是书信，但用词造句都极为小心谨慎，颇有政治文章的文体特征，从字面上根本看不出一丁点儿与基督教信仰有关的蛛丝马迹。可见，君士坦丁实在是一个很高明的双面人。

至于他的父亲君士坦提乌斯在镇压基督教徒时态度消极一说，也只是因为帝国西方的基督教势力并不强盛。既然力量薄弱，数量也不多，镇压和迫害的程度自然也会随之减弱。

至于君士坦丁个人是否对基督教有信仰之心，这个问题实在很难一口咬定是或否，因为有无信仰之心完全是个人问题。不过，可以肯定的是，君士坦丁对基督教绝无恶感。

君士坦丁的母亲海伦娜，是个有名的基督教徒。当然，在戴克里先在位时，这件事肯定不能对外声张。海伦娜公开表示信仰基督教，恐怕要等到儿子的皇位稳固、发布承认基督教的“米兰敕令”之后。特别是在公元 324 年，君士坦丁成功扫除所有对手之后，身为皇太后的海伦娜备受尊崇，甚至完成了朝拜圣地耶路撒冷的旅行。

海伦娜是小酒馆老板的女儿，出身卑微。在“四帝共治制”下，由于副帝必须迎娶正帝的女儿，迫使她与结婚多年的丈夫离婚。身为儿子的君士坦丁一直与母亲相依为命，感情自然深厚。儿子总会同情母亲，尤其是遭遇不幸的母亲。如果儿子对母亲给予的同情与亲情，爱屋及乌地扩及母亲信仰的宗教，这也是为人子的常有心态，再正常不过了。

现在还剩一个问题，那就是君士坦丁为什么如此偏袒仅占绝对少数的基督教？因为君士坦丁既然身为政治人物，就该清楚如果硬行推动只有少量支持者的政策，会成为政治人物的致命伤。

有很多人认为，身为领导者或者统治者，应该了解其治下的人民内心所求，生活所需，并以满足人民所求、所需为己任。不过，这只是一种未经深入思考就囫囵吞枣地理解民主主义的观点。因为这种观点，很多政治家都以上述“任务”作为自己的行为准则。确实，这是从政人员的任务，但这只是一部分任务，而非全部。因为所谓需求，除了现有的，还有的需要通过人力去唤起。

如果君士坦丁只是一位认为统治者应该理解被统治者的需求并给予满足的领袖人物，他就不会大力推广只有 5% 支持者的新政。所以说，他是个理解需求可以借由人为唤起的领袖。

那么，这里又出现了一个问题，君士坦丁为什么要如此不辞辛劳地唤起人民的需求？这种将“少数”人的需求变成“多数”人需求的行为，无论其背后动机是什么，都是不可忽略的问题。换句话说，君士坦丁如此扶持基督教，能得到什么好处？

统治工具（Instrumentum regni）

罗马人历经了王政、共和、帝政等政体变迁，然而整个民族对世袭制度一直不太认同，或者说疑虑甚深。当初在王政时期，也是采用选举制。到了共和时期就更不用说了，类似于现代首相的执政官，也是经由公民大会选举产生。即便到了帝政时期，罗马帝国的官方主权者也不是皇帝，而是罗马公民权拥有者和罗马元老院。皇帝只是受主权者委托行使权力的存在。因此，一旦皇帝让人觉得不值得托付权力，就会遭到暗杀。因为皇帝和一年一任的执政官不同，是终身制，所以要换掉皇帝，只有将他的肉体消灭。

公元3世纪，罗马帝国会深陷危机的首要原因，按现代的话来说，就是皇帝撤换太频繁导致国内政局不稳。为了改善这种状况，戴克里先构思实施了“四帝共治制”。遗憾的是，这一政策也很快夭折了。导致这一政策快速崩盘的人物之一，就是君士坦丁。君士坦丁想必早就看穿“四帝共治制”并不能消除政局动荡的现状。他野心勃勃，试图与元首制时期的皇帝一样，一个人统治整个帝国。

但是，如果要一个人统治国家，就必须另外构思一套不但有效而且能长期维持效力的新施政体系。这既不是已经证明无法发挥效力的“四帝共治制”体系，也不是随时可以通过暗杀方式撤换皇帝的元首制体系。

君士坦丁也知道，政局稳定是维持帝国存续的关键。可是在他任内，军事力量分配上，不是以帝国边境防线为重点，而是注重强化他个人领导的兵力。因为他视个人家族存续优于政局稳定、帝国利益，所以他才会被称为第一个中世纪君主。

如果托付权力给掌权者的是“人类”，那么拥有剥夺掌权者手中权力、罢黜掌权者权力的，自然也是“人类”。但是，如果这项权力不是为“人类”所有，而改由其他存在掌控，会是怎样的状况呢？

罗马传统诸神并不适合扮演这种角色。因为多神教的神灵只是护佑人类，并不指点人类如何生存。多神教和一神教的神灵，从性质上来说是不一样的。这样，能够满足君士坦丁需要的神灵，就只能从一神教当中去找。因为犹太教一直维持着犹太人的民族宗教地位，在公元4世纪时，能满足上述条件的一神教，只有以跨越民族差异为传教方针的基督教。而且在270年前，基督教势力还很微弱时，圣保罗就计划将基督教从犹太人的民族宗教，发展为世界性的宗教。他留下了这样一段话：

> 每个人都必须遵从在上位者。在我们的教诲中，我们只认同上帝的权威。现实世界的权威，都是受上帝指示形成。遵从他们，也就是遵从君临

于现世权威之上的上帝。

不知道从什么时候起，君士坦丁身边多了一位宗教顾问，名叫何西乌。关于这个人我们只知道，他是西班牙南部城市柯都伐主教，比君士坦丁年长，但具体年龄不详。目前没有任何文章或著作确定出自这个人之手，因此我们后人也无从得知，这个人曾经以何种方式向皇帝提出过哪些建议。

话说回来，顾问能发挥的影响力也有限。顾问的建议如果不能获得采纳，那也只是纸上谈兵。建议能否实现，全凭掌权者的态度。如此一来，由谁提出何种建议，并不是大问题。真正的问题是掌权者能否接受这些意见。而在历史上，最终作出类似"渡过卢比孔河"这样重大决断、将古代和中世纪分隔开来的，还是君士坦丁本人。

君士坦丁的政治敏锐度令人惊叹，他能意识到在现实世界，即俗世之中，把赋予君主统治和领导权力的对象由"人类"转为"神灵"的有效价值。如此一来，委托和剥夺统治的权力，再也不是"可知"的人类所有，而是属于唯一"不可知"的上帝。

这种制度实际上等于把政权交给没有任何意志的神来决定。这样，就需要某些有资格听取神意的人，将神意传达给人类。在基督教制度里，神意是通过神职人员传达的。而且，传达崇高神意的神职人员，不是日常与信徒接触的牧师，也不是在孤独环境中探究信仰的修道士，而是在召开以解释、整理、统合教理为目的的公会议时，有资格出席的主教。这样，在基督教制度上，只有主教可以向人类传达"神意"，表示天神是否决定赋予俗世君主以统治权力。如此一来，这要主教站在自己一边，"神意"自然也会维护自己。如此一来，问题就变得简单了，就看怎么把主教拉拢过来即可。

"主教"一词，在后期拉丁语中叫做"episcopus"，后期希腊语称之为"episkopos"。在基督教逐渐渗透到社会的罗马帝国后期，这是最受世人瞩目的阶层。

当时的基督教教会组织不像现在的天主教会那样，官僚制度高度组织化，因此，主教具有非常重要的地位。

主教被视为十二使徒的继承人，受托拥有传达耶稣基督和十二使徒旨意、教育引导信徒、统领信徒等权力。而且，除了上述权力，还具有对有助于传播基督教，或在传播基督教上作出贡献的人物，赋予其神圣正统性的权力。

在中世纪封建制度下的国王，大多是割据一方的领主们协商之后，共同拥立其中一位领主为王。身兼主教的教皇与其他主教的关系，与封建时代的国王立场颇为相似。直到现代，罗马教皇依然是以引导身居罗马的信徒为第一要务的罗马主教。俗世中，与主教地位相似的职务，大概是州长吧。

简而言之，教区内的信徒要归主教管辖，因为主教是传达神意的人。现代的罗马教皇，是由主教之上的枢机主教（俗称红衣主教）选举产生。理论上，枢机主教投的票，是由“三位一体”中的圣灵告知“神意”后，投给符合神意的人选。一切都是上天的旨意，与枢机主教本人的意愿无关。在基督教教会中，一切都是按照神的意志行事。因此对他们来说，现实世界交给获得神意的人掌管，也是理所当然的事情。而听取神意、传达给世人的，就是主教。

那么君士坦丁为了拉拢主教，采取了哪些措施呢？

身为组织的领袖，最重视的是巩固组织并维持其存续。对主教来说，就是如何确保人力和资产，以便在教区开展宗教活动、福利事业和教育事业。君士坦丁只要能保证这一点，并增加数量即可。

修建教堂赠送给教会。

捐赠资产作为教会活动的资金来源。

免除教会活动中在一线工作的神职人员的公务及赋税

解除对单身者不利的法令。因为那些不进入教会、以信徒身份积极参与福利活动的单身人士，对教会来说，也是重要的人力资源。

这些都是之前已经叙述过的优惠措施。除此之外，君士坦丁还赋予主教在教区内的司法权。罗马帝国再也不是法治国家了。原本司法应该与宗教毫无关系，但是现在就连在司法圈子里，基督教徒也占有有利地位。

而且除了上述项目，主教还成为不堪重赋的纳税人在请求皇帝的征税官手下留情时，唯一能请求斡旋的对象。这可不是君士坦丁制定的政策，只是既然主教的权力如此之大，想必人们都会认为，说不定主教有办法让税金减少一点。

除了与自然相处的时间多过与人相处的农村外，基督教渗透速度最慢的就数军队了。在罗马军中，原本信仰太阳神或密特拉神的官兵就不少，而罗马军团已经习惯在统一行动时，将个人信仰置于一边，大家一起参加为守护罗马帝国的罗马诸神举办的祭典仪式。

公元 324 年，在承认基督教合法地位的“米兰敕令”发布后的第 11 个年头，君士坦丁与李锡尼之间的内战，以君士坦丁的胜利告终。在这场战斗中，失败被俘的李锡尼一方的官兵，对着战胜者君士坦丁这样高喊道：

“君士坦丁皇帝，愿您获得诸神护佑！”

诸神，也就是传统的罗马诸神。这表示，即使在基督教被承认之后，对官兵而言，“诸神”还是比较亲近的存在。

在面对官兵时，君士坦丁没有表露出任何亲基督教的态度，也没有提出任何措施。因为君士坦丁知道，军队是维护皇帝权力的基础。如果做出有损军队支持的行为，会成为身兼最高司令官的皇帝的致命伤。

不过，君士坦丁还是做了个小动作，他允许信仰基督教的官兵，以向上帝祈祷为由，在星期日放假。至于异教徒官兵，星期天也要和其他日子一样接受训练。

在这里重复一下，君士坦丁只是承认基督教的合法地位，并未将它列为罗马帝国的国教，也没有排除基督教以外的其他宗教。正因为如此，对 4 世纪的罗马人来说，基督教只是众多宗教之一。换句话说，即使有人因为星期天可以休假这样一个微不足道的理由改教，也不会有什么精神负担，没有我们这些后世之人看得这么严重。

因第一个书写《基督教教会史》而声名远播的恺撒利亚主教优西比乌，曾经很痛心地写道，很多人入教是为利益而非信仰。但是，如果等待个人自然提升对基督教的信仰之心，想必要把信教者从“少数”发展为“多数”，又要花去不知道多少年的岁月。光是从耶稣基督死于十字架上，到基督教得到承认，就花了 300 年的时间。如果在其中，随个人和行业掺杂些“利益”存在，不就可以让“少数”变为“多数”的时间大大缩短了吗？这些政策与笼络主教的政策相同，都是在深刻洞察人性的基础上，设计出来的巧妙战术。这样卓越的政治手腕，说明君士坦丁满足了从政者最重要的条件，即对政治现实的敏锐。

自从统治和领导的权力，不是由“人类”赋予而是由“神灵”赋予之后，让历代罗马皇帝头痛不已的问题一下子都不见了。

身为皇权监督机构的元老院，从此失去了最重要的存在理由。因为掌管监督者的功能必须要有赋予掌权者权力的资格才能拥有。

过去罗马公民作为权力人用来表达意见的圆形竞技场、大竞技场，从此以后也只是单纯的娱乐设施。

尽管罗马人一直对皇位世袭持怀疑态度，如今就算让多无能的儿子继承，也不需要费尽心思找理由了。

所有这一切，只要一句话就可以打发。“你们会受我和我儿子的统治，并非因为你们的意愿，这是你们所信仰的至高天神的意愿。”换句话说，只要表示“一切都是天神的旨意”就好。

在绝对君主制盛行的 17 世纪，英国的詹姆士一世和法国的路易十四都大力提倡“君权神授”理论。如果将其换成“现世统治权神授说”，那么这个思想可以说是由比 17 世纪早了 1300 年的君士坦丁播下的种子。

如果说这个思想的运用，仅从有血缘关系的子嗣继承来说，君士坦丁花费如此心力巩固的统治权神授说，在他儿子这一代就走到了尽头。然而这种“观念”却长久地保留了下来，从某种角度来说，甚至一直延续到了法国大革命为止。这种“观念”能够如此长寿，归根结底，因为对统治者来说，决定统治权

加冕仪式（图为查理曼大帝加冕仪式油画）

力的不是人类而是天神的理论，于掌权极为有利。

加冕仪式是最能体现国王特质的地方。国王屈膝跪在传达神意的主教面前，作为神灵代理人的主教，把经由神灵正统化的象征权力的皇冠，戴在屈膝跪地的国王头上。

元首制时期的罗马帝国，并不认同统治权由神灵授予的思想，所以既没有皇冠，也不存在加冕仪式。

公元 330 年 5 月 11 日，庆祝新首都君士坦丁堡完工的落成典礼隆重举行。在全力兼程赶工之下，短短 6 年时间，至少这座城市初步具备了首都应有的外形。如果说罗马是多神教的罗马帝国首都，那么以皇帝君士坦丁之名命名、号称“新罗马”的君士坦丁堡，就是一神教的基督教罗马帝国首都了。君士坦丁认为，要重现罗马帝国的辉煌，必须依靠新政体、新首都、新宗教来完成。当然，从这一年起，首都的所有功能，都从罗马转移到了君士坦丁堡。

权力的转移也会带来权力周边人口的转移。罗马的权力人士和富裕阶层纷纷移居到君士坦丁堡。在新首都完工的第二年发生的惨变，进一步加速了这种移居的进程。

这一年，北方蛮族大举入侵，突破了被称为“帝国安全保障能力检测器”的多瑙河防线。皇帝坐镇后方指挥罗马军队击破敌军，将投降的敌军编入罗马军中结束战争，这个过程共花了两年的时间。虽然获得最终的胜利，但这也表示君士坦丁无法阻止敌人突破国界侵入帝国内部的事实。

公元 337 年开春，君士坦丁率领大军离开君士坦丁堡，前往小亚细亚。因为在“四帝共治制”时期被罗马军队彻底击败而被迫讲和的波斯帝国，在事隔 40 年后再一次展开了反罗马的军事行动。虽然君士坦丁已经 62 岁，但对手是波斯国王的话，还是需要他亲自出马。君士坦丁与以私通罪名被处死的皇后法乌斯塔之间生有三个儿子，现在分别是 21 岁、20 岁和 17 岁。这个年纪还不足以承担与波斯作战的重责大任。除了儿子以外，君士坦丁还有两个同父异母的弟弟，以及几个侄子。然而君士坦丁希望自己的儿子继承皇位的话，就不可能让这些人有建功立威的机会。

但是，这时君士坦丁已经是花甲之年，加上 30 年来忙于争夺皇位和专制统治，将心力全数投入权力的取得和维持中，因而积劳成疾。结果一到位于小亚细亚西部的尼科米底亚，就卧床不起了。在病况没有好转的情况下，于 5 月 22 日过世，享年 62 岁。

君士坦丁的遗体没有按照传统进行火葬，而是直接运到君士坦丁堡，埋葬在他身前修建的“圣十二使徒教堂”。原本罗马是历代皇帝的埋骨之处，如今连这项功能也没有了。

据基督教史料记载，君士坦丁临终时，接受了原先反对三位一体论的阿里乌斯派成员、尼科米底亚主教优西比乌的洗礼。不过留下这段记载的，不是为皇帝洗礼的当事人，即最佳目击证人——尼科米底亚主教优西比乌，而是同名但不在场的恺撒利亚主教优西比乌。也就是说，这只是传闻。不过君士坦丁在临终前是否真的接受洗礼成为基督教徒，只怕没有那么重要。现代人也许会理解为，这是君士坦丁皇帝想在临终前对以前罪过进行忏悔的表现。不过，关于临终洗礼一事，还有其他的解释。1964 年，由牛津出版的 *The Later Roman Empire* 一书的作者、研究后期罗马帝国历史的世界级权威 A. H. M. Jones 这样写道：

> 君士坦丁只是遵循着大多数虔诚的基督教徒惯例罢了，即他在现世既然必须沾染在基督教教义中属于重罪的恶行，那么干脆把成为基督教徒所需的洗礼，延后到想干坏事也干不了的时候举行。

读了这段文字，我心里感到很愉快。原以为我已经充分理解古代基督教顺应时代的能力，以及在对应罗马人观念时表现出的弹性，在作品中也陆续提及，可是没想到还有这么有趣的一面。如果按照这种说法，本人自出道以来，一直都是用非宗教观点叙述历史，那如果我想得到基督的救赎，说不定也可以选择在临终时接受洗礼了。不过话说回来，一生忠实于基督教的人，与临终前补票上车的人，最后审判的时候真的是平等的吗？

虽然说君士坦丁到最后才补票上车，但他生前大力扶持基督教发展，其成果不是颁赠“大帝”的称号就可以形容的。关于这一点，查理曼是远远不及他的。有一位研究人员曾经表示：

> 如果没有君士坦丁，基督教教会在教理解释问题上将陷入无休止的争论中，结果就是一再分裂，最后与古代大多数宗教一样销声匿迹。

另外，也有其他研究人员，不仅针对君士坦丁，而且统括从戴克里先到君士坦丁时期，即正好我本书所论述的年代，发表这样的观点：

罗马帝国有必要为了延续寿命做到这个程度吗?

有很多研究人员认为，戴克里先和君士坦丁两位皇帝使罗马帝国获得了重生。可是，这两个人是把罗马帝国变成了另一个帝国，才维持了罗马帝国的名义。如果没有这两个人的存在，也许帝国早在 3 世纪末就走到了尽头。

然而，他们兴起的帝国，也仅维持了不到百年的时间。如果这百年，是与五贤帝时代相似的百年，那么付出多大的代价也值得。换句话说，如果这百年里，帝国边界防线如铜墙铁壁，蛮族无法入侵；就连农民也能安心耕作，农业兴隆发达，百姓安居乐业；道路上的行人、车辆不用担心遭到盗贼袭击，治安良好；人员、物资在帝国境内自由流通；有选择职业的自由；社会阶层间的流动性高；选用人才的机制能发挥作用；政府广征薄赋等等，那也无话可说。换句话说，就是享受百年的“罗马统治下的和平”。

可是，这之后的百年，社会并不是这个样子。“罗马统治下的和平”已经一去不复返。所以说，很多了解罗马从诞生到灭亡这段历史的人，心里都会浮现这样的疑问:“罗马帝国有必要为了延续寿命做到这个程度吗？”尤其是在知道之后的中世纪是个怎样的时代之后，这种想法更甚。

大事年表

公元	罗马帝国		其他地方
	帝国东方（中东、小亚细亚、埃及、巴尔干、多瑙河流域）	**帝国西方**（意大利、莱茵河流域、高卢、不列颠、西班牙、北非）	**其他地方**
245	这一年，狄奥克莱斯（后来的戴克里先）出生在斯普利特附近的索罗那		（日本）弥生时代
260	瓦勒良皇帝被波斯国王沙普尔一世俘虏		
275	君士坦丁在现今塞尔维亚和黑山共和国的耐苏出生		
283	夏季，卡鲁斯皇帝在对波斯作战中遭雷击身亡。秋季，卡鲁斯的儿子努梅里安在尼科米底亚身亡。皇帝警卫队队长狄奥克莱斯由麾下军团拥立为帝		（中国）西晋灭吴，统一中国（280）
284	夏季，努梅里安的弟弟卡里努斯战死。**狄奥克莱斯登基称帝，改名戴克里先。**秋季，戴克里先任命**马克西米安为“恺撒”**，开始“两帝共治制”		
286	戴克里先在多瑙河防线击退蛮族后，转向东方强化防线	马克西米安着手强化北非防线	
288		元老院授予强化东方防线有功的戴克里先“Persicus Maximus”（波斯征服者）的称号。戴克里先赶往雷蒂安	
290	戴克里先再次赶往东方，在叙利亚征讨萨拉森人强盗		
291	戴克里先造访埃及，击退从尼罗河上游袭来的土著		（中国）“八王之乱”
292	戴克里先返回多瑙河防线，击退萨尔马提亚人		（日本）从3世纪后半期到4世纪初，从畿内到濑户内海沿岸出现古坟

（续表）

公元	罗马帝国		其他地方
	帝国东方 （中东、小亚细亚、埃及、巴尔干、多瑙河流域）	帝国西方 （意大利、莱茵河流域、高卢、不列颠、西班牙、北非）	
293	5月1日，展开第一轮“四帝共治制”：东方由正帝戴克里先**和副帝伽列里乌斯负责；西方由正帝马克西米安和副帝君士坦提乌斯·克洛鲁斯负责**。君士坦丁被送往东方，在戴克里先皇帝手下就军职		
295	戴克里先大浴场开工。努米底亚青年马克西米里阿努斯因拒绝服兵役殉教		（印度）《摩诃婆罗多》、《罗摩衍那》两大叙事诗完成。（印度）帕拉瓦王朝兴起（295）
296	波斯大军入侵美索不达米亚北部。东方副帝伽列里乌斯率兵迎击，大败		
297	伽列里乌斯大败波斯大军，与波斯讲和，将美索不达米亚地区纳入控制之中		
301	戴克里先发布价格管制敕令		（中国）赵王司马伦篡位
303	2月24日，戴克里先发布镇压基督教政令	11月20日，戴克里先与马克西米安共同在罗马举行凯旋仪式	
305	5月1日，戴克里先和马克西米安同时退位。戴克里先前往斯普利特，马克西米安前往南意大利隐居。第二轮“四帝共治制”开始：**东方正帝伽列里乌斯、副帝马克西米努斯·代亚，西方正帝君士坦提乌斯·克洛鲁斯、副帝塞维鲁**	戴克里先大浴场完工。君士坦丁前往西方，投靠父亲君士坦提乌斯·克洛鲁斯	（日本）古坟时代
306		7月，西方正帝君士坦提乌斯·克洛鲁斯病逝。君士坦提乌斯·克洛鲁斯的麾下官兵拥立君士坦丁为正帝。伽列里乌斯将塞维鲁推为正帝，君士坦丁被任命为副帝来平息事态。10月28日，马克西米安的儿子**马克森提乌斯在罗马称帝**	

（续表）

公元	罗马帝国		其他地方
	帝国东方 （中东、小亚细亚、埃及、巴尔干、多瑙河流域）	**帝国西方** （意大利、莱茵河流域、高卢、不列颠、西班牙、北非）	
307		2月，西方正帝塞维鲁为征讨马克森提乌斯挥军罗马，遭前正帝马克西米安俘虏后自杀	
308	秋季，东方正帝伽列里乌斯邀请戴克里和马克西米安在卡农图姆会谈，达成让**李锡尼担任西方正帝的协议**。第三轮“四帝共治制”开始	君士坦丁与马克西米安的女儿法乌斯塔结婚	（中国）汉王刘渊即位称帝
309	戴克里先颁布的镇压基督教的敕令被取消	蛮族越过莱茵河防线大举入侵，马克西米安借机发动政变，企图打倒君士坦丁	
310		君士坦丁与蛮族和谈后发动反击，马克西米安自杀	
311	4月，东方正帝伽列里乌斯发布敕令，认同宗教自由。5月，伽列里乌斯去世，**东方正帝李锡尼继位，西方正帝职位空缺**		
312		君士坦丁率军越过阿尔卑斯山脉，进军意大利，与马克森提乌斯决战。10月27日，君士坦丁在罗马近郊米里维桥作战获胜，马克森提乌斯战死。**元老院决议将进入罗马的君士坦丁升格为正帝**。“君士坦丁凯旋门”动工。近卫军团被解散	
313	马克西米努斯·代亚将戴克里先之女、伽列里乌斯的遗孀瓦莱里娅及其母亲普里斯卡流放东方。马克西米努斯·代亚率军入侵李锡尼管辖下的小亚细亚。3月底，李锡尼击败马克西米努斯·代亚。马克西米努斯·代亚逃亡。6月15日，“米兰敕令”颁布，基督教得到承认。8月，马克西米努斯·代亚去世。同年，戴克里先去世	君士坦丁与李锡尼在米兰会谈。同意发布“米兰敕令”。李锡尼与君士坦丁的妹妹君士坦提娅结婚	（朝鲜）高句丽灭乐浪、带方郡
315	“君士坦丁凯旋门”完工。秋季，君士坦丁与李锡尼作战获胜。紧接的第二场战斗再次获胜。12月，君士坦丁与李锡尼讲和。李锡尼的势力范围被限制在小亚细亚以东		

（续表）

公元	罗马帝国		其他地方
	帝国东方 （中东、小亚细亚、埃及、巴尔干、多瑙河流域）	**帝国西方** （意大利、莱茵河流域、高卢、不列颠、西班牙、北非）	
316	君士坦丁展开击退北方蛮族的战争		（中国）西晋灭亡
317	君士坦丁正式开始迎击跨越防线入侵的蛮族。多瑙河防线由君士坦丁指挥，莱茵河防线由其子克里斯普斯指挥		（中国）司马睿即位晋王。（东晋，318）。刘曜以长安为都建立前赵（319）。（印度）旃陀罗·笈多一世建立笈多王朝（320）
322	君士坦丁率军渡过多瑙河，击败北方蛮族，与蛮族讲和，成功确保帝国北方安全		
324	7月3日，君士坦丁与李锡尼在土耳其的埃迪尔内作战获胜。君士坦丁军在拜占庭再度战胜李锡尼军队。李锡尼投降，退出正帝职位，隐居于塞萨洛尼基。**君士坦丁成为唯一的正帝**。君士坦丁将首都移至拜占庭，着手建设新首都		
325	李锡尼以勾结蛮族、密谋反叛罪被处死。君士坦丁在小亚细亚的尼西亚召集基督教主教召开公会议。确立“三位一体”论为正统，将阿里乌斯派斥为异端		
326		克里斯普斯以与继母法乌斯塔私通罪被逮捕，在伊斯特里亚半岛的波拉监狱里死去。法乌斯塔亦被谋杀	
330	5月11日，举行庆祝新首都君士坦丁堡竣工典礼		
337	为对抗波斯入侵之军事行动，君士坦丁率军前往东方。5月22日，君士坦丁病逝于尼科米底亚		

参考文献

ALFOLDI, A., *Costantino tra paganesimo e cristianesimo*, Bari, 1976.

ARIÈS, P. & DUBY, G., *La vita privata. Dall'impero romano all'anno mille*, Bari, 1990.

BARNES, T.D., *Constantine and Eusebius, the New Empire of Diocletian and Constantine*, Cambridge, 1981.

BARROW, R.E., *Slavery in the Roman Empire*, London, 1928.

BLECKMANN, B., *Konstantin der Grosse*, Hamburg, 1996.

BROWN, P., *Società romana e impero tardo-antico*, Roma-Bari, 1986.

BRUUN, P.M., *Studies in Constantinian Chronology*, New York, 1961.

BUGNER, L. (ed.), *The Image of the Black in Western Art vol. I: From the Pharaohs to the Fall of the Roman Empire*, Harvard University Press, 1983.

BUONAIUTI, E., *Il Cristianesimo nell'Africa Romana*, Bari, 1928.

BURCKHARDT, J., *L'età di Costantino* (1853), Firenze, 1957.

BURY, J., *The Invasion of Europe by the Barbarians*, London, 1928.

CALDERONE, S., *Costantino e il cattolicesimo*, Firenze, 1962.

CAMERON, A., *The Later Roman Empire*, Harvard University Press, 1993.

CHARLESWORTH, M.P., *Trade Routes and Commerce in the Roman Empire*, Cambridge, 1924.

CORCORAN, S., *The Empire of the Tetrarchs: Imperial Pronouncement and Government, A.D. 284-324*, Oxford, 1996.

COSTA, G., *L'Opposizione sotto i Costantini*, Milano, 1925.

CRIVELLUCCI, A., *Storia delle relazioni tra lo stato e la chiesa*, Bologna, 1885.

DAGRON, G., *Naissance d'une capitale: Constantinopole et ses institutions de 330 à 451*, Paris, 1974.

DALLE SPADE, G., *Immunità ecclesiastiche nel diritto romano imperiale*, Venezia, 1940.

DANIELE, I., *I documenti costantini della Vita Costantini di Eusebio di Cesarea*, Roma, 1938.

De BROGLIE, A., *L'eglise et l'empire romain au IVe siècle.*

De GIOVANNI, L., *Costantino e il mondo pagano*, Napoli, 1977.

De MARTINO, F., *Storia economica di Roma antica*, Firenze, 1980.

De ROBERTIS, F.M., *Il diritto associativo romano. Dai collegi della Repubblica alle corporazioni del Basso Impero*, Bari, 1938.

DIEHL, Ch., *Constantinopole*, Paris, 1924.

DOWNEY, G., *A History of Antioch in Syria, from Seleucus to the Arab Conquest*, Princeton, 1961.

DUNCAN-JONES, R., *Money and Government in the Roman Empire*, Cambridge University Press, 1998.

EUSEBIUS, *Historia Ecclesiastica & Vita Constantini*, Berlin, 1909.

FISCHER-FABIAN, S., *I germani*, Bologna, 1985.

FRASCHETTI, A., *La conversione. Da Roma pagana a Roma cristiana*, Bari, 1999.

GARDNER, I. & LIEU, S.N.C. (eds.), *Manichaean Texts from the Roman Empire*, Cambridge University Press, 2004.

GIBBON, E., *The Decline and Fall of the Roman Empire*, with introduction of J. Bury, London, 1890-1900; *Declino e caduta dell'impero romano*, Milano, 1992.

GIOBBO, A., *Chiesa e Stato nei primi secoli del cristianesimo*, Milano, 1914.

GWATKIN, H.M. & WHITNEY, J.P. (eds.), *The Cambridge Mediaeval History vol. I: The Christian Roman Empire and the Foundation of the Teutonic Kingdoms*, Cambridge, 1936.

JACQUES, F. & SCHEID, J., *Roma e il suo impero. Istituzioni, economia, religione*, Roma-Bari, 1992.

JONES, A.H.M., *Constantine and the conversion of Europe*, London, 1964; *The Cities of the Eastern Roman Provinces*, Oxford, 1971; *The Later Roman Empire. 284-602*, Oxford, 1984.

KIDD, A., *A history of the Church to A.D. 461*, Oxford, 1922.

LEVI, A., *Itineraria Picta. Contributo allo studio della Tabula Peutingeriana*, Roma, 1967.

LOT, F., *Les invasions germaniques*, Paris, 1935.

MacMULLEN, R., *Soldier and Civilian in the Later Roman Empire*, Harvard University Press, 1963; *Constantine*, London, 1987.

MATTINGLY, H., ENSSLIN, W., BAYNES, N.H. & others, *The Cambridge Ancient History vol. XII: The Imperial Crisis and Recovery*, Cambridge Unirersity Press, 1939.

MAZZA, M., *Lotte sociali e restaurazione autoritaria nel III secolo dopo Cristo*, Roma-Bari, 1973.

MAZZARINO, S., *Antico, Tardo-antico ed era costantina*, Bari, 1980; *L'Impero Romano*, Bari, 1984; *La fine del mondo antico*, Milano, 1988.

MILLER, E., POSTAN, C. & POSTAN, M.M. (eds.), *The Cambridge Economic History of Europe from the Decline of the Roman Empire vol. II: Trade and Industry in the Middle Ages* (2nd Edition), Cambridge University Press, 1987.

MOMIGLIANO, A., *Il conflitto tra paganesimo e cristianesimo nel IV secolo*, Torino, 1971.

MONTI, G.M., *Le corporazioni nell'evo antico e nell'alto medioevo*, Bari, 1934.

NORWICH, J. J., *Bisanzio. Splendore e decadenza di un impero 330-1453*, Milano, 2000.

ORTIZ De URBINA, J., *La politica di Costantino nella controversia ariana*, Roma, 1939.

OSTROGORSKY, G., *Storia dell'impero bizantino*, Torino, 1968.

PARIBENI, R., *L'Italia imperiale. Da Ottaviano a Teodosio*, Milano, 1939; *Storia di Roma vol. III: Da Diocleziano alla caduta dell'Impero d'occidente*, Roma, 1941.

PARATORE, E., *La letteratura latina dell'età imperiale*, Milano, 1992.

POHLSANDER, H.A., *Crispus: Brilliant Career and Tragic End*, London, 1984; *The Emperor Constantine*, London, 1996.

POSTAN, M.M. (ed.), *The Cambridge Economic History of Europe from the Decline of the Roman Empire vol. I: Agrarian Life of the Middle Ages*, Cambridge University Press, 1966.

RÉMONDON, R., *La crise de l'Empire romain de Marc Aurelê à Anastase*, Paris, 1964.

ROMANO, G., *Le dominazioni barbariche*, Milano, 1940.

SALVATORELLI, L., *La politica religiosa e la religiosità di Costantino*, Roma, 1928.

SALZMAN, M.R., *The Making of a Christian Aristocracy: Social and Religious Change in the Western Roman Empire*, Harvard University Press, 2002.

SCHREIBER, H., *I goti*, Bologna, 1981; *I vandali*, Milano, 1984.

SEGRE, G., *Osservazione sulla costituzione dell'impero da Diocleziano a Giustiniano*, Roma, 1934.

STEIN, E., *Histoire du Bas-Empire*, Amsterdam, 1959.

TENNEY, F., *Economic Survey of Ancient Rome*, Baltimore, 1930.

VEYNE, P., *The Roman Empire*, Harvard University Press, 1997.

WELLS, C., *The Roman Empire* (2nd ed.), Harvard University Press, 1995.

WILLIAMS, S., *Diocleziano. Un autocrate riformatore*, Milano, 1995.

图片版权

银币图、铜币图、金币图　© Andreas Pangerl（www. romancoins. info）

p.012　伊斯坦布尔东洋古代美术馆（伊斯坦布尔 / 土耳其）

© Erich Lessing / Pacific Press Service

p.019　柏林国立博物馆（柏林 / 德国）

© Hirmer Fotoarchiv München

p.054　大英博物馆（伦敦 / 英国）

© Copyright The Trustee of The British Museum

p.065　圣马可教堂（威尼斯 / 意大利）

© Erich Lessing / Pacific Press Service

p.067　（戴克里先）伊斯坦布尔东洋古代美术馆（伊斯坦布尔 / 土耳其）

© Erich Lessing / Pacific Press Service

（伽列里乌斯）札那查尔国立博物馆（札那查尔 / 塞尔维亚和黑山）

© National Museum Zajecar，Serbia-Montenegro

p.067　（马克西米安）阿布鲁佐国立博物馆（基耶蒂 / 意大利）

© Deutsches Archäologisches Institut，Roma

（君士坦提乌斯·克洛鲁斯）新嘉士伯美术馆（哥本哈根 / 丹麦）

© Ny Carlsberg Glyptotek，Copenhagen

p.069　铃木美知摄

p.088　罗马文明博物馆（罗马 / 意大利）

© Archivo Iconografico，S.A. / CORBIS / CORBIS JAPAN

p.104　安杰利圣母堂（罗马 / 意大利）

© Scala Archive，Firenze

p.109　（戴克里先）伊斯坦布尔东洋古代美术馆（伊斯坦布尔 / 土耳其）

© Erich Lessing / Pacific Press Service）

（伽列里乌斯）札那查尔国立博物馆（札那查尔 / 塞尔维亚和黑山）

© National Museum Zajecar，Serbia-Montenegro

（马克西米安）阿布鲁佐国立博物馆（基耶蒂 / 意大利）

© Deutsches Archäologisches Institut，Roma

（君士坦提乌斯·克洛鲁斯）新嘉士伯美术馆（哥本哈根 / 丹麦）

© Ny Carlsberg Glyptotek，Copenhagen）

p.111　（伽列里乌斯）札那查尔国立博物馆（札那查尔 / 塞尔维亚和黑山）

© National Museum Zajecar，Serbia-Montenegro

（马克西米努斯·代亚）埃及博物馆（开罗 / 埃及）

© Archivo Iconografico，S.A. / CORBIS / CORBIS JAPAN

（君士坦提乌斯·克洛鲁斯）新嘉士伯美术馆（哥本哈根 / 丹麦）

© Ny Carlsberg Glyptotek，Copenhagen

（塞维鲁）大英博物馆（伦敦 / 英国）

© Copyright The Trustee of The British Museum）

（马克森提乌斯）梵蒂冈博物馆（梵蒂冈）

© Deutsches Archäologisches Institut，Roma

（君士坦丁）卡皮托尔美术馆（罗马 / 意大利）

© Araldo de Luca / CORBIS / CORBIS JAPAN

p.114　恩奈斯特·埃希拉画　© AKG-Images

p.118　卡皮托利尼博物馆（罗马 / 意大利）

© Araldo de Luca / CORBIS / CORBIS JAPAN

p.126　（伽列里乌斯）札那查尔国立博物馆（札那查尔 / 塞尔维亚和黑山）

© National Museum Zajecar，Serbia-Montenegro

（马克西米努斯·代亚）埃及博物馆（开罗 / 埃及）

© Archivo Iconografico，S.A. / CORBIS / CORBIS JAPAN

（塞维鲁）大英博物馆（伦敦 / 英国）

© Copyright The Trustee of The British Museum）

（君士坦丁）卡皮托利尼博物馆（罗马 / 意大利）

© Araldo de Luca / CORBIS / CORBIS JAPAN

（马克西米安）阿布鲁佐国立博物馆（基耶蒂 / 意大利）

© Deutsches Archäologisches Institut，Roma

（马克森提乌斯）梵蒂冈博物馆（梵蒂冈）

© Deutsches Archäologisches Institut，Roma

p.137　梵蒂冈博物馆　© Musei Vaticani

p.154　米里维桥（罗马 / 意大利）

© Gianni Giansanti / Sygma / CORBIS / CORBIS JAPAN

pp.160—161　（照片）© Deutsches Archäologisches Institut，Roma

p.162　峰村胜子画（p.164、p.166、 p.167、p169、p.170、p.173、p.175）

pp.163—166　（照片：除⑩）© Fototeca Unione，AAR

（照片：⑩）© Deutsches Archäologisches Institut，Roma

pp.167—169　（照片：除⑤）© Deutsches Archäologisches Institut，Roma

（照片：⑤）© Fototeca Unione，AAR

pp.170—173　（照片）© Fototeca Unione，AAR

pp.174—177 （照片） © Deutsches Archäologisches Institut，Roma

p.178 上　和平祭坛博物馆（罗马 / 意大利）

© Archäologisches Institut，Philosophische Fakultät，Universität zu Köln)

p.178 下　罗马文明博物馆　樱井绅二摄

p.179 上　罗马国立博物馆的阿特姆彼斯宫 （罗马 / 意大利 ）

© Scala Archive，Firenze

p.179 下　同 p.160　© Deutsches Archäologisches Institut，Roma

p.200　拉特朗圣若望大殿（罗马 / 意大利）

© Bettman / CORBIS / CORBIS JAPAN

p.226　圣索菲亚大教堂（伊斯坦布尔 / 土耳其）

© Erich Lessing / Pacific Press Service）

p.233　大英博物馆（伦敦 / 英国）

© Copyright The Trustee of The British Museum

p.258　拉斐尔及其工作室制作 梵蒂冈博物馆（梵蒂冈）

© Scala Archive，Firenze

地图制作：综合精图研究所（p.009、p.028、p.032、p.036、p.042、p.059、p.067、p.099、p.104、p.105、p.114、p.115、p.141、p.143、p.145、p152、p.161、p.190、p.197、p.206、p.207、p.230、p.246）

图书在版编目（CIP）数据

罗马人的故事 13：最后一搏 /（日）盐野七生著；麋玲译．—北京：中信出版社，2013.6
ISBN 978-7-5086-3948-2

I. ① 罗… II. ① 盐… ② 麋… III. ① 古罗马—历史 IV. ① K126

中国版本图书馆 CIP 数据核字（2013）第 068219 号

罗马人的故事 13：最后一搏

著　　者：[日] 盐野七生
译　　者：麋　玲
策划推广：中信出版社（China CITIC Press）
出版发行：中信出版集团股份有限公司
（北京市朝阳区惠新东街甲 4 号富盛大厦 2 座　邮编　100029）
（CITIC Publishing Group）
承 印 者：北京通州皇家印刷厂

开　　本：787mm×1092mm　1/16　　印　　张：17.5　　字　　数：280 千字
版　　次：2013 年 6 月第 1 版　　印　　次：2015 年 5 月第 14 次印刷
京权图字：01-2010-4513　　广告经营许可证：京朝工商广字第 8087 号
书　　号：ISBN 978-7-5086-3948-2/K·313
定　　价：42.00 元

服务热线：010-84849555　　服务传真：010-84849000
投稿邮箱：author@citicpub.com